南京理工大学知识产权学院文库

标准必要专利权滥用法律规制研究

郑伦幸◎著

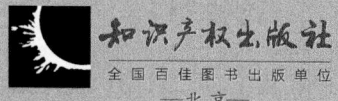

图书在版编目（CIP）数据

标准必要专利权滥用法律规制研究/郑伦幸著. —北京：知识产权出版社，2022.4
ISBN 978－7－5130－8119－1

Ⅰ.①标… Ⅱ.①郑… Ⅲ.①专利权法—研究—中国 Ⅳ.①D923.424

中国版本图书馆 CIP 数据核字（2022）第 055291 号

责任编辑：刘　睿　刘　江　　　　　　责任校对：王　岩
封面设计：SUN 工作室　　　　　　　　责任印制：刘译文

标准必要专利权滥用法律规制研究

郑伦幸　著

出版发行：	知识产权出版社有限责任公司	网　　址：	http://www.ipph.cn
社　　址：	北京市海淀区气象路 50 号院	邮　　编：	100081
责编电话：	010-82000860 转 8344	责编邮箱：	liujiang@cnipr.com
发行电话：	010-82000860 转 8101/8102	发行传真：	010-82000893/82005070/82000270
印　　刷：	北京九州迅驰传媒文化有限公司	经　　销：	新华书店、各大网上书店及相关专业书店
开　　本：	720mm×1000mm　1/16	印　　张：	17.25
版　　次：	2022 年 4 月第 1 版	印　　次：	2022 年 4 月第 1 次印刷
字　　数：	248 千字	定　　价：	88.00 元
ISBN 978－7－5130－8119－1			

出版权专有　侵权必究
如有印装质量问题，本社负责调换。

本书系教育部人文社科研究青年基金项目"标准必要专利权滥用的法律规制研究"(16YJC820053)的最终研究成果。

序

当专利进入标准,成为标准必要专利后,具有了"锁定效应",所有实施者都不得不实施该专利并向专利权人支付许可费,使专利权人更容易通过滥用权利,获得超额利益。特别是近年来,随着全球产业竞争和商业利益争夺日趋激烈,跨国标准必要专利权滥用的诉讼不断增多,并呈交织互诉的状态。该类案件主要集中在通信领域,一般具有案件标的额大、社会关注度高的特点。标准必要专利权滥用案件之所以引发大家关注,原因主要有以下两方面:一是案件裁判关系重大。此类案件的裁判不仅关涉案件当事人的利益,还涉及市场商业管理和诚实信用规则,甚至对整个产业发展和相关行为准则的确立具有很大影响,直接关系到我国通信等相关产业在海外的产业安全。二是案件牵涉问题复杂。标准必要专利权滥用案件的处理中通常涉及管辖权的确定、专利许可费的计算、禁令救济适用以及限制竞争行为判断等多方面问题,法院对于案件争议焦点的判定,不仅需要对以上多方面问题所涉事实的查明,还往往需要对民事诉讼法、民法、专利法、反垄断法等多部法律规则的综合适用。

新时期,如何有效规制标准必要专利权滥用问题已成为各国知识产权制度面临的新命题。如何坚持国际视野,立足中国立场,进行制度升级与创制,为标准必要专利权滥用行为的有效规制提供制度依据,形成可供参鉴的问题解决方案,既是我国知识产权制度积极回应时代要求的重要体现,也是我国努力打造知识产权国际争端解决"优选地"的必然要求。值得欣喜的是,近年来我国学者关于标准必要专利权滥用规制的探讨也在不断深化，不仅推动了制度改革，也促成了理论创新，但是，目前学界的研究还主要偏重于标准必要专利权滥用的实践性问题，对标准必要专利权滥用规制涉及的法理依据、制度理论基础等理论性问题关注较少，系统性的标准必要专利权滥用规制制度建构研究基本没有。就此而言，《标准必要专利权滥用法律规制研究》一书正好契合了当前标准必要专利权滥用规制研究的需要，本书既有对标准必要专利权滥用规制制度基础的理论思辨，又有对国内外相关著名案例以及技术标准组织知识产权政策的实证考察，还有对标准必要专利权滥用规则适用的政策考证。尤为可贵的是，本书以实证检视标准必要专利权滥用规制制度存在的问题为导向，从政策杠杆、私法限制、反垄断规制三个维度，对我国标准必要专利权滥用规制制度的建构展开体系化思考，并提出了相关立法的完善建议。相信本书的内容对于知识产权法学界、司法部门及相关从业人员均具有重要价值。

郑伦幸同志曾在本人门下攻读知识产权专业博士，博士毕业后，又先后到南京理工大学管理学博士后流动站从事博士后研究、美国佛罗里达大学莱文法学院开展访学交流，专业基础厚实、知识结构良好、研究经历丰富。郑伦幸同志自攻读博士以来就一直关注和研究技术标准化下专利权滥用问题，围绕该问题，不仅承担了国家社科基金、教育部、司法部等多项高层次项目，还发表了多篇颇有分量的学术论文，逐渐成长为我国知识产权领域崭露头角的青年学者。相信本书对相关制度的完善以及法律适用有所帮助，对未来相关立法修订具有重要参考价值，对构建中国标准必要专利权滥用规制制度具有积极意义。希望作者能够再接再厉、乘风破浪，在学术研究之路上取得更为丰硕的成果，为知识产权强国建设贡献自己的力量。

是为序。

教授，博士生导师，中国知识产权法学研究会副会长

前　言

在知识经济时代，掌握制定规则的权力者，就占有主宰市场的领导地位。技术标准作为一种产业和经济的新秩序，已不仅成为一国在国际贸易中构筑非贸易壁垒、维持贸易优势地位的战略性资源，还是企业在市场竞争中打压竞争对手、获取高额利润的进攻性武器。技术标准已经成为国际性大企业间乃至国与国之间进行市场竞争的新战场。在传统技术环境下，技术标准与专利并无太多关联，因为技术标准作为一种公共产品，具有无偿性、统一性和开放性的特点，而专利权作为合法的垄断，具有独占性和排他性，二者之间存在内在难以调和的冲突和矛盾，因此传统技术标准的制定对于专利技术往往采用的是回避策略。然而，在"技术专利化"的趋势之下，越来越多的先进和前沿技术被专利所覆盖，技术标准的先进性要求决定了技术标准的制定对专利技术已不能采取消极回避的态度，特别是在移动通信、生物医药、半导体等专利密集型产业，技术标准覆盖专利也就成为一种必然现象。技术标准与专利的结合给传统专利制度带来了新的机遇和挑战。一方面，技术标准与专利的结合使专利的重要作用得以彰显。在技术标准化的过程中，无论是技术标准的促成、制定还是推行都离不开专利的作用。作为平衡专利交易利益关系、规范专利权人行为的制度，其作用和意义也相应得到提升。另一方面，技术标准与专利的结合使得原有制度框架所构筑的专利许可交易相对平衡的格局被打破。"专利标准化"使得标准必要专利权人不仅在技术上取得了专利排他权，还可以凭借技术标准对市场的控制力，占据专利许可交易中绝对的优势地位，将技术市场的独占力量扩展到产品市场上，以获取超额的垄断利润。传统专利制度的基础理论和规则受到标准必要专利权行使实践的较大冲击和挑战。

面对标准必要专利权滥用对现有制度提出的新挑战，探究制度基础、检视制度资源、查找制度缺陷、完善制度法则以达到趋利避害的目标，是时代对知识产权制度提出的新要求，而本书正是对这一要求进行回应的尝试。本书共分为七章，第一章是技术标准化与标准必要专利，在厘清技术标准、技术标准化概念与发展利弊基础上，重点分析标准必要专利产生的缘起与机理，以及与技术标准化之间的交错影响。第二章是标准必要专利权滥用的制度挑战，重点界清标准必要专利权滥用行为的表现形式，并探讨滥用行为对现有制度提出的挑战。第三章是标准必要专利权滥用规制的制度理论基础，因应现有制度基础理论适用标准必要专利权滥用表现出的与现实脱节问题，从法理学、民法、经济学维度，全面阐述标准必要专利权滥用规制的制度理论基础。第四章是标准必要专利权滥用之政策调控杠杆，分析技术标准组织所制定的知识产权政策的性质、作用与问题，并重点从信息披露政策与专利许可原则两方面，探究对标准必要专利权滥用的适用性问题。第五章是标准必要专利权滥用之私法限制制度，立足民法与专利法框架，重点从显失公平原则、禁止反言原则、默示许可制度、专利权滥用、专利强制许可、禁令救济的限制等制度资源，探讨对标准必要专利权滥用的适用性问题。第六章是标准必要专利权滥用之反垄断规制制度，立足反垄断法框架，论述标准必要专利权滥用反垄断规制的理据、责任构成要件等一般理论问题，并重点分析标准必要专利拒绝许可、搭售、价格联合等滥用行为的反垄断规制的规则适用问题。第七章是我国标准必要专利权滥用的制度应对之策，主要基于上述对标准必要专利权滥用规制的制度应然分析，立足我国立法现状，从技术标准组织知识产权政策、私法限制制度、反垄断规制制度三方面，提出我国相关制度的完善建议。

本书力图在对标准必要专利权滥用提出制度挑战的回应中，体现出以下特点：一是系统性，本书不仅对可适用于标准必要专利权滥用所涉及的政策调控杠杆、私法限制制度、反垄断法规制制度等制度资源进行全面梳理与研究，还检视和阐述了标准必要专利权滥用规制的制度理论基础，以为制度的完善和革新肃清理论的障碍，实现研究内容的系统性。二是实用性，为让本书提出的相关完善建议能够裨益于立法与司法实践，本书一方面选取了美国、欧盟、日本的相关制度作为比较和参考的样本，通过比较，发现规制标准必要专利权滥用的标准化组织知识产权政策、国家立法的共性和个性问题，并结合我国的实际，探讨我国标准必要专利权滥用之制度应对之策；另一方面，通过摘取国内外一些著名的案例以及技术标准组织的知识产权政策进行实证分析，得出实践中规制标准必要专利权滥用的政策路径和方法。然而，由于笔者学识浅微，难免有不足甚至错误之处，是故恳请专家学者、广大读者不吝赐教。

郑伦幸

2022 年 1 月

目 录

绪 论 ·· 1
  一、选题背景和意义 ·· 2
  二、研究状况与文献综述 ······································ 6
  三、总体框架和主要内容 ···································· 14
  四、研究方法与创新之处 ···································· 18

第一章 技术标准化与标准必要专利 ······························ 20
  第一节 技术标准与技术标准化 ································ 20
    一、技术标准 ·· 20
    二、技术标准化 ·· 26
  第二节 技术标准化的利与弊 ·································· 29
    一、技术标准化之利 ·· 30
    二、技术标准化之弊 ·· 33
  第三节 标准必要专利产生的缘起与机理 ······················ 35
    一、产生之缘起 ·· 36
    二、产生之机理 ·· 39
  第四节 标准必要专利与技术标准化的交互影响 ················ 44
    一、积极影响 ·· 45
    二、消极影响 ·· 46

第二章　标准必要专利权滥用的制度挑战 …… 52
第一节　标准必要专利权滥用的行为表现 …… 52
一、标准制定中的标准必要专利权滥用行为 …… 52
二、标准实施中的标准必要专利权滥用行为 …… 61
第二节　标准必要专利权滥用的制度适用困境 …… 70
一、制度基础理论与现实脱节 …… 70
二、知识产权政策创制空间的受限 …… 75
三、专利权滥用私法限制制度的缺位 …… 79
四、专利权滥用反垄断规制制度的乏力 …… 81

第三章　标准必要专利权滥用规制的制度理论基础 …… 87
第一节　标准必要专利权滥用规制制度的法哲学基础 …… 87
一、平等与主体安排的正义 …… 88
二、自由与行为限制的正义 …… 90
三、公平与利益分享的正义 …… 93
第二节　标准必要专利权滥用规制制度的私法基础 …… 96
一、具体人格与权利主体的法律地位 …… 97
二、利益衡平与所得利益的法律调控 …… 99
三、契约自由限制与行为界限的法律限度 …… 101
第三节　标准必要专利权滥用规制制度的经济学基础 …… 104
一、"锌铜双占"与交易模式选择 …… 105
二、"重复博弈"与交易合作促成 …… 108
三、"交易费用"与交易行为管控 …… 110

第四章　标准必要专利权滥用之政策调控杠杆 …… 114
第一节　技术标准化组织的知识产权政策 …… 114
一、技术标准化组织知识产权政策的性质 …… 115
二、技术标准化组织知识产权政策的作用 …… 118

三、技术标准化组织知识产权政策的问题 ·········· 121
第二节 专利信息披露政策 ·········· 124
一、专利信息披露的作用 ·········· 125
二、专利信息披露的程度 ·········· 127
三、专利信息披露的时间 ·········· 131
第三节 专利许可原则 ·········· 132
一、专利"免费"许可原则 ·········· 133
二、专利"公平、合理、非歧视"许可原则 ·········· 137

第五章 标准必要专利权滥用之私法限制制度 ·········· 144
第一节 标准必要专利权滥用的民法限制制度 ·········· 144
一、显失公平原则 ·········· 145
二、禁止反言原则 ·········· 150
三、默示许可 ·········· 156
第二节 标准必要专利权滥用的专利法限制制度 ·········· 164
一、专利权滥用 ·········· 164
二、专利强制许可 ·········· 170
三、禁令救济的限制 ·········· 176

第六章 标准必要专利权滥用之反垄断规制制度 ·········· 183
第一节 标准必要专利权滥用反垄断规制的一般理论 ·········· 183
一、标准必要专利权滥用与反垄断法的关系 ·········· 184
二、标准必要专利权滥用反垄断规制的理据 ·········· 188
三、标准必要专利权滥用反垄断责任构成的要素 ·········· 192
第二节 标准必要专利拒绝许可的反垄断规制 ·········· 198
一、行为界定 ·········· 199
二、法理分析 ·········· 201
三、规则适用 ·········· 206

第三节 标准必要专利价格联合的反垄断规制 ………………… 208
    一、行为界定 …………………………………………………… 208
    二、法理分析 …………………………………………………… 210
    三、规则适用 …………………………………………………… 213
第四节 标准必要专利权搭售的反垄断规制 …………………… 215
    一、行为界定 …………………………………………………… 216
    二、法理分析 …………………………………………………… 217
    三、规则适用 …………………………………………………… 223

第七章 我国标准必要专利权滥用的制度应对之策 …………… 225
第一节 标准必要专利权滥用政策调控杠杆的完善 …………… 226
    一、为专利许可政策的私人创制留足空间 …………………… 226
    二、专利信息披露政策的完善 ………………………………… 227
    三、FRAND 许可原则的完善 ………………………………… 230
第二节 标准必要专利权滥用私法限制制度的完善 …………… 232
    一、我国《民法典》相关制度的完善 ………………………… 232
    二、我国《专利法》相关制度的完善 ………………………… 235
第三节 标准必要专利权滥用之反垄断规制制度的完善 ……… 239
    一、基本思路 …………………………………………………… 240
    二、具体内容 …………………………………………………… 241

参考文献 ……………………………………………………………… 244

后　记 ………………………………………………………………… 258

绪　　论

随着知识经济时代的来临，无形财产已经成为比有形财产更具价值的资产❶，这也使得掌握关键技术或产品的国际性大企业更加重视知识产权的保护。因此，可以预见的是未来将知识产权作为产业竞争的利器，借由知识产权的运用阻滞和打击竞争对手的做法将会成为市场竞争的常态。在技术标准化趋势下，将专利纳入标准（专利标准化）也正是这一做法的彰显。然而"专利与产业标准是经济的双刃剑。适当地挥舞，则会增进市场的有效性，但如果部署不当，它们将成为垄断利益的有力引擎"❷。借助标准作为公共产品的"网络效应"，标准必要专利权人可以极大扩张权利的独占和垄断效力，获得绝对的市场竞争优势，通过专利许可攫取垄断利润。面对新环境下的新问题，探析制度基础、检视制度资源、查找制度缺陷、完善制度法则以达到趋利避害的目标，是时代对知识产权制度提出的新要求，标准必要专利权滥用的法律规制研究正是对这一要求进行回应的尝试。

---

❶ 据调查数据显示，财富500强企业的资产构成中，1978年为有形资产95%，无形资产仅占5%，但到了2010年，有形资产降低到20%，而无形资产则提高到80%。参见：李春成．从运用看知识产权的四大特性及其对应价值［EB/OL］．［2021-12-15］．http://p.t.qq.com/long-weibo/page.php?lid=18444062724083826395.

❷ ［美］文森特·F.基亚佩塔．产业标准的专利化［M］．李子雍，译//竹中俊子．专利法律与理论——当代研究指南．彭哲，等译．北京：知识产权出版社，2013：689.

一、选题背景和意义

随着现代科学技术在生产和贸易中作用的日益凸显，技术标准所具有的技术先进、协商基础以及市场控制的属性与专利权的权利属性产生了紧密的契合，由此发生了技术标准化与专利权的交会。技术标准化与专利权的交会一方面对于标准化与专利权在提升市场影响力方面具有积极的推动和促进作用；另一方面，由于二者固有的内在属性冲突，同时也给标准化和专利权的发展带来了冲击和挑战。借助标准作为公共产品的"网络效应"，标准必要专利权人可以极大扩张权利的独占和垄断效力，获得绝对的市场竞争优势，通过专利许可攫取垄断利润，对竞争秩序和公共利益造成损害。

面对标准必要专利权滥用对制度提出的新挑战，美国、欧盟、日本等西方发达国家和地区主要通过标准化组织的私人规则创制以及国家在现有法律规则框架下的制度创新来进行积极的回应。规则的私人创制主要体现在标准化组织通过制定知识产权政策（IPR），在标准必要专利权上附加明示或默示的披露和非歧视、合理（FRAND）或免费（RF）许可义务，以缓和标准覆盖专利后产生的技术锁定与标准推广之间的矛盾。西方发达国家围绕标准必要专利的法律创新活动也非常之频繁。美国司法部（DOJ）与联邦贸易委员会（FTC）继 1995 年联合发布《知识产权许可的反垄断指南》后，又于 2007 年联合发布《反垄断执法与知识产权：促进创新与竞争的报告》，并分别还于 2013 年、2019 年连续两次与专利商标局联合发布《对自愿服从 F/RAND 承诺标准必要专利补救措施的政策声明》。欧盟在 1996 年就发布了《技术许可协议集体豁免条例》（TTBER）将原《专利许可条例》取而代之，于 2004 年进行了修改，并于 2017 年发布了《标准必要专利的欧盟方案》。❶ 日本、韩国等国专利局为促进专利权人与专利实施

---

❶ [英] 史蒂文·D. 安德曼. 知识产权与竞争策略 [M]. 梁思思，何侃，译. 北京：电子工业出版社，2012：78.

者之间的谈判，快速解决相关纠纷，还专门制定了标准必要专利的许可指南文本。此外，在美国、欧盟等法院的司法实践中也涌现出了一批诸如Unwired Planet 案、高通案、微软案、Dell 案、Rambus 案等标志性的涉及标准必要专利侵权案件，法官们对于相关问题的认知以及理论、规则适用的创见，同样对于新形势下专利许可制度的创新具有重要的推动作用。

相较于西方发达国家通过民间私立规则、国家立法而进行的制度积极回应而言，我国关于技术标准化下专利许可制度的发展明显迟滞和落后。直到加入 WTO 后，企业从产品、要素市场开始向技术市场转型，向标准必要专利权人缴纳惨重的学费，我国才逐渐对技术标准的作用提起重视，对标准必要专利权滥用等问题引起警觉。对于标准专利作用和问题的后知后觉，导致我国企业在国际化的过程中处处受制于人：继 2002 年 DVD 3C、6C 和 1C 专利联盟在我国吹响"标准专利收费战"的进攻号角之后，国内企业面临许多国际大公司提起专利侵权诉讼以及高额专利权利金追索的情形屡见不鲜，仅就作为我国通信产业"领头羊"的华为公司为例，2003 年面临美国思科公司私有标准协议的专利侵权诉讼，2011 年遭遇美国 InterDigital 公司（以下简称"IDC 公司"）在美国特拉华州法院提起的涉及 3G 标准中 7 项必要专利侵权诉讼，2013 年又受到美国国际贸易委员会（ITC）发起的关于 3G、4G 无线设备的"337 调查"。我国企业在"标准战"中的处处受挫，当然一方面是基于目前许多重要产业关键技术标准由美❶、日、欧等发达国家制定的现实，另一方面也与我国对技术标准化下专利许可实践的制度回应迟滞也不无关系。囿于标准制定机制和体制的限制，我国关于技术标准知识产权规则的私人创制缺少活动的空间和基础；法律规则方面，我国虽在 2007 年颁布了《反垄断法》，并于 2019 年制定了《关于知识产权领域的反垄断指南》，但对于标准必要专利权滥用的反垄断规制仍缺少专门的、可具操作性的规则指引；司法实践方面，直到

---

❶ 美国是世界上最大的标准制造国，据统计，每年世界大约一半的标准均出自美国。

2013年我国才出现华为诉美国IDC公司的标准必要专利反垄断第一案。制度的缺失和落后致使我国企业在与国外对手的"标准战"中缺少了反制对手的武器，受制于人也就成了必然。正是基于目前国际国内形势的压力，理论与实践的双重诉求，本书才做出了这一尝试。具而言之，本书的研究主要有以下两个方面的意义。

1. 理论意义

（1）有助于丰富专利制度的理论基础。在技术标准化下，传统市场竞争的态势得以改变，专利许可人（专利权人）借助技术标准的公共产品属性，放大了权利的垄断效应，而专利被许可人（产品制造商）则丧失了技术规避的可能，被许可人的谈判能力被严重削弱，如果还固守传统专利许可的理论基础，势必会对现实制度的改造形成理论障碍，造成专利许可人与被许可人之间利益的失衡。因此从法理学、民法学以及经济学角度重新审视传统专利许可的理论基础，并立足技术标准化下环境的变迁，对现有理论基础做出适当的修正或另辟蹊径找寻新的理论依据，可从新的视角丰富传统专利许可制度的理论基础。

（2）有助于检视专利制度的发展和变革。在传统技术背景之下，基于财产法的私权神圣原则，专利权人对于权利的利用只要不触及公共利益，其他任何人对其行为不能进行干涉。而在技术标准化下，由于标准必要专利权的独占和垄断属性明显放大，如果放任标准必要专利权人的权利滥用行为，会导致市场交易的利益失衡，对市场竞争产生不利影响。对国内外技术标准化下专利许可制度发展和流变的梳理，有助于明晰专利许可制度的发展路径和变革趋向。

（3）有助于廓清知识产权与反垄断的关系。知识产权与反垄断的关系问题历来是法学家和经济学家论争的焦点问题。技术标准化下，标准必要专利权人对于技术的独占和垄断效力借助标准而得以扩张，权利人为了逐利，更容易触碰反垄断法为保障市场竞争而设置的行为底线。在正确辨析行为性质的基础之上，有效整合现有专利法和反垄断法的制度资源，合理规制专利权人的行为，对于厘清知识产权与反垄断之间的关系也是有相当助益的。

2. 实践意义

（1）有助于回应当下频繁发生的实践问题。在国外，巨头企业之间"标准战""专利战"进行得如火如荼，"专利劫持""专利丛林"等现象引发了很多学者对专利制度激励创新作用的质疑。在国内，跨国公司以标准必要专利为武器，通过专利许可作为手段，排挤打压我国企业的做法也逐渐引起了国内学者对于标准专利问题的关注和讨论。显然，在技术标准化背景之下，对实践中出现的专利权滥用问题进行思考和研究，必将有利于现实中我国应对相关问题对策的探索。

（2）有助于完善现有的法律制度。经过近四十年的立法进程，我国的专利立法可谓取得巨大的成绩，但成绩主要集中在专利的授权与确权制度之上，在对专利权限制制度的建构与运用方面与发达国家仍存在较大的差距。基于此，本书在分析标准必要专利权滥用问题的基础上，通过对国外限制和规制专利权滥用立法和规则的比较借鉴，最终从合同法、专利法、反垄断法等立法层面，为我国现有专利限制法律制度完善提出建设性意见，可以让制度更好地回应现实的需要。

（3）有助于我国企业提升专利成果转化能力。目前我国的专利成果转化率偏低已成为一个不争的事实。以江苏为例，江苏作为我国的知识产权大省，全省80%的企业和90%的高校对专利缺乏科学有效的运用和管理，难以将专利进行技术转移和商业化。[1] 由于专利的生产过程中要消耗大量的社会资源，而被创造出的各种专利成果如果不能转化并获得利润回报，则会降低创新主体的创新激励。作为技术市场专利技术交易的主要形式，专利许可已经逐渐成为专利商业化、产业化的重要渠道。因此，研究标准必要专利许可实践所涉及的许可模式、许可原则、许可规则等关键性问题

---

[1] 郑伦幸，牛勇. 江苏省专利运营的现实困境与行政对策［J］. 南京理工大学学报（社会科学版），2013（4）：58.

也是提升我国企业专利成果转化能力的迫切需要。

二、研究状况与文献综述

(一) 国外动态

1. 标准化下专利权行使限制的法律依据

技术标准化下，专利权行使的环境发生了较大的变迁。在技术专利化的趋势之下，标准制定对于专利已不能回避，专利权行使的作用和效力借助标准实现了极大的彰显。特别是在移动通信、生物医药、半导体等以累积式创新为特点的产业，从某种意义上来说，专利权的行使可以决定标准制定的成败。正是由于进入标准意味着诱人的收益，专利权人对此趋之若鹜，在标准制定以及推广过程中容易产生滥用权利的行为，法律为专利权行使设置的底线有可能被僭越。正如美国联邦贸易委员会主席所言：标准制定通常在贸易协会的推动和支持下能起到促进创新的作用，但另一方面，由于私人介入了标准制定，带有私人的私利性，因此标准也可能会被滥用。❶ 如何在现有政策环境下，对专利权的行使进行合理规制，达到趋利避害的目的，成为学界和实务界共同关注的问题。贾尼丝·米勒（Janice M. Mueller, 2001）分析了通过专利权行使实施标准控制的现实可能性，并在论证运用反垄断法、欺诈理论、默示许可、禁止反言理论、强制许可等理论限制专利权行使利弊得失的基础上，认为利用专利滥用原则的理论限制专利权行使才是解决问题的最佳方案。❷ 迈克尔·考伊（Michael G. Cowie, 2002）从禁止反言、懈怠、权利滥用、《谢尔曼法》、《联邦贸易委员会法》、反不正当竞争法法律理论框架内，梳理了目前标准化下能够限制专利权行使的法律原则，并通过理论评析和案例解读的方式，对于非

---

❶ Robert Pitofsky. Antitrust and Intellectual Property: Unresolved Issues at the Heart of the New Economy [J]. Berkeley Tech. L. J, 2001 (16): 899.

❷ Janice M. Mueller. Patenting Industry Standards [J]. J. Marshall L. Rev., 2001 (34): 897.

歧视许可进行了具体的法律理论适用。❶ 帕特里克·库兰（Patrick D. Curran，2003）在现代美国反垄断法的目标框架内评估了目前解决标准化下专利权滥用问题的规则适用，认为对于单一来源专利（Single - Source Patent）应通过让标准化组织成员共同与专利权人就具体专利许可费进行议价的方式，解决专利进入标准化进程产生专利权滥用的问题。❷

2. 标准覆盖专利后产生的具体问题以及应对之策

标准与专利的结合使得拥有标准必要专利权人，不仅在技术上取得了专利法赋予的排他权，而且因为标准化使得专利回避变得非常困难或者不可能实现，产生技术锁定（Lock - In）效应。标准必要专利权人非常容易借助标准的公共产品属性扩张其权利的独占垄断属性，原有的专利许可人与被许可人之间相对平衡的状态被打破，专利劫持（Patent holdup）、专利许可费重叠（Royalty Stacking）等问题随之而生，对这些问题的深度分析，并在政策与理论进行回应，提出相应规制和解决问题的路径有着急切的现实需要。若魁雅子（Masako Wakui，2002）认为标准与专利结合可能会产生专利权人滥用市场支配地位以及标准的制定和实施被阻止和扭曲等问题，应在反垄断法的框架内协调处理标准化、专利池以及竞争三者的关系。❸ 马克·莱姆利（Mark A. Lemley）等（2007）运用市场交易理论的经济学模型分析了标准覆盖专利后产生的专利劫持和许可费重叠问题，并通过 3G、Wi - Fi 标准对以上问题进行了实证分析，认为应从限制禁令发放以及延迟执行禁令、设计替代含专利方案、提升专利质量和设置专利事前异议程序等方面对以上问题进行系统的规制。❹ 德米恩·杰拉丁（Damien

---

❶ Michael G. Cowie, Joseph P. Lavelle. Patents Covering Industry Standards: The Risks to Enforceability Due to Conduct Before Standard - Setting Organizations [J]. AIPLA Q. J., 2002 (30): 95.

❷ Patrick D. Curran. Standard - Setting Organizations: Patents, Price Fixing, and Per Se Legality [J]. U. Chi. L. Rev., 2003 (70): 983.

❸ Masako Wakui. Standardization and Patent Pools in Japan [M] //Ruth Taplin. Valuing Intellectual Property in Japan, Britain and USA. London: Routledge Press, 2004.

❹ Mark A. Lemley, Carl Shapiro. Patent Holdup and Royalty Stacking [J]. Tex. L. Rev., 2007 (85): 1991.

Geradin)等（2008）以反公地悲剧理论、专利丛林等理论作为基础，透过半导体产业、软件产业、生物产业和移动通信产业实证分析，系统地评估了标准化下专利许可费重叠问题，认为应构建市场机制与法律制度相结合的综合方法来应对专利许可费重叠问题。❶ 安妮·莱纳-法兰（Anne Leyne-Farrar）等（2009）运用微观经济学的方法，认为可以建立专利许可费的事前竞价、多方事前协商以及双边事前协商等机制，以解决标准化下专利劫持问题。❷ 托马斯·科特（Thomas F. Cotter, 2009）界定了专利劫持的概念以及构成要件，在列举三个解决专利劫持问题原则的基础上，认为标准化下应对专利法体制内的永久禁令制度进行适度限制，并以反垄断法框架内的专利突袭（Patent Ambush）和共谋交易（Collective Bargaining）抗辩作为应对专利劫持问题的策略。❸ 亚当·斯皮格尔（Adam Speegle, 2012）对目前应对技术标准覆盖专利所产生专利劫持问题而产生的私人创制规则以及现存美国反垄断法规则作出了检视，认为无论是标准化组织制定的知识产权政策还是现存的美国《谢尔曼法》都存在自身难以克服的应对问题的缺陷，最佳的路径应是由美国联邦贸易委员会根据《谢尔曼法》的基础上，出台发布具体的专利许可要求的指南，只有这样才能有针对性地解决专利劫持问题。❹

3. 标准化组织的知识产权政策

对于应对标准覆盖专利产生问题的重要应对之策，标准化组织通常会以制定知识产权政策，设定标准专利权人的披露义务（Disclosure）以及非

---

❶ Damien Geradin, Anne Layne-Farrar, A. Jorge Padilla. The Complements Problem within Standard Setting: Assessing the Evidence on Royalty Stacking [J]. B. U. J. Sci. & Tech. L., 2008 (14): 144.

❷ Anne Leyne-Farrar, Gerard Lobet, A. Jorge Padilla. Preventing Patent Hold Up: An Economic Assessment of EX ANTE Licensing Negotiations in Standard Setting [J]. AIPLA Q. J., 2009 (37): 445.

❸ Thomas F. Cotter. Patent Holdup, Patent Remedies, and Antitrust Responses [J]. J. Corp. L., 2009 (34): 1151.

❹ Adam Speegle. Antitrust Rulemaking as a Solution to Abuse of the Standard-Setting Process [J]. Mich. L. Rev., 2012 (110): 847.

歧视、合理（FRAND）或者免费（RF）专利许可义务作为调节专利许可人与被许可人之间利益的政策杠杆。标准化组织的知识产权政策作为一种私人创制的规则，其规则本身的构造，规则所具有的意义和作用，在什么条件下产生法律效力，相关法律的具体适用等问题一直是学界文献和司法判例所聚焦的问题之一。戴维·施内克（David M. Schneck, 1998）针对标准化环境下对标准化组织知识产权政策所要求披露义务违反的问题，认为应从禁止发言、默示许可、权利滥用、不当行为以及反垄断责任的理论框架内为违反披露义务行为的规制提供法律依据。[1] 马克·莱姆利（2002）论述了标准化组织的本质和作用，从标准化组织的视角审视了知识产权进入标准化中的问题，探讨了标准化组织知识产权政策在合同法、知识产权法、反垄断法等法律框架内的法律效力，认为标准化组织的私人创制知识产权规则也许相较比较完美的知识产权系统来说对于创新的促进并非更有利的，但是相对于现实意义上并不完美的知识产权体系来说是有更具意义和价值的。[2] 詹姆斯·德维利斯（James C. De vellis, 2003）分别阐释了专利体系蕴含的激励机制以及标准化组织历史以及重要性，认为 RF 许可原则会降低好的技术进入标准的驱动力，减少网络效应的收益，而 RAND 许可原则才是最好的平衡标准中最优技术的采用与标准的广泛实施之间矛盾的政策工具。[3] 约瑟夫·斯科特·米勒（Joseph Scott Miller, 2007）从作为私有财产的专利权与具有公共产品属性的标准结合后产生技术锁定的问题入手，阐发了标准化组织知识产权政策产生的意义，认为 RAND 原则在限制专利法的永久禁止、标准化组织内部治理以及破解技术锁定三个方面具

---

[1] David M. Schneck. Setting the Standard: Problems Presented to Patent Holders Participating in the Creation of Industry Uniformity Standards [J]. Hastings Comm/Ent L. J., 1998（20）：641.

[2] Mark A. Lemley. Intellectual Property Rights and Standard - Setting Organizations [J]. Cal. L. Rev., 2002（90）：1889.

[3] James C. De vellis. Patenting Industry Standards: Balancing the Rights of Patent Holders with the Need for Industry - Wide Standards [J]. AIPLA Q. J., 2003（31）：301.

有重大的作用。❶ 乔治·卡里（George S. Cary）等（2008）通过美国最新案例审视了目前法院处理违反FRAND原则的做法和经验，分析了标准化组织创制知识产权政策的原因，并对FRAND原则中的"合理"以及"非歧视"两个模糊而又有争议的概念分别进行了详细阐释，认为虽然评估FRAND承诺和许可条款是一件复杂的事情，但是确信的是法院和相关行政机构有能力倾向于对违反FRAND承诺的行为追究反垄断责任。❷ 道格·利希特曼（Doug Lichtman，2010）评估了RAND原则产生的背景以及所呈现特点的依据，并从经济视角、专利法视角、反垄断法视角对RAND原则进行了全面解读，认为RAND原则作为一种延迟的专利许可费谈判机制，具有促进竞争的效果和作用。❸ 罗伯特·基勒（Robert D. Keeler，2013）详细阐述了RAND原则在标准化进程中的作用，认为应从善意协商、事前许可、许可费的理算等层面完善现有RAND许可原则。❹ 热·盖桑（Jay P. Kesan）等（2014）以Widget标准作为案例，实证分析了FRAND原则面临的标准必要专利判定、原则对于非会员的适用、原则承诺的移转等现实困境，在此基础之上，从美国专利法、合同法、反垄断法、反不正当竞争法的立法框架下检视目前立法框架对于FRAND原则现实困境的适用，认为应在财产法框架下建立类似役权规则的方法解决FRAND存在的问题。❺

从国外学者对技术标准化下专利许可制度相关问题的研究状况来看，具有以下几个方面的特点：第一，研究范围的覆盖较广，国外学者的研究

---

❶ Joseph Scott Miller. Standard Setting, Patent, and Access Lock – In: RAND Licensing and the Theory of the Firm [J]. Ind. L. Rev., 2007 (40): 351.

❷ George S. Cary, Paul S. Hayes, Larry C. Work – Dembowski, Antitrust Implications of Abuse of Standard – Setting [J]. Geo. Mason L. Rev., 2008 (15): 1241.

❸ Doug Lichtman. Understanding the RAND Commitment [J]. Hous. L. Rev., 2010 (47): 1023.

❹ Robert D. Keeler. Why Can't Be (F) RANDS?: the Effect of Reasonable and Non – Discriminatory Commitments on Standard – Essential Patent Licensing [J]. Cardozo Arts & Ent. L. J., 2013 (32): 317.

❺ Jay P. Kesan, Carol M. Hayes. FRAND's Forever: Standards, Patent Transfers, and Licensing Commitments [J]. Ind. L. J., 2014 (89): 231.

范围涉及标准与专利结合产生问题的方方面面，既包括专利劫持、专利许可费用重叠、技术锁定等问题本身，还包括对这些问题解决的各种路径，政策包括标准化组织的私人创制规则，也涵盖反垄断法、专利法框架内法律规则；第二，研究方法的运用较丰富，国外学者在研究方法的运用上，除了常规的对法规和规范文献分析法外，有以案例以及各种标准化组织知识产权政策作为研究样本的实证分析，还有通过经济学模型建构，进行经济学理论分析方法的运用；第三，研究样本的采集较新，从国外学者研究对象和样本的采集上看，大多选取的是最新的案例或者标准化组织的知识产权政策，因此决定了其论据比较有说服力。同时国外的研究存在以下两个方面的不足：第一，从研究内容来看，由于案例法的传统，国外学者（特别是美国学者）的研究成果对标准必要专利权滥用的理论基础关注较少，特别是民法基础和法理基础，更多侧重的是以案说法；第二，国外学者的研究样本（案例及政策）主要采集于发达国家，如美国、欧盟、日本，对发展中国家标准必要专利相关制度的关注较少，因此，其研究成果对发展中国家或不发达国家的适应性有限。

（二）国内动态

1. 标准化下专利战略和策略

发达国家和垄断企业通过国家标准战略、企业标准战略、国际标准组织和规则，将知识产权与标准体系结合在一起，占据了高技术各个产业的发言权，形成绝对的市场竞争优势。我国在标准化的理论和实践方面已经滞后于发达国家和垄断企业，制定符合我国国情特点的国家和企业标准化战略是提高我国知识产权运用和保护水平，打造知识产权强国，建设创新型国家的必然选择。互联网实验室（2004）从竞争环境、竞争规则以及竞争对手三个方面揭示了技术标准化环境下我国面临的全球化时代高科技发展阶段的变迁，认为我国应该调整标准政策、推进联盟战略，制定企业导向的标准。[1] 张平

---

[1] 王俊秀，刘双桂，齐欧. 新全球主义：中国高科技标准战略研究报告［R/OL］.［2021－12－15］. http：//web. cenet. org. cn/upfile/60596. doc.

等（2005）结合美国的标准化组织或跨国企业的做法，围绕必要专利的获取、技术许可费用、技术标准向外技术许可等标准化下的专利许可问题，进行了深入探讨，认为互联网经济的出现使得企业面临前所未有的全球竞争机遇和挑战，只有它们的产品标准成为国际标准时，它们才可能生存。❶邝兵（2011）通过德国、英国的标准化战略的演进，得出发达国家实施标准化战略的经验，并在分析我国标准化工作的进展、问题及其成因的基础上，提出了我国实施以知识产权为主要内容的标准化战略。❷

2. 标准与专利之间的关系

技术标准化下标准与专利密切相关，标准的制定、实施与推广均离不开专利的作用的发挥，对标准与专利关系的探析是研究标准必要专利权滥用问题的逻辑起点。近年来，我国学者的研究对这一问题也有所涉及。马忠法（2007）探讨了技术标准与技术许可相互结合的原因、理论基础，认为技术许可是技术标准赖以存在的基础和前提，而技术标准又为技术许可创造巨大的空间。专利联盟是专利权人在标准化下运用专利许可获取利润的主要形式。❸张乃根（2007）则将专利许可、标准化与反垄断三者的关系视为不等边三角形，三者在不同角力的互动作用下，形成极其复杂的经济、技术与法律关系。❹蒋坡（2008）分析了技术标准与专利技术相互融合的基本条件，详细分析了专利进入具有市场强势、广泛应用以及无偿使用为特点的标准后产生的冲突，并最终回归到制度层面，认为技术标准与专利技术融合从根本上来说是存在制度悖论的。❺

3. 标准化与专利结合后产生具体问题的回应

我国学者对于标准与专利结合产生问题的关注，始于 2002 年 DVD 6C 联盟在我国打响"专利收费战"事件发生之后。林晓认为 DVD 6C 专利联

---

❶ 张平，马骁. 技术标准与专利许可策略 [J]. 交通标准化，2005（5）.
❷ 邝兵. 标准化战略的理论与实践研究 [M]. 武汉：武汉大学出版社，2011.
❸ 马忠法. 技术标准与技术许可之关系探究 [J]. 电子知识产权，2007（10）.
❹ 张乃根. 专利许可、标准化与反垄断的三角关系 [J]. WTO 经济导刊，2007（7）.
❺ 蒋坡. 论技术标准与专利技术之融合与冲突 [J]. 政治与法律，2008（8）.

盟向联想、七喜等电脑厂商发警告函的行为应成为竞争法的监督对象,其结成应事前经过竞争当局的认可,其运作也应始终受到竞争当局的监督。❶ 韩赤风(2005)结合 DVD 6C、3C 专利联盟的收费风波,认为专利权的联合许可在一定条件下是属于正常权利行使的范围,但当它妨碍竞争时,就构成知识产权的滥用,应当受到反垄断法的规制。❷ 赵启彬(2010)从美国联邦贸易委员会 N - Date 案的裁定出发,通过对目前法律资源的梳理和分析,认为与技术标准有关的专利许可声明在专利法与反垄断法框架之内是可以找到约束专利授权依据的。❸ 丁道勤等(2011)认为可从披露义务以及非歧视、合理的专利许可义务的设定,诉讼外 ADR 纠纷解决机制的构建,专利权之间交叉许可以及反垄断法的规制几个方面系统解决专利劫持问题。❹

总的来说,国内学者对标准必要专利权滥用问题的研究,基于国外丰富研究成果,具有很多的可圈可点之处,但总体来说目前国内研究的水平仍处于起步阶段,主要表现为:首先,研究不够深入。目前大多数的国内研究仍停留在相关概念、特征的分析,国外立法的移植或介绍上,对标准必要专利权滥用的制度基础、专利许可原则等实质性理论问题很少涉猎。其次,研究不够系统。纵观国内目前的研究成果,主要侧重标准必要专利权滥用规制的某一方面内容,系统地、全面地对标准必要专利权滥用规制的基础、原则等问题研究较少。最后,研究方法单一。目前国内对于该问题的研究偏重宏观和理论层面的研究,而对标准必要专利权滥用规制涉及的 FRAND 原则的解读以及许可合同条款等问题的实证研究很少。

---

❶ 林晓. DVD 6C"专利权行使"质疑 [EB/OL]. [2021 - 12 - 15]. http://www.law - lib.com/lw/lw_view.asp? no = 2148.
❷ 韩赤风. 对 DVD 事件中知识产权滥用的法律思考 [J]. 法商研究, 2005 (3).
❸ 赵启彬. 与技术标准有关的专利许可声明对专利受让人约束力问题研究——从美国联邦贸易委员会 N - Data 案裁定出发 [J]. 电子知识产权, 2010 (5).
❹ 丁道勤, 杨晓娇. 标准化中的专利劫持问题研究 [J]. 法律科学, 2011 (4).

三、总体框架和主要内容

本书希冀通过标准必要专利权滥用实践问题的查找，反思标准必要专利权滥用规制制度出现的问题，并在此基础之上，探析标准必要专利权滥用规制制度的理论基础，借鉴国外标准必要专利权滥用规制制度经验，检讨我国标准必要专利权滥用规制制度存在的问题，最终对我国标准必要专利权滥用规制制度进行完善。本书主要分为七章，主体框架和主要内容如下。

绪论部分主要是阐述本书的研究背景和意义、国内外研究状况、总体框架和主要内容，研究方法以及创新之处。

第一章技术标准化与标准必要专利。技术标准与专利权的交会（标准必要专利权的产生）是近年来随着经济全球化的发展以及现代科学技术的发展而产生的现象，是由技术标准自身本质属性以及专利在现代科学技术发展中不断凸显的地位而决定。技术标准与专利权的交会一方面对于技术标准与专利权在提升市场影响力方面具有积极作用；另一方面由于二者固有属性的冲突，同时也给技术标准与专利权的发展带来了冲击和挑战。对技术标准与专利权的交会成因、结合样态以及互动机理等关联性问题的梳理和探讨是新环境下对标准必要专利权滥用进行制度回应首先需要解决的基础性理论问题。

第二章标准必要专利权滥用的制度挑战。在技术标准化下，专利权行使的商业和法律环境发生了显著的变迁。技术标准与专利权的交会不仅引发了二者存在的内生属性冲突，同时还打破了专利权人（许可人）与专利技术使用人（被许可人）之间相对平衡的交易格局，标准必要专利权滥用问题由此产生。在技术标准化过程中，标准必要专利权人可能会利用拥有标准必要专利技术的优势地位，实施拒绝许可、不当披露专利信息、价格联合、违反 FRAND 许可原则、搭售以及违反前手承诺等妨碍技术标准制定以及实施的行为，这些行为不仅会危及市场竞争对手的利益，同时还会对消费者福祉以及社会公共利益带来损害。然而，现有制度由于理论基础与现实脱节，政策创制空间受限，私法限制缺位，反垄断法规制乏力等原因，对于标准必要专利权滥用行为存在适用上的困难，因此，标准必要专利权滥用对现有制度提出了严峻的挑战。

第三章标准必要专利权滥用规制的制度理论基础。技术标准化下由于专利权行使的环境发生转变，如果固守原有的制度理论基础，势必会对现有制度的改造造成理论障碍，因此在梳理现有制度理论基础的基础上，探析标准必要专利权限制的制度理论基础是升级现有制度，做出有效回应的前提条件。法哲学基础方面，在技术标准化的新环境下，有必要兼顾"平衡正义"（矫正正义）的价值要求，从平等、自由以及公平的维度，分别对专利权行使的主体地位、行为界限以及利益分配的价值和理念追求做出新的法哲学阐释；民法学基础方面，则应根据现代私法的具体人格、利益平衡以及契约自由的限制三大原则对专利权行使的法律地位、利益分享以及行为限度等基础内容做出新的解读；经济学基础方面，专利联合许可作为标准必要专利权行使的主要方式，不仅是技术标准形成过程中消除专利之间垄断障碍的重要路径，还是技术标准实施过程中降低标准必要专利使用成本的有效手段。技术标准化下的专利联合许可相对于传统专利权行使，无论其产生依据、促成原因还是边界设定都存在坚实的经济学依据和基础。

第四章标准必要专利权滥用之政策调控杠杆。技术标准化下技术标准组织所制定的知识产权政策是调和技术标准化下标准公益性与专利私益性冲突的重要手段，也是解决新形势下标准必要专利权滥用问题的方法之一。标准化组织制定的知识产权政策主要包括专利信息披露政策和专利许可原则：专利信息披露政策与标准化下的专利许可密切相关，对于专利信息的披露一则可以缩小专利许可交易双方信息不对称的鸿沟，有利于减少标准专利许可交易中的专利劫持现象；二则专利信息的披露经常与专利许可承诺相联系，有学者将专利信息披露政策视为履行专利许可承诺的"触发器"。专利许可原则又涉及专利免费许可以及专利公平、合理、非歧视许可原则，是防止标准实施中专利权人拒绝许可、垄断高价等权利滥用行为的主要手段。

第五章标准必要专利权滥用之私法限制制度。标准必要专利权人对于权利的行使依据主要源于专利法授予专利权人对专利技术在有限期限的排他独占使用，专利法制度在授予专利权人权利的同时也设置了对权利的限制，如专利权滥用规制制度、专利强制许可制度以及永久禁令等。因此，对于标准必要专利权滥用问题的解决首先可以回归到权利效力的来源上，即在专利法之中找寻制度限制的依据。此外，标准必要专利权人进入标准化组织以及对于财产权利的让渡一般都是以合同形式作为呈现。因此，还可以通过现有合同法规范体系中的显失公平原则、默示许可以及禁止反言原则对于标准必要专利技术交易中专利权人的行为进行限制。因此，合同法和专利法都可以为标准必要专利权滥用问题的处理提供制度资源。

第六章标准必要专利权滥用之反垄断规制制度。标准化制定组织的知识产权政策、合同法以及专利法都能对标准必要专利权滥用问题起到一定程度的调控和限制作用。但是上述制度资源在适用对象、发起方式、执行力度等问题上均存在不同程度的短板，只能对标准必要专利权滥用问题的解决发挥补充性的作用，不能成为规制标准必要专利权滥用的主要制度依据。为了能够对标准必要专利权滥用进行有效规制，需要跳出专利法、合同法等私法的框架限制，以公法作为新的视野和维度，在反垄断法的制度框架内审视标准必要专利权滥用问题，为应对标准必要专利权滥用问题，对标准必要专利权滥用行为进行反垄断规制也是各国惯常采用的方法之一。

第七章我国标准必要专利权滥用的制度应对之策。我国可供规范标准必要专利权滥用行为的立法资源分散在《民法典》《专利法》《反垄断法》等各个部门法之中，内容上过于粗略，形式上缺乏统一，结构上相互脱节，而政策资源囿于政策制定体制的束缚，存在私人规则创制空间不足，政策内容未与国际接轨等问题,因此,结合美国、欧盟等国制度制定以及运作经验,立足我国的国情,对现有制度进行修订和完善是应对标准必要专利权滥用问题的现实需求。政策方面,主要逐步由政府主导的标准化模式向市场主导的标准化模式过渡,并对涉及标准必要专利权行使的专利信息披露政策以及 FRAND 许可原则进行完善;立法方面,则应分别完善《民法典》《专利法》《反垄断法》中涉及规范专利权行使的制度,以形成相关立法的相互协调配合,最终构筑完整、高效的应对标准必要专利权滥用的制度体系。

本书框架结构如图 1 所示。

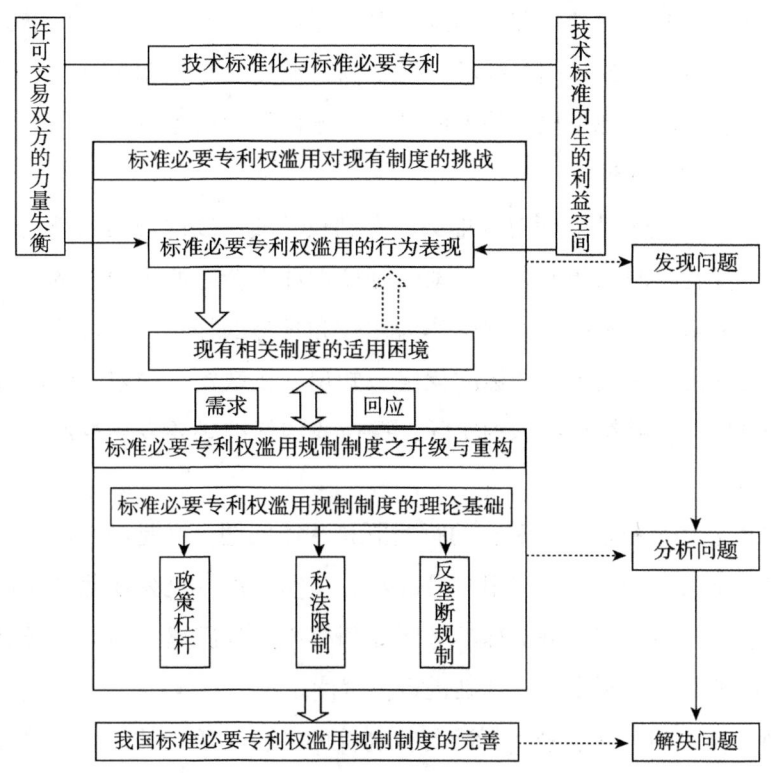

图 1　本书框架结构

四、研究方法与创新之处

本书综合采用理论与实证相结合的研究方式，运用多种研究工具和方法，力图通过实证研究发现标准必要专利权滥用规制制度存在的问题，并以标准化组织专利许可相关政策以及国外立法现有资源和发展动向作为比较参鉴，继而为我国标准必要专利权滥用规制制度完善提出建议。本书主要采用了如下研究方法。

（1）系统研究法。从内容来看，标准必要专利权滥用的制度应对研究涉及问题较多，唯有对所有问题进行全面、系统的分析，才能发现规律，得出我国标准必要专利权滥用制度应对的思考。为此，本书对标准必要专利权限制的制度理论基础、标准必要专利权滥用之政策调控杠杆、私法限制制度、反垄断法规制规制等方面进行全方位的制度考察，以实现结构的完整和分析的有效性。

（2）比较研究法。面对标准必要专利权行使制度的现实困境，由于各国经济、文化、政治的差异，各国的制度设计也会有所不同，本书主要选取美国、欧盟、日本的相关制度作为比较和参考的样本，通过比较，发现规制标准必要专利权滥用的标准化组织知识产权政策、国家立法的共性问题和个性问题，并结合我国的实际，探讨我国标准必要专利权滥用之制度应对之策。

（3）经济分析法。专利权的行使既是法律问题，又是经济问题。本书引入经济学的分析方法，利用交易成本、锌铜双占、反公地悲剧等制度经济学的理论模型，深度解析标准必要专利权滥用的问题，并对标准必要专利权限制的经济学制度理论基础进行再解读。

（4）历史研究法。技术标准与专利权的结合是历史的产物，追溯技术标准的发展历史可以明晰技术标准与专利权结合的原因。此外，制度的发展具有连贯性，对他国制度演进路径的跟踪和分析，可以从中预测制度的未来发展和潜在影响，以更好地为我国制度完善提供科学合理的建议。

（5）实证研究法。由于标准必要专利权行使的实践操作性很强，因此本书通过摘取国内外一些著名的案例以及技术标准组织的知识产权政策进行实证分析，得出实践中规制标准必要专利权滥用的政策路径和方法。

本书的创新之处与学术贡献可以归纳为以下几个方面的内容：

（1）检视了标准必要专利权滥用规制的制度理论基础存在问题。传统专利权滥用规制的制度理论基础比较薄弱，主要依赖吸收民法关于财产权理论基础进行支撑，但在技术标准下，专利许可实践以及交易态势发生了显著变化，传统专利权滥用规制的制度理论基础受到了极大的挑战，固守原来的理论将为制度的发展和革新带来理论障碍。国内外学者的论述均对此问题显有涉猎。本书力图通过法理学、民法学和经济学的多维角度阐发标准必要专利权滥用规制的制度理论基础，为制度的完善和革新肃清理论的障碍。

（2）对标准必要专利权滥用的规则适用问题做出了解释。长期以来，在实践中对于标准必要专利权滥用行为的适用问题没有引起我国学界的广泛关注。直到2013年发生华为诉美国IDC滥用标准专利权的标准专利反垄断第一案后，很多学者才对此问题开始关注。针对这一问题，本书结合美国相关经典案例的实证分析，检视现行制度下适用标准必要专利权滥用的方法和困境，并对美国等发达国家法律规则适用的发展趋势做出研判。

（3）提出了我国标准必要专利权滥用规制的完善建议。对于标准必要专利权滥用的规制，我国的民法、合同法、专利法以及反垄断法等法律框架内有着既存的法律规则保障其正常运转，只是随着环境的变迁、交易态势的转变，制度依存的理论基础需要作出新的解释和更新，相关的政策和法律需要应时而变、吐故纳新而已。本书力求从政策的私人创设与现有法律的扬弃两个方面，为我国标准必要专利权滥用规制的制度完善提出建议。

第一章 技术标准化与标准必要专利

在"技术专利化"的趋势之下,因应技术先进性的目标要求,技术标准产生了与专利相结合的需求和基础。技术标准与专利的结合,不仅对技术标准自身的内在属性和作用方式产生了影响,还改变了传统专利许可的竞争态势和交易模式。为回应现实发展的需求,应对适用环境和调控对象变化带来的挑战,传统专利权滥用规制制度的升级自然也就成了必然要求。而对技术标准化与专利权的交会成因、结合样态以及作用机理等基础理论问题的梳理和探讨是新环境下对现有专利权滥用规制制度进行升级需要首先解决的任务。

第一节 技术标准与技术标准化

一、技术标准

标准从人类社会分工开始产生以来,一直在技术革新的支撑、生产发展条件的创造、社会进步的推动等方面发挥着不可替代的作用。

(一)技术标准之缘起

技术标准的发展历史可以追溯到几千年前,一部技术标准的发展史既可以说是一部人类科技的变革史,也可以说是一部人类社会的进步史,因为技术标准与技术革新和社会发展之间一直是一种互动发展的关系:一方面，人类技术革新、社会分工、生产力发展催生了技术标准，并一直推动着技术标准的发展，没有社会和生产力的发展与科技的进步，技术标准也就没有了立足和发展的环境和基础；另一方面，技术标准也在不断地为技术革新、社会进步、生产力的发展创造条件，技术革新的推广和应用，社会分工的秩序维系，生产的标准化和批量化都离不开技术标准的作用。总的来说，技术标准从其产生到发展，主要历经了以下三个里程碑式的发展阶段。

（1）古代标准阶段：人类有意识地制定标准始于社会分工。在原始社会，基于生产力发展的推动，人类经历了两次社会分工。第一次社会分工是农业与畜牧业的分离。社会分工引起的直接后果是生产的发展和产品的交换，而公平交换和等价交换一开始就成为交换所遵循的法则。为了体现公平和等价原则，就必须对交换物进行计量，度、量、衡单位的统一，器具标准由此产生。第一次社会分工促使人们从自然物使用到标准化器物使用的过渡。第二次大分工是手工业从农业中的分离。为提高生产效率，对工具和技术进行规范就成为迫切要求。从古代的青铜器、铁器和典籍上就可以看出当时科学技术和标准化水准的发展，如作为北宋著名建筑典籍的《营造法式》，就以建筑的标准化、定型化作为编辑各种构件的指导方针。❶宋代毕昇发明的活字印刷术，运用标准件、互换性、分解组合、重复利用等标准化原则，更是古代标准的典范。

（2）近代标准阶段：18世纪工业时代初，随着蒸汽机等现代生产工具的应用，工业生产发生了根本性变革，早期的家庭式手工作坊逐渐被机器化大生产所替代，生产工艺越来越复杂，分工相应的越来越精细，协作越

---

❶ 《营造法式》是北宋崇宁二年（1103年）颁布的一部建筑典籍，是一部由官方向全国发行的建筑法规性质的专著，该书在南宋和元代均被重印，明代还被用于当时的建筑工程，因此可称之为中国古代建筑行业的权威型巨著。书中对于结构构件采用材分模数制，以对门窗装修时控制构件的比例。对于砖、瓦等构件则制定出与主体结构相匹配的系列定型制品。对于彩画、雕刻等艺术性较强的工种，则对当时流行的式样、风格加以归纳和整理，并指出其特征和变化规律。

来越广泛。❶ 在这一时期，科技的发展为标准提供了大量生产实践经验，使得标准摆脱直观和零散的形式以表述现象和总结经验的阶段，从而使标准化活动进入定量的以实验资料为根据的科学阶段，并开始通过民主协商的方式，在广阔的领域推行工业标准化体系，至此，标准由保障互换性的手段，发展成为保障合理配置资源、降低贸易壁垒和提高生产力的重要手段。

（3）现代标准阶段：20 世纪 60 年代后，信息技术革命和经济全球化对人类社会的生产和生活产生了全面而重大的影响。特别是 90 年代后，随着电子、生物工程、航天、超导材料等高技术日益产业化，计算机的日益普及，使得现代社会的生产和管理呈现高度现代化、专业化和综合化的趋向，一项产品的生产，往往涉及几十个行业、成百上千个企业和各种科学技术。单个的标准已经远远不能满足错综复杂、千头万绪的生产组织和技术协作要求。因此现代标准不仅要求以系统的概念处理问题，而且要尽快建立同技术水平和生产发展规模相适应的标准系统，不仅要适应产品多样化的需求，组合化和接口标准化成为标准发展的关键环节。❷

（二）技术标准的定义

由于经济社会发展环境以及利益观察视角的差异，不同学者或组织对于标准的定义也不尽相同。经济学家通常把标准看作一组关于界定产品或者相容性规格的合意。社会学家则比较看重个体与文化之间的关系，他们往往把标准看作促进社会互动的行为准则，而政府或官方机构更倾向于把标准视为实现社会治理的政策工具，通常将其与法令规章画上等号。❸

在目前众多关于标准的定义中，以下几种具有一定的代表性。国际知名标准化专家桑德斯在 1972 年出版的《标准化目的与原理》一书中，对

---

❶ 邝兵. 标准化战略的理论与实践研究［M］. 武汉：武汉大学出版社，2011：53.
❷ 李春田. 标准化概论［M］. 北京：中国人民大学出版社，2010：7.
❸ U. S. Congress, Office of Technology Assessment. Global Standards：Building Blocks for the Future, TCT－512 ［EB/OL］. ［2021－12－15］. http：//www. gtwassociates. com/answers/OTA9220. pdf.

标准的定义是:"标准是被公认的权威当局所批准的标准化成果,它可以采用文件形式,记述一整套必须达到的条件,也还可以是规定基本单位或物理单位常数,如安培、米等。"❶ 囿于当时社会发展的局限,桑德斯的定义更为强调对于传统产业,如工业和服务业的适用,在网络化、信息化环境下,该定义存在一定的适用困难。著名法学家莱姆利认为标准以多样的形式呈现,因此他关于标准的定义十分宽泛,将"任何一系列提供产品或流程的通用设计的技术规范"都视作标准。❷ 作为标准化方面的国际官方组织,国际化标准组织(ISO)对于标准也做过定义,根据国际化标准组织(ISO)以及国际电工委员会(IEC)在《标准化和有关领域的通用术语及其定义》的规定,标准是指"一种或一系列具有一定强制性要求或指导性功能,内容含有细节性技术要求和有关技术方案的文件,其目的是让相关的产品或服务达到一定的安全要求或市场进入条件"。❸ 在参考国外标准定义的基础之上,我国2002年发布的《标准化工作指南第一部分:标准化和相关活动的通用词汇》一书中对标准的定义是"为在一定范围内获得最佳秩序,经协商一致制定并由公认机构批准,共同使用和重复使用的一种规范性文件"。❹

哲学家赫拉克利特说过:"人不可能两次踏进同一条河流。"对标准的定义也是如此,标准的内涵和外延会随着技术发展和进步在不断地充实和演化,今日之标准有可能已与昨日之标准相去甚远。过去的标准,较多着眼于产品或服务技术和品质要求的实现,而随着技术的快速发展,标准趋向于将技术解决方案纳入其中,这也是技术标准的由来。当技术在经济社会发展中扮演着越来越重要的角色,技术标准在标准中也就占据着愈加重

---

❶ [英]桑德斯. 标准化的目的和原理 [M]. 中国科学技术情报研究所, 译. 北京: 科学技术文献出版社, 1974: 24.

❷ Mark A. Lemley, Herbert Hovenkamp, Mark D. Janis. IP and Antitrust: An Analysis of Antitrust Principles Applied to Intellectual Property [M]. New York: Aspen Publisher Press, 2002: 35.

❸ 赵仁全, 崔壬午. 标准化词典 [Z]. 北京: 中国标准出版社, 1990: 12.

❹ 国家标准化管理委员会. 标准化工作指南 第一部分: 标准化和相关活动的通用词汇 [M]. 北京: 中国标准出版社, 2009: 1.

要的位置，以至于虽然目前标准还同时包括质量标准、安全标准，但是从某种意义上来说，技术标准已成为标准的狭义称谓，一般人们所指称的标准通常指的就是技术标准。❶ 技术标准作为一种对于技术事项进行协调和统一的规范，一般蕴含以下两个方面的基本内涵：首先，技术标准会为技术设定最低门槛；其次，如若达不到技术标准对于技术最低门槛的设定，可以向标准化组织或机构寻求技术许可授权，以支付技术授权许可费为对价从而获取相应技术的使用权。❷

(三) 技术标准的类型

从不同的目的和角度出发，依据不同的标准，可以对技术标准进行各种不同的分类，如以标准的约束力差异，可将技术标准分为强制性标准和推荐性标准；❸ 以制定标准的目标宗旨区分，技术标准可分为公共标准和私有标准；按照标准的使用范围，可以将技术标准划分为国际标准、区域标准、国家标准、行业标准和企业标准，然而在目前众多的关于技术标准分类中，按照制定组织身份的不同将技术标准区分为事实标准（De Facto Standards）和法定标准（De Jure Standards）两类的做法是最为常见的。

事实标准并不是由某一个特定组织体设立，而是由单个企业或者占市场独占地位的少数企业通过市场运作而产生。这类标准的形成通常是由某种技术产品通过市场运作，受到消费者的欢迎和偏爱，然后取得市场支配地位，导致其他竞争者难以进入市场，从而自然而然成为市场该类产品的准入门槛，因此事实标准产生是一种"形成"的过程。比较典型的事实标准例子是柯提式（QWERTY）键盘布局以及在个人电脑上使用的微软公司

---

❶ 下文为论述的简便，对于"标准"的使用均采用此概念狭义的解释。
❷ 张平，马骁. 标准化与知识产权战略 [M]. 北京：知识产权出版社，2005：18.
❸ 强制性标准是指国家标准和行业标准中保障人体健康和人身、财产安全的标准，以及法律行政法规规定强制执行的标准。强制性以外的标准即为推荐性标准。按照这一标准的类型划分，不同组织或国家有着不同的称谓，在 WTO《贸易技术壁垒协议》中有"技术法规"和"标准"的区分，"技术法规"是指强制性文件，"标准"仅指自愿性文件，而欧盟的相应划分是"新方法指令"和"协调标准"。参见：李春田. 标准化概论 [M]. 北京：中国人民大学出版社，2010：27 - 29.

的视窗操作系统。事实标准一般较多地存在于具有网络效应（Network Effect）的产品市场中。在这一类型的市场内，产品的价值往往取决于使用这一产品的消费者数量。产品消费者的增多会让产品价值得到几何倍速度的增长，这也是网络效应的体现。具体到技术标准而言，标准的价值会随着呈现网状结构的消费者增加而增加。也正是网络效应市场具有的这一特性，从而使得人们极力争取将自己所拥有的私有财产性技术纳入技术标准之中，以通过标准获得市场网络效应带来的超额利润。❶

政府标准制定组织或者政府授权的标准制定组织制定的标准，称为法定标准。法定标准一般由官方组织、标准化组织或学术论坛等主体制定，并有相应执行规则的技术或技术组合。从这一意义来说，相对于事实标准的"形成"过程，法定标准的形成是一个"创设"过程。法定标准按照标准的约束力进行划分，又可分为强制性法定标准和自愿性法定标准。强制性法定标准一般是由官方组织制定，对标准采用具有强制约束力的标准。由政府制定的汽油排放标准就是典型的强制性法定标准。自愿性法定标准❷则是由私人标准制定组织（Standard Setting Organization，SSO）制定，由业界自愿采用的标准。如由 W3C（World Wide Web Consortium）组织制定超文本标记语言的 HTML 标准就是自愿性法定标准。自愿性法定标准又可分为开放式标准和封闭式标准，开放式标准意味着标准采用者对标准所包含的技术可以自由免费或低价地利用，而对封闭式标准涵盖技术的使用

---

❶ Janice M. Mueller. Patenting Industry Standards ［J］. J. Marshall L. Rev.，2001（34）：900.

❷ 目前学界对于标准化组织制定的技术标准的类型归属是存在争议的，有学者（张平、马骁）认为由于这类标准并非由官方组织制定，并且没有法定标准的强制效力，因此它应属于事实标准.（张平，马骁. 标准化与知识产权战略［M］. 北京：知识产权出版社，2005.）另有学者（贾尼丝·米勒）认为这类标准不同于事实标准的自然形成过程，并且通常由企业组成的组织体（标准化组织）制定，将其归属于事实标准未免过于牵强，其应属于法定标准.［Janice M. Mueller. Patenting Industry Standards ［J］. J. Marshall L. Rev.，2001（34）.］笔者认为：第一，任何一种类型划分并非绝对，类型之间的关系并非此即彼，而是你中有我，我中有你的关系；第二，从标准的形成过程来看，私人标准化组织制定的标准本质上仍是组织体的一种"创设"，而并非如同事实标准一样的市场自然"形成"，并且标准化组织往往有着围绕标准制定活动的组织、管理等制度，因此从法定标准与事实标准的划定依据来比较，此类标准更符合法定标准的标准。

则需要经过相关标准权利人的许可授权。需要注意的是，法定标准下的标准类型划分是相对的，因为不同类型的法定标准之间是可以相互转化的，比如自愿性标准可以经过官方组织的认可成为强制性标准，封闭式标准也可以随着发展转化为开放式标准，如 HAVI 标准，就从开始的封闭式标准转化成了开放式标准。

二、技术标准化

技术标准化是"针对现实或潜在问题，为在给定范围内达到最佳有序化程度，制定共同重复使用的规定所进行的活动"。[1] 因此，相对于技术标准而言，技术标准化则是一个动态的过程。技术标准化包括标准生成（制定）、标准实施以及标准信息反馈三个阶段。由于技术标准化的三个阶段同等重要，并且彼此相互连接，循环反复，因此有学者将技术标准的标准生成、标准实施以及标准信息反馈三阶段的关系形象地比拟为一个等边三角形。其中任何一个环节发生断裂，都会对整个标准化过程产生影响，标准化就会中断。[2]

（一）技术标准生成阶段

技术标准的生成阶段即技术标准从无到有的产生阶段。由于技术标准类型的差异，相应的生成过程也不尽相同。

事实标准一般是由一家公司或少数几家公司合作制定的技术规范，经过一段时间的市场竞争后，被市场大多数的消费者所接受，从而在事实上成为市场通用的技术进入门槛，也就是标准。因此事实标准的形成实际上是通过不断成功的市场竞争、推广和运作，或者非常贴合市场的需求，随着市场网络效应的作用，从而成为消费者广泛认可的一种规格，久而久之就成为同类产品或技术市场入门的基本要求。最典型的事实标准形成的例子是柯提式（QWERTY）键盘布局。这一键盘最早是由一名叫克里斯托

---

[1] 赵仁全，崔壬午. 标准化词典 [Z]. 北京：中国标准出版社，1990：13.
[2] 李春田. 标准化概论 [M]. 北京：中国人民大学出版社，2010：36.

弗·斯科尔斯（Christopher Scholes）的工程师设计，之所以设计成不合理的字母顺序排列，是为了避免打字员打字速度过快。因为早期的打字机均为机械式设计，如果打印速度过快会导致某些键的组合很容易出现卡键问题。柯提式键盘问世后，就由当时的雷明顿缝纫机公司大量生产这一键盘设计的打字机，久而久之就有越来越多的打字员熟悉这种键盘布局，也正是网络效应的发挥使得柯提式键盘布局产生了规模效应，以至于在电子打字机产生后，虽然已经没有柯提式布局解决的问题，但柯提式键盘布局仍被延用，成为事实上的键盘布局标准。

相对于事实标准"事实形成"的生成过程，法定标准的产生过程则是一种"人为创设"。强制性法定标准通常是由政府组织处于管理本国内产业的品质、环境、安全等涉及社会公共利益事项的需要而制定的标准，如度量衡标准、建筑结构抗震标准等。也正是因为此类标准的制定宗旨具有公益性和基础性以及制定主体、过程的权威性，因此这类标准带有强制约束力。强制性标准除了政府组织亲自制定外，还可能通过行政手段选定的方式来制定。如美国推动的 ATSC 数字电视标准就是例子。自愿性法定标准往往由标准化组织制定。标准化组织制定标准的活动通常会按照 ISO 和 IEC 发布的导则性文件，通过标准调查、论证、审查等步骤进行标准制定。由于政府组织在制定法定标准的过程中难以对市场信息做到有效的掌控，因此，以标准化组织为主体制定标准是标准制定的主要方式，目前世界上现存的至少有几百个正式的标准化组织，如在全球电信市场比较有影响力的电信联盟（ITU）目前已经制定了近 900 个电子领域的技术标准。

（二）技术标准实施阶段

技术标准化是一种带有目的性的活动，而技术标准化的目的绝非止步于技术标准的制定，标准的最终实施才是技术标准化的终极目的，因为只有标准得到实施才能将技术标准中蕴含的技术成果和经验传递到生产实践之中，转化为现实的生产力；只有通过标准实施才能效验技术标准的适用性，从而进一步对标准进行修正和完善。

技术标准的实施总的来说主要涵盖三个方面的内容。第一，标准实施前的宣传咨询。标准的宣传是标准实施的首要工作。只有通过宣传和咨询，才能使得潜在的标准采用者了解技术标准，明晰技术标准中涉及的技术内容和要求，获知取得技术授权的途径和方式，后期的标准执行才可能顺利地进行。第二，标准实施中的执行。根据技术标准类型的不同，标准实施中的执行也有所区别。强制性标准的执行是由国家强制力执行，违反强制性标准的产品或技术会受到依法处理，而对于自愿性标准的执行则国家无强制要求。需要注意的是，由于西方发达国家市场的优势地位，某些由国外大企业或标准化组织制定的自愿性标准，事实上成为相关市场进入的技术壁垒，其执行因此也具有一定的强制性。第三，标准实施后的保障。标准实施后的保障是标准实施的约束机制，没有对标准实施的保障，标准实施的效果就难以得到保证。强制性标准通常由政府部门专门进行产品或技术检验机构负责对标准实施的监督、检查和处理，而对于自愿性标准通常采用的是认证制度，通过第三方认证机构提供产品符合标准技术要求书面保证的形式来保障标准的实施。❶

（三）技术标准信息反馈阶段

技术标准的信息反馈是技术标准化的最后一个阶段，也是一个常常容易被人忽略的阶段。❷ 然而，技术标准信息反馈在技术标准化过程中具有重要的作用。技术标准信息反馈的重要性体现在两个方面。第一，技术标

---

❶ 李春田. 标准化概论 [M]. 北京：中国人民大学出版社，2010：116.

❷ 目前很多学者认为标准化仅包括标准制定和标准实施两个阶段。如桑德斯认为标准化即"为了所有有关方面的利益，特别是为了获得最佳经济秩序，并适当考虑产品的使用条件与安全要求，在所有有关方面的协作下，进行有秩序的特定活动所制定并实施各项规定的过程"。参见：[英] 桑德斯. 标准化的目的和原理 [M]. 中国科学技术情报研究所，译. 北京：科学技术文献出版社，1974：49. 胡彩梅等认为："标准化是人类实践活动的产物，同时又是规范人类实践活动的有效工具，它通过制定和实施标准达到统一，以获得最佳秩序和效益。"参见：胡彩梅，韦福雷，肖昆. 标准化经济影响的若干问题研究 [M]. 长春：吉林大学出版社，2010：16.

准化过程本质上是一个正向增强的回馈机制。❶ 要使标准采用者与消费者进入技术标准，产生对标准化推进的正向增强效应，需要技术标准化过程中的正向信息反馈不断为进入标准者建立信心，以此扩展技术标准的网络效应，确保标准化进程的顺利进行。第二，囿于技术客观的复杂性和人自身带有的主观私利性以及知识的局限性，一个达到技术至臻，无缝贴合市场实际的完美标准是不可能存在的，标准制定中存在的问题往往会通过实施阶段的效验而清晰呈现。对标准制定和实施信息进行收集和反馈，进而对标准做出必要的修正和调整是顺利推进标准化和减少标准化负面影响的重要途径。由于大量的标准是以组织体作为制定的主体制定的，因此决定了标准覆盖的企业规模较大，范围较广，问题也就越复杂。这一现实就要求组织体建立专门的信息传递渠道和程序，进行信息反馈。比如国际电信联盟（ITU）就构建有专门的信息服务部（Information Services Department），该部门的一个重要职责就是负责集中和整理关于标准发展过程中的信息，建立和优化信息系统和服务，以规避标准发展中遇到的风险。❷ 技术标准的信息反馈阶段既是标准化推进过程中的重要阶段也是标准化的终点，它是对前期标准制定与实施阶段经验和问题的总结阶段，同时也是下一阶段标准制定或完善的起点，它对前面两阶段的经验和问题的总结可以为标准的修订或制定积累重要的经验，因此从这一意义来说，技术标准的信息反馈是标准化不断发展和完善的不竭动力。

第二节　技术标准化的利与弊

现代社会虽然有越来越多人已经认识到技术对于生活的意义和贡献，但很少人了解技术背后技术标准的正反两方面作用。随着产品技术性和专

---

❶ Francois Leveque. Standards and Standard – setting Processes in the Field of the Environment [M]. Cheltenham：Edward Elgar Publishing，1995：27.

❷ ITU [EB/OL]. [2021 – 12 – 15]. http：//www.itu.int/en/general – secretariat/Pages/is.aspx.

业化的提高，技术标准在现代社会中的意义愈加凸显。没有技术标准的现代经济社会已不可想象，也正因如此，有学者感叹"没有标准就没有现代经济"。❶ 然而，技术标准对现代经济并非百利而无一害，在技术标准与现代社会生活越来越密不可分的同时，在现代技术标准化活动中，由于有了私人组织和企业的参与，带有"公益性"的技术标准化极有可能成为限制竞争，市场不当逐利的重要手段。

一、技术标准化之利

技术标准化是现代市场竞争的重要构成要素，许多国家、私人组织和企业都对技术标准化趋之若鹜，究其根源，在于技术标准化具有推动社会发展的积极功能。据统计，每年80%（相当于每年4万亿美元）以上的国际贸易与技术标准相关。❷ 技术标准化的积极功能如下。

（一）技术互通的保证

现代生活无不依赖于无数技术设备之间的互联互通。电插头要能插进电插座之中，电灯泡需要与灯座吻合，数字信息要能在不同计算机系统中被读写，移动电话之间需要能相互通话。❸ 现代工业的发展一直是在发布新产品和确保新产品与既有产品网络相兼容的问题发现与解决中前行。在技术领域处理这一问题的通行做法是组建专门的技术标准制定组织，在对各种技术做出合理评估的基础上之上，对产品涉及的各项技术内容进行取舍，最终制定出统一的技术规范（技术标准）。技术标准制定后，技术产业中的所有企业将依据技术标准规定的技术规范进行商品生产，技术产业中不同产品之间的相互兼容和操作就得以保证了。例如，关于录音带的统一标准就使得消费者能够在 Maxell 的录音带和 Sony 的录音带之间进行自由

---

❶ Mark A. Lemley. Intellectual Property Rights and Standard – Setting Organizations [J]. Cal. L. Rev., 2002 (90): 1892.

❷ 陈彦长，谭力文. 技术性贸易措施对出口企业影响力研究 [J]. 中国软科学, 2011 (2).

❸ George S. Cary, Paul S. Hayes, Larry C. Work – Dembowski. Antitrust Implications of Abuse of Standard – Setting [J]. Geo. Mason L. Rev., 2008 (15): 1241.

选择，以适用到 Sony 的录音机之上，而不必担心相互兼容的问题。随着技术在现代生活中的作用愈加凸显，技术标准作为技术与技术之间相互通联的作用也日益彰显，以现代非常普及的笔记本电脑为例，从作为传输接口的 USB 到提供数据存储的内存条，一台笔记本中就有超过 500 个兼容性标准。❶

（二） 网络效应的生成

统一的产品技术标准可以通过需求市场（Demand-side Economy）的造就，增加产品对于消费者的价值。换句话说，在这一市场中，消费者对于产品需求的增长取决于产品能否在市场中广泛使用。这种增益效应也可以称为"网络效应"（Network Effect），因为产品价值的实现需要一个相互联通和操作的产品网络。❷ 例如，一台孤立的传真机是毫无价值的，因为它没有其他的传真机能与之通联。换句话说，只有多台传真机加入了同一个网络，实现互联互通，传真机的价值才可以得以实现。但是每个传真机的制造商生产传真机的技术规格、通信协议是不同的，不同品牌之间的传真机就存在相互通连的问题，例如佳能的传真机只能在佳能的网络中进行工作，而与惠普的传真机就不能实现通联，这样消费者为了能在多个网络中传送信息，就被迫购买不同品牌的传真机。技术标准化使得产品制造商依据统一的技术规范和准则进行产品制造，这样就保证了不同品牌传真机之间的互通和互联，提升了网络中不同兼容产品的价值，无论对于生产商和消费者都是有利的。❸ 网络效应的价值既可以是直接的还可以是间接的。直接利益是随着额外使用者的增加，网络的价值就相应增加，会让所有的

---

❶ Adam Speegle. Antitrust Rulemaking as a Solution to Abuse of the Standard-Setting Process [J]. Mich. L. Rev. , 2012 (110)：847.

❷ 网络效应是指使用者从消费一项商品上所获得的效用，将因更多人也使用这一商品，而相应得以增加。参见：Michael L. Katz, Carl Shapiro. Systems Competition and Network Effects [J]. J. Econ Persp, 1994 (8)：98.

❸ Douglas Lichtman, Randal C. Picker. Policy in Local Telecommunications：Iowa Utilities and Verizon [EB/OL]. [2021-12-15]. http：//www.law.uchicago.edu/faculty/lichtman/resources/verizon300. pdf.

网络参与者获益。间接价值则体现在当网络的形成使得互补产品或售后服务成为需要，现存和未来网络的使用者就会获得更大的选择和增加这些产品的竞争。

（三）创新活动的促进

技术标准化在创新研发、创新改进以及创新激励等方面对创新活动均具有积极的促进作用。首先，技术标准可以减少研发资源的浪费。新产品的创造是一件极具风险的活动。在无法预测市场要求的情况下，各研发主体的成本和资源投入并不能确保能够产生有效的产品，投入的研发成本和资源有可能付之东流。此外，即使是研发成功产品进入市场，不确定的消费者反馈以及不可预知的市场因素也是产品对生产者不能产生积极回馈的因素。但是如果有一个被业界接受的技术标准存在，就可为企业增加信息收集的渠道，依据技术标准的规范要求，产品制造商便可制造出符合该标准的产品而顺利在市场上行销，研发水准以及品质就可以得以改进。美国联邦贸易委员会（FTC）曾提出："成本调查和发展业绩集中在同一文本，标准就能促进产业间技术传播，通过此方式，标准就能为投资者提供有用的信息。"❶ 其次，技术标准可以鼓励现存产品的创新改进。有了技术标准对于产品初次生产的技术规范，企业就无须投入对于同种产品和不兼容产品的研发之上，企业将会集中资源于现有产品和配套产品的改进和升级之上。标准还可以减少改进产品发展和商业化的成本，因为基于技术标准而改进的产品，能够确保其纳入现有产品的网络之中，从而节省产品进入市场后的宣传、兼容等费用。最后，技术标准还能对创新起到激励作用。由于技术标准的网络效应对于"需求市场"的营造，企业被激励开发网络中的互补产品以及售后服务，从而进入到高价值、高需求的市场。如果没有技术标准所具有的网络效应激励作用，作为市场理性人的企业考虑到难以预知的市场风险，未必会愿意投入大量的资源和成本进行新产品的创新研

---

❶ Gerla. H. S. Federal Antitrust Law and Trade and Professional Association Standards and Certification [J]. U. Dayton L. Rev., 1994（19）：486.

发。因此，从这方面意义来说，技术标准还是重要的创新之源。

二、技术标准化之弊

正如硬币的两面一样，技术标准除了具有为社会和市场带来积极影响的一面外，还有在市场经济下引发不良影响的另一面，特别是由私人标准化组织制定的自愿性法定标准更有进一步放大消极影响的可能，这也是政府介入标准化活动的正当性及必要性基础。具而言之，技术标准化可能带来的不良影响主要体现在以下几个方面。

（一）消费选择的减少

选择权是消费者一项非常重要的权利，是消费者其他一切权利得以实现的基础。[1] 选择权主要包括以下三个方面的含义：其一，消费者有权自主选择提供商品或服务的经营者；其二，消费者有权自主选择商品或服务的种类；其三，消费者有权自主选择是否最终购买商品或服务。在技术标准化过程中，生产者相互之间通过标准化协议，排斥不符合标准的商品和服务进入市场，标准化后可能仅有一种或少数集中通用规格的产品在市场上出现。当然这种标准的排除作用有的是基于技术合理性、稳定性、安全性的考量，可以节约消费者在购买商品或服务过程中的搜索商品或服务成本，保障消费者的安全权，但是标准的制定很多时候还出于不当限制竞争方面的目的，这样就不仅不当地限制了市场经营者的准入，同时还使得产品多样性不必要地减少，消费者的选择权也就相应地受到了限制。

（二）产业垄断的促成

由单个企业制定标准，一旦成为市场主流就会有成为独占市场的可能，产生的情况可能是胜者全胜（winner - take - all）的结局，该企业将会获取因此规格成为标准产生的全部利益，而不仅仅是对这一产业贡献的

---

[1] 有学者认为消费者拥有的九大权利都是在选择权行使过程中的消费者权益，没有了选择权，其他权利都将无法保障或失去意义。参见：肖顺武. 政府干预的权力边界研究——以消费者选择权为分析视角 [J]. 现代法学, 2013 (1)：101.

比例，其他企业将难以与之对抗，例如微软的视窗系统已处于竞争法的市场独占地位，其所掌握的视窗系统界面标准也形成垄断，所有开发个人电脑应用的软件开发商便受制于微软的视窗系统界面标准。多人共同设定标准，虽然相较于单独发展标准给积极地从事产品竞争留下了一定的空间，但是很多时候如果运用不当，仍然会引发反竞争的效果，对垄断的形成有促进作用。首先，标准化的过程容易形成事实上的价格联合。价格是市场竞争最重要的竞争手段，也是指导资源配置最基础的动力，因此各国都将固定价格视为最严重的限制竞争行为。标准化过程中由于技术规范和流程的统一，致使竞争者产品在外观和品质上趋同，生产者之间的区别主要在于价格的差异。但是在标准化组织或产业协会的集体协同合作下，极有可能形成事实上的价格联合。[1] 一旦价格被固定，价格的传递信息功能和调节生产功能也就消失，其结果会导致劣质的企业不能被淘汰，优势的企业也得不到较好的经济效益。其次，标准化过程中除了价格联合，标准必要专利企业还可能通过集体拒绝进行技术授权，增加消费者购买标准产品所支付的溢价，对一些不必要的技术指标和原料的设定等方式建立市场壁垒，提高市场竞争者的生产成本，进而减少大企业所面临的竞争威胁，最终降低市场的竞争活性。

（三）技术创新的阻碍

在标准制定过程中，可能通过制定成员之间的相互合作促进企业技术的革新和改进，但是一旦标准制定并实施以后，它就可能阻碍技术的革新，主要基于以下几个方面的原因。第一，标准化有可能从心理上阻碍创新观念的产生。对于企业来说，标准规格制定后，如果其网络效应够大，不仅导致其他规格萎缩，也有可能阻碍更有效率新规格的出现，降低企业

---

[1] 在美国 Allied Tube & Conduit Corporation v. Indian Head, Inc 以及 American Society of Mechanical Engineers v. Hydrolevel Corp 案中，美国联邦最高法院均承认共谋行为是标准化的潜在风险。

进行研发的意愿。❶ QWERTY 键盘布局作为事实标准就是阻碍创新的典型例子，QWERTY 键盘布局存在的意义仅在于机械打字机时代，如今打字机技术已经得到迅速提升，能够适应任何打字速度而不至于阻塞打印机，但是由于每个键盘制造商认为 QWERTY 布局既然已被打字员广泛接受，必然就不会再去学习其他不同布局位置的键盘，以至于 QWERTY 这种低效率的键盘布局作为标准一致沿用至今。❷ 对于消费者而言，标准得到社会认同后，在消费者心理上也会产生影响力，消费者会习惯按照既定标准评价和选择产品，与标准不符的，尽管可能是在技术上更先进的产品，但也难取得消费者的接受和认同。第二，标准化可能会增加创新的市场风险。标准一旦成为市场的统一技术规范后，一个产业将会被这个标准所锁定，这一锁定效应将会降低技术被许可人找寻替代技术或采用非专利办法的能力，必要专利的所有者会赢得潜在整个产业的入门控制权。这一控制权不是产生于专利权而是产生于标准的采用，这将会排除任何与必要专利技术实现同一功能技术的使用。没有标准，由于技术的被许可人可以挑选市场上能实现同种功能的不同技术，因此技术转让方会提供富有竞争力的许可条款，而一旦标准实施，如果不同意许可人的条款，投资将会付之东流，对于被许可人来说选择已经不复存在，自然研究开发与标准不符的新技术积极性也就大为降低。

第三节　标准必要专利产生的缘起与机理*

标准必要专利的产生是由技术标准自身本质属性以及专利在现代科学技术发展中不断凸显的地位而决定，其与技术标准化过程中的制定、实施

---

❶ 黄铭杰. 竞争法与智慧财产法之教会——相生与相克之间 [M]. 台北：元照出版社，2006：245 - 246.

❷ 高俊光. 面向技术创新的技术标准形成机理 [M]. 北京：经济科学出版社，2010：40 - 41.

* 该节内容部分摘选自：郑伦幸. 技术标准与专利权融合的制度挑战及应对 [J]. 科技进步与对策，2018（12）.

以及信息反馈等活动，存有密切关联。

一、产生之缘起

随着现代科学技术在生产和贸易中作用的日益凸显，技术标准所具有的技术先进、协商基础以及市场控制属性与专利权的私权属性产生了紧密的契合，特别是在移动通信、生物医药、半导体等专利密集型产业领域，技术标准与专利权交会、融合已经成为一种普遍现象。

（一）技术先进与"专利丛林"

技术标准的制定并非任由标准制定者的随心所欲，而是必须要体现特定时期的科学技术发展水平。技术越先进，技术的使用寿命相对长久，技术的获利能力也就越强，技术的价值也就越大。技术先进体现到产品之上便是产品性能的优越，性能优越的技术通常会吸引更多用户的使用，使用户得到更好的用户体验，这无疑会有助于技术标准的推广和实施。在其他影响因素相同的情况下，技术优越的技术标准在竞争中更有可能被用户采用，取得市场主导地位。因此，技术的先进性往往是标准制定中考虑的核心因素之一。例如，在第三代移动通信系统无线接入标准的竞争中，国际电联收到 10 个标准提案，其中 2 种 TDMA 技术由于未能达到 IMF – 2000 的最低要求，没有入选最终的国际标准。[1] 在传统技术环境下，技术与专利并没有绝然的关联，由于专利权具有独占性和排他性，在技术标准的制定过程中，通常会回避专利技术。然而，在知识经济时代，先进技术的存在状态已经较过去有了较大的改变。新技术的拥有者往往寻求通过专利权来保护自己的新技术。如美国授予的专利数量 1930～1980 年，每年增长率低于 1%，而 1983～2002 年，专利数量大约增长了 2 倍（从每年 6.2 万件增长到每年 17.7 万件，年增长率大约 5.7%）。申请数量在这段时间也激

---

[1] 高俊光. 面向技术创新的技术标准形成机理 [M]. 北京：经济科学出版社，2010：60.

增，达到大约 35 万件。❶ 特别是当某一项先进技术中含有多个技术方案的时候就形成了专利簇群状态的"专利丛林"现象。在"专利丛林"之中大量相互重叠的专利权使得一项专利技术在商业化过程中需要获得其他众多专利权人的许可，否则将不可避免地侵害专利权，面临侵权诉讼。❷ 在技术先进性的要求之下，技术标准的制定与实施已逐渐对于专利技术回避不能，技术标准化与专利发生交会，产生融合已经成为一种现代标准化的新趋势，特别是在移动通信、生物工程、半导体等以累积性创新为特点的产业，根据 2013 年的研究数据显示，由于大的标准项目如 GSM、UMTS、LTE、WIFI 的推动，1993~2013 年，增加了 1 万个标准必要专利，800 个标准必要专利权利人。❸

（二）协商基础与私权本质

标准的制定应以全体成员协商一致作为基础，因为如果标准的制定缺少参与者的同意，即使标准最后通过，也不可能成功实施，制定出来的标准也没有任何意义和价值。当一些标准化组织发现标准化对于专利已经不能回避时，面对专利权人的利益诉求，以置之不理的方式处理，事实证明已经根本行不通。全球移动通信的 GSM 标准化进程就是最好的例证。在 1982 年欧洲电信委员会主持的 GSM 标准起草中，要求掌握标准必要专利的公司无偿地许可其专利技术，但该要求遭到了众多专利权人的强烈反对，直接导致 GSM 标准无法出台。随后在 1988 年欧洲委员会又为此成立欧洲电信标准学会（ETSI），主要负责推进 GSM 标准的出台。1993 年 3 月，ETSI 为标准必要专利技术设置了"缺席许可规则"，该规则规定如果标准必要专利权人在权利纳入标准后的 180 天内，只要不特别地提出声明

---

❶ [美] 亚当·杰夫，乔希·勒纳. 创新及其不满：专利体系对创新与进步的危害及对策 [M]. 罗建平，兰花，译. 北京：中国人民大学出版社，2007：11.

❷ Carl Shapiro. Navigating the Patent Thicket: Cross Licenses, Patent Pools, and Standard Setting [EB/OL]. [2021-12-15]. http://faculty.haas.berkeley.edu/shapiro/thicket.pdf.

❸ Knut Blind, Tim Pohlmann. Trends In the Interplay of IPR and Standards, FRAND Commitments and SEP Litigation [J]. les Nouvelles, 2013 (48): 177.

拒绝,就推定其"公平、合理、非歧视"的许可其专利权。这一规则的出台又受到以摩托罗拉公司为代表的专利权人集体反对,由于摩托罗拉公司就控有 30 项涉及 GSM 标准的核心专利技术,因此没有其支持 GSM 标准就无法得以实施。经过 ETSI 与专利权人多次利益博弈,ETSI 最终做出了退让,决定让专利权人保留自由决定是否许可的权利。❶ 专利权人之所以可以借助标准具有的协商基础属性,使得权利与标准发生密不可分的结合,正是源于专利权作为私权的效力彰显。《与贸易有关的知识产权协定》(TRIPS)在其序言中宣示了知识产权的私权本质,以私权名义强调了知识财产私有的法律形式。根据私法原则,除涉及公共利益或者政策方面的考量外,均允许权利人根据自己的意愿形成相互之间的经济关系和其他关系。❷ 在技术标准化领域,除涉及健康、安全的强制性法定标准,❸ 其余标准化活动中未经权利人的同意,其他任何人不得对专利权人的合法权利进行干涉和剥夺,因此在标准制定中排除专利权是没有法律依据的。

(三) 市场控制与权利利用

技术标准是对市场相关产品技术规范的统一。如若标准得到市场的接受和使用就意味着但凡相关领域的参与者都必须按照技术标准所规定的技术规范进行生产和经营。正是标准所具有的"公共产品"的这一属性,决定了谁参与制定标准,谁就可以借助标准的市场控制力,在市场竞争中抢得先机。标准所具有的这一控制力主要表现在两个方面。第一,对市场进入的控制力。企业参与标准的制定意味着可以将自己的专有技术纳入标准之中,通过标准的实施和推广,任何要进入市场竞争的商品或服务必须经过标准制定组织的认证,如果没有达到标准技术规范的要求,就意味着必须要向标准化组织或机构申请技术许可,这相当于企业具备了对市场进入

---

❶ 张平,马骁. 标准化与知识产权战略 [M]. 北京:知识产权出版社,2005:40-41.

❷ 吴汉东. 知识产权基本问题研究(总论)[M]. 2 版. 北京:中国人民大学出版社,2009:9.

❸ 在强制性法定标准中,一般会对进入标准的技术方案规定有种种限制,甚至会让进入标准的权利人放弃权利。

的资质认证权力，在市场竞争中也就可以获取绝对的优势。第二，对消费群体的控制力。标准制定并实施后，借助标准的"网络效应"，可以最大范围地赢得消费者群体对企业产品和服务的采用和消费，此外，一旦消费者在某种标准上进行了投入，就会产生对消费者的锁定。因为消费者为避免前期投入的浪费，通常会要求后期发布的新产品与现行标准相容。标准的这一锁定效应会使得现行标准的厂商，在争取未来标准的领先地位上占尽优势，如英特尔的X86系列处理器是目前个人电脑的标准，英特尔正是基于标准的优势，可以把用户由286带进386、486、Pentium，再到最新的CORE芯片，始终一路领先。微软公司也能一路带领客户由DOS延续到WIN98、WIN2000、WINXP、WIN7、WIN8、WIN10时代。专利权作为财产权，权利价值的实现是其权利的终极目的和意义。专利许可使用是专利权权利利用的最主要方式。专利权的被许可人越多，专利权价值就能得到越大的实现。通过将自己的专利技术搭上"标准"的便车，专利权人可以成功地将自己的"私权利"包装到"公权利"之中，通过"公权利"的力量将自己的"私权利"得到最大程度的推广和延伸。[1] 意欲进入标准市场的企业都必须获得专利权人的专利许可，否则将会面临侵权之诉的风险，从这一方面来说，标准可以起到增强专利许可范围和力度的作用。也正因如此，专利权人对进入标准也是趋之若鹜，客观上也推动了标准与专利的结合。

二、产生之机理

如上文所述，技术标准化主要包括标准制定、标准实施以及标准信息反馈三个阶段。标准必要专利的作用机理体现在技术标准化的以上制定、实施以及信息反馈的全过程。

---

[1] 王俊秀，刘双桂，齐欧. 新全球主义：中国高科技标准战略研究报告［R/OL］.［2021-12-15］. http://web.cenet.org.cn/upfile/60596.doc.

(一) 标准制定与标准必要专利

按照标准制定组织身份的不同,通常将技术标准区分为事实标准和法定标准。事实标准的形成往往依靠的是一个或少数几个公司之间成功的市场运作和推广,而利用专利权许可不断增强市场渗透力是市场运作和推广惯常采用的路径。如微软公司正是通过与英特尔公司相互之间的包含专利权的知识产权交叉许可授权使得 Windows 操作系统和电脑芯片成为各自领域的事实标准。具体做法是微软公司会不断升级其 Windows 视窗操作系统,而新升级的操作系统对 CPU 等硬件设备要求会相应提高,英特尔公司也会不断升级该公司 CPU 性能以支持微软的新操作系统,以实现让消费者不断更新设备的目的。结果两家公司私有协定产品的网络效应产生了强势的独占地位。微软与英特尔公司将间接网络外部性、私有许可协议与创新升级完美地结合起来形成了一个牢不可破的独占联盟,这一联盟也被产业界称为"Wintel 联盟"。❶

区别于事实标准"自发"❷ 的市场形成,法定标准是由政府或标准化组织制定或确认的技术标准。以专利权许可作为手段可以为法定标准的制定构建一种技术组合和风险分担的机制。过去法定标准的制定通常是由政府或标准化组织制定,而现代的法定标准制定更加趋向于市场化模式发展,即先由企业组成技术联盟,共同研发和制定出备选的技术标准,然后由政府采纳为法定标准或由标准化组织接纳为行业标准。而市场化的技术标准制定具有巨大的市场风险,因为技术标准的研发需要大量人力、财力的投入,而将来能否最终被认可为技术标准是未知的,前期的巨额投入很有可能最终付之东流,因此市场化的技术标准一改原来由少数企业独自研

---

❶ Wintel 联盟并非一个实际的组织,而是 Windows 公司与 Intel 公司名称的缩写,将这两个名字结合起来是业界为了说明二者结合独占一方的局面。

❷ 将事实标准的形成称为自发主要由于其形成并非专门制定,而是通过赢得消费者的普遍接纳,使得产品的网络效应不断累积和发散,最后自发地发展成为某一个行业或产业的市场入门标准和要求。但是考察事实标准的形成过程又并非完全的自发,其形成往往靠的是一个或少数几个企业精心而成功的市场策划和运作。

发的路径，而通过多个企业组成技术联盟的方式来制定，最终由技术联盟中的多个企业分担这一市场风险。技术联盟的组成实际上就是专利池的雏形。❶ 所谓专利池亦称专利联盟、专利联营，是由多个专利持有者聚合各自的专利而通过协议方式形成的一个正式或非正式的战略联盟组织。❷ 专利池本质上来说是一种多方的交叉专利权许可协议安排，通过专利池一方面可以汇集实现标准的必要专利技术，为标准的成功研制以及后续的打包许可铺平道路；另一方面可以让入池成员分担未知的技术标准形成过程中的市场风险。如以我国的数字音视频编解码技术标准（AVS）为例，为解决标准所涵盖的专利数量较大而且专利权人较多的问题，2004年，我国成立 AVS 专利池管理委员会，专门负责 AVS 知识产权的管理，对相关专利权进行审核以及打包许可，2005年，AVS 产业联盟形成，2009年由国际电信联盟发布的关于 ITU 的技术文本中将 AVS、H.264/MPEG-4 AVC 和 SMPTE 的 VC-1 标准并列为三个视频编码国际标准，可见专利池的构建对于后续技术标准的形成具有重要的作用。

（二）标准实施与标准必要专利

基于技术标准的公共产品特性，决定了其应以最小的成本推广实施，只有这样才能较快地实现标准技术的普遍适用，因此传统标准的实施并不需要标准的使用者支付任何费用。但随着专利权进入技术标准之中后，实施技术标准就意味着要实施专利技术，如果标准必要专利权人不放弃权利的行使，那么标准使用者就必须要向标准必要专利权人寻求专利许可，以支付专利许可费为对价而获得专利许可授权，否则将会面临专利侵权诉讼的风险。对于很多技术标准来说，获得专利权许可已经成为标准实施的前置条件。标准化组织也因此面临标准实施成本控制与专利权人利益保障的矛盾，如果以标准的公益性为主，罔顾专利权人的利益，强制要求专利权

---

❶ 詹映. 专利池管理与诉讼［M］. 北京：知识产权出版社，2013：50.
❷ Robert P. Merges, Peter S. Menell, Mark A. Lemley. Intellectual Property in the New Technological Age［M］. New York：Aspen Publishers, 2002：1-6.

人进入标准后不得对其专利技术收取任何费用，标准化组织就可能遭遇标准必要专利权人集体抵制的风险，而如果以专利权人的利益为主，对于标准使用人的利益考虑欠妥，那么将面临后续标准实施和推广的困难。

面对保证标准实施以及保障专利权人利益的两难选择，对于标准化组织而言，实际上也是一种政策选择的问题。有的标准化组织选择了前者，如万维网联盟（W3C）要求如果进入标准的专利权人没有通过特别程序将自己排除在外，那么专利权人会默认承担免费许可（Royalty - free）专利技术给其他成员的义务。❶ 更多的标准化组织选择了后者，即允许专利权人在接受公平、合理以及非歧视（Fair, Reasonable and Nondiscriminatory，FRAND）原则基础上，收取专利许可使用费。以由国际标准化组织和国际电工委员会第一联合技术组（MPEG）制定和推行的 MPEG - 2 标准为例，由于 MPEG - 2 标准汇集了大量的专利技术以及众多的专利权人，因此专利许可问题是 MPEG - 2 标准实施中一个重要且迫切的问题，为解决这一问题，于 1996 年在美国成立的 MPEG - 2 管理机构 MPEG - LA 公司当时采用了 FRAND 专利许可原则方式，即要求标准制定参与者必须承诺在 FRAND 的原则下进行许可，并且向所有申请的企业提供了两种许可方式。第一种是统一的打包许可，这种方式是先有 MPEG - 2 专利池成员对 MPEG - LA 公司进行非排他许可，然后再由 MPEG - LA 公司依据统一的许可费率对外一站式的统一的打包许可。对于这种许可方式，MPEG - LA 公司一项重要的工作就是在所有专利池成员中进行许可费的协调，以最终确定一个非常具有市场吸引力的许可费率。第二种是标准必要专利权人的单独对外许可。由于 MPEG - 2 专利池成员给予 MPEG - LA 公司的是非排他性授权，因此也给作为标准必要专利权人的专利池成员留存有单独许可授

---

❶ 很多学者认为万维网联盟的知识产权政策对于专利许可采取的是绝对的免费许可原则，其实不然，W3C 的知识产权政策在规定专利权人进入标准后负有默认免费许可义务的同时，还设计了专利权人排除自身承担免费许可义务的程序。参见：Mark A. Lemley. Intellectual Property Rights and Standard - Setting Organizations [J]. Cal. L. Rev., 2002 (90)：2014.

权的空间。外部的标准使用公司也可以选择与专利池成员单独谈判的方式获得专利许可。如 IBM 公司就是通过单独与多个专利池成员分别谈判的方式获得的专利授权许可。❶

(三) 信息反馈与标准必要专利

技术标准化的内在运作本质上是一个正向回馈的增强 (Reinforcement) 动态机制。标准必要专利许可作为信息反馈的重要内容,对于确保技术标准化正向回馈增强机制的顺利运转具有重要的作用。技术标准化的正向回馈增强机制主要由安装基础 (Larger Installed Base)、互补产品生产 (More Compliments Produced)、标准信赖增加 (Greater Credibility of Standard)、使用者价值增强 (Reinforced Value to Users) 四个部分构成。安装基础是指标准产品的累积安装使用数量。越大的安装基础就意味着会有越多的供应商生产其相对应的互补产品,越多的安装基础与互补产品会增加标准的信赖性。只有具有足够大的标准信赖性、产品安装基础、互补产品数量才能够增强消费者购买标准产品的价值与动机,于是消费者会渐次采用此标准产品,正向回馈机制就能不断循环。❷ 技术标准化的这一正向回馈增强机制实质是产品制造商、互补产品供应商与消费者之间相互协调过程。在这一过程中所有不同的参与者都会依照个人的最佳利益做独立的选择,而在选择的过程中,没有人希望自己会选择到错误的标准,于是每一个参与者都在等待别人先做选择,有学者将此现象形象地比喻为"企鹅效应" (Penguin Effect),人人都像企鹅一样,不想当第一只跳进水里的企鹅,然而只要第一只跳进水里的企鹅能够验证水中的安全,全部的企鹅都会马上跳进去。产品制造者、互补产品供应商以及消费者之间进行协同活动的重要依据就是标准必要专利权许可信息,许可信息涵盖许可权利状态信息、许可交易量信息、许可费用信息、许可地域信息、许可权利纠纷信息等。

---

❶ 徐健,苏琰. 专利池的运营和法律规制 [M]. 北京:知识产权出版社,2013:45-50.
❷ Francois Leveque. Standards and Standard-setting Processes in the Field of the Environment [M]. Cheltenham:Edward Elgar Publishing,1995.

因此为了能够让标准成功，推广者通常会进行大规模的投资并且辅助初期采用的使用者，让大量的正面专利权许可信息尽可能迅速地到达安装基础底部，以达到快速积累足够的安装基础的目的。

技术标准化同时还是一个遇到问题和修正问题的动态发展过程，而技术标准的修正是以信息反馈作为依据。通过信息反馈，可以总结技术标准化前一个过程的经验和问题，并依据客观环境的新变化和新要求，为技术标准的修订提供新目标。❶ 标准必要专利权许可信息作为信息反馈的重要内容，通过对许可信息的反馈和分析，可以一窥技术标准制定与实施中存在的问题，如标准必要专利权技术本身的权利状态是否有效或发生变化，标准必要专利许可费用的设定是否能为标准采用者接受，是否存在标准必要专利权人的专利劫持问题等，可以为技术标准化中出现问题的解决提供参考和依据，使技术标准能够不断改进，常葆活力。

第四节　标准必要专利与技术标准化的交互影响 *

技术标准化与专利权的交会虽然在增进标准竞争、最大化专利权价值等方面具有一定积极作用，但是也会让专利权人在拥有专利法所赋予法律意义上的对于标准技术制造、使用、许诺销售、销售和进口的"法定垄断权"同时，还因技术标准的强制性而获得市场意义上的技术锁定（Lock-In）标准使用人、消费者的"事实垄断权"，专利权人与标准制造商（专利技术利用人）之间原有的相对平衡状态已然被打破，权利滥用得以助长，专利劫持（Patent Holdup）、专利许可费重叠（Royalty Stacking）等问题随之而生。❷

---

❶ 李春田. 标准化概论 [M]. 北京：中国人民大学出版社，2010：36.

* 该节内容部分摘选自：郑伦幸. 技术标准与专利权融合的制度挑战及应对 [J]. 科技进步与对策，2018（12）.

❷ 郑伦幸. 论技术标准化下专利许可制度的法哲学基础 [J]. 湖南社会科学，2015（3）：70-74.

一、积极影响

(一) 增进标准竞争

在传统技术环境下,标准化过程与专利权并无太多关联。当标准制定活动中涉及专利技术时,标准往往是采用回避的策略,找寻专利技术的替代技术或者强制性要求进入标准的专利权人必须接受免费许可的条件。因此在传统的标准化活动之中并没有企业参与竞争的制度和活动空间。但是当现代标准化对专利已回避不能的情况之下,标准化制定组织逐渐对于专利进入标准已经采取一种较为宽容的态度,并纷纷制定或修改既有的知识产权政策,规范专利的进入。据调查显示,目前技术领域主要的 43 个标准化组织已有 36 制定了知识产权规则。❶ 随着专利权进入标准的制度藩篱被打破,企业对于标准化活动趋之若鹜,竭力促成将自己的专利技术纳入标准之中。因为如上文所述,被市场接受的标准意味着对于市场的控制力,控有标准就意味着可以凭借标准的强制力和控制力锁定市场、锁定消费群体,从而获得绝对的市场优势,攫取超额的市场利润。而良性的标准竞争可以使得相对科学、成熟和先进的技术纳入标准之中,无疑最终对于消费者福祉的提升是有助益的。如美国卫生工程协会(ASSE)的管道(Plumbing)标准案就是典型例子。ASSE 是制定和实施管道标准的组织,最初其制定了拒绝将专利纳入标准的标准政策。随后,市场上出现了一种新式的马桶填装阀门,事实证明这一阀门不仅能防止污水回流还能预防水污染,因此这一阀门具有比现行技术更优越的技术性能。但是由于这一阀门是专利产品,因此一直被 ASSE 挡在关于管道标准的门槛之外。最后,鉴于这一新式马桶填装阀门生产商以及消费者的认可,最后美国联邦贸易委员会与 ASSE 达成合意(Consent Order),要求 ASSE 不能仅凭新式阀门是专利

---

❶ Mark A. Lemley. Intellectual Property Rights and Standard - Setting Organizations [J]. Cal. L. Rev., 2002 (90): 1904.

产品这一理由，就拒绝将其纳入标准。❶

（二）最大化专利价值

专利价值的实现是专利制度运作的基础性前提要件。专利制度是通过授予发明人有限时间的独占、专有权利的方式，保障专利价值的实现，以回馈发明人的创新投入，激发发明人进一步创新的积极性，从而最终促进社会科学和技术的发展和进步。如《美国宪法》第1条第8款明确规定："国会有权保障作者和发明人的著作和发明在有限期限的专有权利，以促进科学和工艺的进步。"此外，对专利保护的社会成本投入也必然要求以专利价值的实现作为对价。很多学者将专利制度机制形象地比拟为发明人与国家签订的一份专利契约，这份契约的内容是国家通过授予某项技术一段时期合法垄断的代价，换取发明人对其专有技术公之于世的收益，将专利技术公之于众的目的就在于实现专利技术对于社会的价值。专利的价值不会自动生成，需要权利人对专利合理的运用。在技术标准化下，随着标准与专利的交会，给专利价值的实现带来了巨大的机遇。借助标准的市场控制力，将专利纳入标准之中，可以实现专利价值的最大化。在国际标准层面，根据WTO的《技术性贸易壁垒协议》（TBT）的规定，WTO的成员在制定技术法规以及制定、采用和实施标准时，负有采用或利用国际标准的义务。因此，只要某一专利融入了国际标准，并且专利权人在成员方也申请了专利，就意味着要向专利权人请求专利许可。在强制性技术标准层面，由于标准带有强制性，因此只要专利纳入标准之中，就意味着标准的采用者就必须向专利权人申请许可方能进入市场。即使是自愿性技术标准，基于网络效应的作用，如果不遵循兼容性标准，就得不到市场和消费者的认同和接受，因此专利进入标准，也会推动专利价值的最大化实现。

二、消极影响

技术标准与专利权作为一种技术信息，严格意义上来说，都具有经济

---

❶ American Society Sntitary Engineering, Dkt, C-3169, 106 F. T. C. 324 (1985).

学意义上"公共产品"的属性,一个人对以上信息的消费并不减少其他人的消费,并且因为信息的传递成本非常低,所以排除他人对这一信息的获取成本很高,这也是公共产品所具有的"非竞争性"和"非排他性"特征。正是因为公共产品具有以上两方面特征,为避免私人市场提供过少的信息产品,因此对于"公共产品"的供给往往需要政府的干预,而政府的干预形式通常有三种形式:(1)政府提供信息;(2)对私人信息产品的生产提供补贴;(3)信息产权的建立和保护。❶ 对于技术标准的制定,传统主要采取的是"由政府提供,社会公众共享"的模式,技术标准的"公共产品"属性得以保留,而对于专利权则由政府通过设立私有财产权的形式激励其生产,财产权人独享财产可能带来的收益。如此一来,当技术标准化与专利权发生交会,二者就会产生公共属性与私权属性之间的内生冲突,这一冲突是标准必要专利权滥用问题产生的内在动因。具而言之,技术标准与专利权的冲突表现在以下三个方面。

1. 公益与私益的冲突

从技术标准发展的历史来看,标准从其产生之初就是出于人类为将生活化繁为简,传递信息,实现经济以及保障安全的需要。标准作为经济和产业的秩序,是一种公共品,代表公共利益。❷ 通过标准化不仅可以通过保证技术之间的互通以及网络效应的生成,便利人们的生活,增加消费者的福祉,还可以促进创新活动,有利于社会价值的创造。但是专利权作为私权,是一种与公共利益相对的私人利益。根据私法原则,允许个人根据自己的意愿,通过对所有物进行占有、处分、使用和收益等方式,形成相互之间的经济关系和其他关系,追求合法的利益。❸ 专利权人在合法追求

---

❶ [美]罗伯特·D. 考特,托马斯·S. 尤伦. 法和经济学[M]. 施少华,姜建强,等译. 上海:上海财经大学出版社,2002:109.

❷ 王俊秀,刘双桂,齐欧. 新全球主义:中国高科技标准战略研究报告[EB/OL]. [2021-12-15]. http://web.cenet.org.cn/upfile/60596.doc

❸ 吴汉东. 知识产权基本问题研究(总论)[M]. 2版. 北京:中国人民大学出版社,2009:9.

自身利益最大化的过程中产生的拒绝许可授权、故意隐瞒专利状态信息、滥用权利的行为会严重阻碍标准的实施，促进垄断的形成，不利于产业的发展和产业整体利益的提升。此外，专利权人通过标准获得市场竞争优势之后，在网络效应的作用之下，生产厂商和消费者丧失了其他选择的经济合理性，平等议价的地位不复存在，按照垄断定价的专利许可价格会使得社会生产效率递减。

2. 无偿与私利的冲突

尽可能地降低标准使用的成本和费用是在最大范围内推广标准的有效途径。基于此，目前世界上大部分技术标准的使用都是无偿的。即便是在如今技术专利化的趋势之下，为了促进标准的实施，标准化制定组织一方面尽可能地选择专利技术的替代技术进入标准；另一方面在无法回避专利技术的情况之下，有的标准化组织，如 W3C（World Wide Web），意欲采用专利技术免费许可（Royalty-free Licenses）的原则，要求进入标准的专利权人承诺标准实施后，对标准必要专利进行免费许可。然而，如上文所述，随着标准化与专利权的交会成为一种必然，标准的无偿性与专利权的私利性之间的冲突终究不可避免，标准化组织意欲让所有标准使用人无偿使用专利技术意图注定不能实现，主要原因在于：专利制度的运作机理在于通过授予创造者有限期限独占权的方式，让其获得奖励，回收创造的成本投入，以此激发创造的热情，给社会带来更多的创造，也就是说专利权人获得收益是专利制度实现制度目的的手段，是保障专利制度正常运转的前提，因此，对于专利技术的使用一般都是有偿的，即使是国家强制征收或强制许可使用等特别情况之下，制造、销售、许诺销售、使用、进口专利产品或方法等行为虽然可以无须征得权利人的同意，但是仍须向权利人支付费用。一旦当技术标准与专利权发生交会后，投资了相当资源用于发展专利技术的权利人必然不愿仅因专利进入标准，而将自己的标准必要专利拱手让于他人免费使用，相反，标准所带来的可观收益空间，还可能会激发权利人通过不正当行为逐利的私欲，而对于非控有标准必要专利技术的企业而言，其也不会愿意接受向竞争者支付费用而获得标准使用的对价。

3. 开放与私有的冲突

标准化的本质是人们有意识的使其统一的活动。❶ 标准统一的实现并非取决于标准制定组织的运作和利用,而是安装基础的累积和网络效应的发散。换句话说,技术标准能够得到广泛的实施和使用是技术标准化的终极目的,而这一目的的实现主要在于标准领域内产品生产商和消费者对于该技术标准能否达到广泛的认同和接受。因此,标准制定后,标准化工作最重要的任务就是为标准实施创造足够的开放空间,鼓励并欢迎"搭便车",让产品生产商和消费者能够自由地进入,以争取尽可能多的人实施和使用技术标准。专利权作为私权是特定民事主体所享有的权利,如所有权是特定人直接支配所有物的权利,债权是特定人请求特定人为特定行为之权利,❷ 专利权的价值主要通过专利权人对专利的利用而实现,而专利的利用方式除了自我实施和利用外,很大程度依靠的是权利的许可授权,因此专利制度授予的专利权带有着排他性和禁止性,当他人未经许可对专利实施或使用时,权利人有权禁止和排除他人的非法使用。因此,区别于标准,专利制度杜绝和反对"搭便车"的行为。当技术标准与专利发生交会后,技术标准的开放性与专利权的私有性之间存有明显的冲突,技术标准实施的开放空间受到专利权私有性的限缩,获得专利权的许可授权成为实施标准的前提条件。

基于技术标准化与专利权存在的以上内生属性冲突,导致二者之间的交会会产生以下消极影响。

1. 阻碍标准实施

标准必要专利对于标准实施的阻碍主要体现在以下三个方面。首先,

---

❶ [英] 桑德斯. 标准化的目的和原理 [M]. 中国科学技术情报研究所, 译. 北京:科学技术文献出版社, 1974:7.

❷ 吴汉东. 知识产权基本问题研究(总论)[M]. 2版. 北京:中国人民大学出版社, 2009:9.

49

标准化与专利权的交会使得标准实施的成本更为高昂。传统技术环境下，绝大多数技术标准的采用是无偿的，至少无须直接缴纳使用费用。❶ 然而，在专利融入标准化过程中之后，专利权的私权本质并不会因进入标准而得以改变，专利权人的权利仍然受到私法的保护，当技术标准被社会公开使用后，标准的使用者就必须向专利技术的权利人以支付许可费为代价而获得技术授权，无疑标准实施的成本会显著增加，因此在标准的制定活动中，关于专利许可的费用问题往往也是技术能否被标准采纳的一个重要权衡因素。其次，标准化与专利权的交会使得标准实施程序更为复杂。专利进入标准后，获得专利权人的许可授权往往是实施标准的前提要件，这就要求标准化组织在标准的实施过程中，建立与专利许可配套的技术许可机制以及出台许可费用计算规则，因此标准实施过程相较专利进入标准之前更为复杂。最后，标准与专利权的交会使得标准实施风险更为不测。当专利权这一私有权利进入标准化活动之后，特别是对于自愿性技术标准，标准被私人所控制而成为逐利工具，对经济社会产生不利影响的风险倍增。也正因如此，标准化组织纷纷制定或修订知识产权政策应对标准实施过程中必要专利权人通过专利劫持或者拒绝授权等阻碍标准实施的行为。

2. 助长权利滥用

标准化与专利权的交会不仅可能阻碍标准的实施，还能助长权利本身的滥用，原因如下。首先，标准化与专利权的交会使得权利滥用的收益更为可观。如前所述，借助技术标准的市场锁定力，必要专利权人可以取得绝对的市场竞争优势，最大化地获取专利价值实现带来的收益，这对于以逐利为目的的企业来说，具有非常大的吸引力。在企业从事滥用权利行为所承受的违法成本与获得预期收益的比值中，预期收益部分会受标准化效应的影响而显著放大。其次，标准化与专利权的交会使得权利滥用空间更为广阔。对于传统专利权利滥用方式，如价格固定、搭售，无论是司法实

---

❶ 蒋坡. 论技术标准与专利技术之融合与冲突 [J]. 政治与法律，2008（8）：102.

践还是法律制度都已摸索和发展出较为成熟的规制路径和方法。随着技术标准化与专利结合而衍生出来的新问题不断出现，如标准必要专利权人对于新技术的联合抵制，对于标准使用者滥发警告信，在标准制定过程中对于专利权利或申请信息故意隐瞒，专利被纳入标准后的拒绝授权等行为都有可能扰乱正常的市场秩序，构成对竞争对手合法利益的侵犯，对于这些新问题，各国的法律制度和司法实践尚无明确和统一的界定和规制方法，专利权人完全可以利用法律制度和司法实践对新问题回应的滞后，借保护合法权利之名，行谋求不法利益之实，专利权人滥用权利的空间得以扩展。如美国 IDC 公司在 2011 年以向美国特拉华州法院提起专利侵权诉讼以及美国贸易委员会启动"337"调查相威胁向华为公司追索高额专利许可使用费的行为，就是滥用标准必要专利权利打击竞争对手的典型例子。❶

---

❶ 郑伦幸. 标准必要专利反垄断纠纷中相关市场的界定——兼评华为公司诉美国 IDC 公司案 [J]. 南京理工大学学报（社会科学版），2015（3）：72-89.

第二章　标准必要专利权滥用的制度挑战

知识产权所带来的市场支配权取决于对某种产品的需求程度及该产品可被替代的程度。引发集中控制和丧失自由危险的原因，并不是某个知识产权权利人对知识产权的所有权，而是知识产权在世界范围内的无情扩张。正是这种不断扩张的知识产权制度，使得少数大公司聚集起巨大的知识产权组合。[1] 知识产权的扩张一方面表现为权利自身效力的延展，如权利保护期限的延长、权利保护范围的扩大等；另一方面权利还可能搭乘其他事物的便车借势扩张自身的效力，如技术标准化下专利权借助于标准的公共属性而获得了权利的扩张就是如此。标准必要专利权的滥用已经对专利制度提出了严峻的挑战，造成了新时期专利制度的现实困境。

第一节　标准必要专利权滥用的行为表现*

一、标准制定中的标准必要专利权滥用行为

"天下熙熙皆为利来，天下攘攘皆为利往。"技术标准化中蕴含的商业

---

[1] ［澳］彼得·达沃豪斯，约翰·布雷思韦特. 信息封建主义［M］. 刘雪涛，译. 北京：知识产权出版社，2005：5.

* 该节内容部分摘选自：郑伦幸. 对标准必要专利权人拒绝许可行为的反垄断规制［J］. 知识产权，2016（7）.

利益空间为专利权人进入和参与技术标准制定活动带来了巨大的利益驱动力。为了借助技术标准控制市场，锁定消费者，获取垄断利润，在技术标准制定的过程中，标准必要专利权人可能会利用优势地位，实施拒绝许可、不当披露专利信息以及价格联合等妨碍技术标准制定以及限制竞争的行为，这些行为不仅会危及市场竞争对手的利益，还会对消费者福祉以及社会公共利益带来损害。

（一）标准制定中的拒绝许可

随着专利与标准发生交会，由于标准可以为专利权价值的最大化提供空间，因此专利权人通常对标准趋之若鹜，积极想搭乘标准的便车，将自己的专利纳入标准，以达到通过大范围的专利许可带来超额利润的目的；但是当专利权人所拥有的专利技术成为标准的必要技术时，特别是当这一专利技术在市场中具有不可替代的唯一性时，此时专利权人就会权衡将专利纳入标准带来的收益和预期损失之间的利弊，因为一旦专利权人将专利纳入标准，就意味着自己的垄断权利要受到限制，专利权人必须遵循FRAND或者RF原则进行许可授权，如此专利权人就会丧失选择许可交易对象、订立许可费的自由，甚至在特殊情况下将面临不得不许可自己的竞争对手使用自己技术的困境。在现实中，很多拥有关键专利技术的大公司往往是通过"私有协议"❶的方式而非许可授权给标准化组织的方式运营专利技术，因为如果一个通信网络大量存在私有协议，现行网络或用户一旦使用了它，就会形成对其协议的依赖，以致后进入的厂商必须采用这种私有协议的设备，才能够与网内早已存在的原来设备互通互联，否则后进入者根本不可能进入现行网络，因此，换句话说，专利权人通过"私有协议"同样能够获得如同标准一样对于市场的控制力和生产厂商和消费者的

---

❶ 所谓私有协议是指在国际或国家标准化组织为实现通信网络的互联互通而建立相关标准和规范之前，某公司由于先期进入市场，而自己形成的一套标准。参见：王先林，等. 知识产权滥用及其法律规制［M］. 北京：中国法制出版社，2008：154.

锁定力，并且无须牺牲专利权垄断性的削弱作为对价。❶ 然而，正是因为"私有协议"是由一个或少数几个公司私有，具有明显的垄断性和封闭性特征，与标准所具有的公开性和共享性相冲突，因此在法定标准的制定过程中，标准制定组织一般会选择绕"私有协议"所涉及的专利技术而行，尽量避免此类专利的进入。但是当标准对于专利技术已无法回避时，如果专利权人拒绝将自己的专利纳入标准之中，拒绝对于依赖标准的生产厂商许可授权，此时的拒绝许可行为势必就会阻碍技术标准化的进程，妨害标准之间的竞争，限制消费者的选择。如在第三代移动通信标准的制定过程中，欧洲电信标准化协会（ETSI）和国际电信联盟（ITU）分别制定和采用两套不同的标准，ETSI 采用的是爱立信公司开发的 UMTS（通用移动通信系统）标准，而 ITU 则采用的是由高通公司开发的 CDMA2000 标准体系。由于高通公司掌握了 CDMA 标准的大量标准专利，所以高通公司希望 CDMA2000 能成为第三代移动通信的国际标准。当 ETSI 将 UMTS 标准向国际电信联盟进行提交和申报后，高通公司就主张其拥有关于 UMTS 的大量必要专利技术，并且拒绝向 ETSI 进行专利许可。高通公司的拒绝许可行为直接导致了 ETSI 的 UMTS 标准无法实施，直接削弱了移动通信市场的竞争活度，限制了消费者的选择，因此应当受到相关法律的规制。❷

但需要注意的是，并非所有的专利拒绝许可行为都是违反反垄断法的。因为拒绝许可建立在坚实的财产权与自由市场的基础之上，按照美国联邦最高法院的表述："专利权人总是享有权利以决定他人使用（其专利）的价格，选择由自己使用并拒绝许可他人使用，或者由自己保留该项专利，既不使用也不许可他人使用"，更有甚者认为对于拒绝许可行为的司法容忍是宪法激励技术领域发明的关键之所在。❸ 因此，拒绝许可在绝大

---

❶ 王先林，等. 知识产权滥用及其法律规制 [M]. 北京：中国法制出版社，2008：154.
❷ 吴太轩. 技术标准化的反垄断规制 [M]. 北京：法律出版社，2011：41–42.
❸ [美] Jay Dratler, Jr. 知识产权许可（上）[M]. 王春燕，等译. 北京：清华大学出版社，2003：156–157.

部分情况是合法的。一般情况下，只要专利拒绝许可不与公共利益产生冲突，法律都会对此进行认可。如美国联邦最高法院在 2004 年 Trinko 案的判决中就指出："作为一般原则，反托拉斯法不会强迫一个企业与其竞争对手进行交易。"各国反垄断执行机关对于拒绝许可行为的规制通常秉持非常谨慎的态度，一般要求拒绝许可交易必须同时满足以下几个方面的条件才会受到垄断执行机关的规制：(1) 被拒绝提供的是下游企业参与竞争不可缺少的投入，即被许可的专利技术应是竞争对手进入市场的必要获取的资源，并且无法通过合理的努力而获得；(2) 排除有效竞争，拒绝交易能否排除相关市场的竞争；(3) 损害消费者的利益，拒绝许可交易能否封锁竞争对手向市场推出创新性的产品或服务；(4) 拒绝交易缺乏重大的合理性，拒绝交易方是否具有拒绝交易的合理理由。❶

(二) 技术标准制定中的不当披露专利信息

标准实施是标准制定的最终目的。为了使制定后的标准能够得到最大程度的广泛实施，为社会大众普遍使用，每个标准化制定组织都不希望在自己的标准中涉及太多的专利权，以免在标准实施和推广的过程中受到专利权的干扰。为了避免这一问题的产生，大多数标准化组织都制定有专利政策规定标准技术提供者的专利信息披露义务，即在评判一项技术是否纳入标准时，要求技术提供者揭露该技术相关专利权范围或者专利申请状况作为参考或依据。如欧洲电信标准化协会（ETSI）的知识产权政策中就规定提交标准技术建议的成员应该提供其必要专利的信息。❷ 但是由于各标准化组织的专利信息披露规范中存有较大的漏洞，目前大部分标准化组织的专利信息披露政策并未要求提交技术建议人负有专利检索的义务，并且即使要求专利检索对于正在申请中的专利也是无能为力的，因此，要想在专利权人不主动披露专利信息的情况下，获得标准方案中是否存在专利信

---

❶ 王晓晔. 反垄断法 [M]. 北京：法律出版社，2011：213-214.
❷ 张平，赵启彬. 冲突与共赢：技术标准中的私权保护 [M]. 北京：北京大学出版社，2011：39.

息对于标准化组织来说是不可能的。正是基于这一漏洞，专利权人实施不当披露专利信息行为就有了空间。

  目前标准必要专利权人实施不当披露专利信息的行为主要有两种方式。其一，专利权人明知自己的技术被专利权或正在申请中的专利所覆盖，但故意隐瞒或通过积极的谎言表明对标准涉及的技术不享有专利权。如美国的戴尔（DELL）案就是其典型。美国戴尔公司（DELL）可谓计算机行业的巨鳄。1992 年，该公司加入了计算机制造商组成的一个非营利性标准化组织——视频电子标准联合会（VESA）。在 VESA 讨论一项标准制定的工作过程中，当要求提案表决要使用何种技术作为下一代设计的基础时，该组织的主席就要求各个公司的与会代表针对他们是否负有对该公司所属该标准技术相关的专利履行信息披露义务，并且该组织还特别声明不会采用含有专利权的技术或原件作为标准的内容。在这一要求之下，戴尔公司的与会代表作出了表明该公司针对该技术并没有已核准专利权的确认，因此，大会在接下来的表决程序中将戴尔公司的计算机的总线设计纳入了标准之中。而当标准制定并被众多计算机厂商采用后，戴尔公司又通知该组织和其他标准参与者，戴尔公司针对 1991 年获得的一项计算机总线设计享有专利权，并试图通过司法程序收取专利许可收费。❶ 其二，在标准制定过程中，提交标准技术建议者确实没有拥有覆盖标准相关技术的专利权，但是在标准制定后，提交标准技术建议者会朝着标准必要技术的范围进行专利布局，利用"专利分割申请"和"专利追加申请"制度合法修正尚未结案的专利申请权利要求范围或直接根据标准的技术内容提出新的专利申请，以便将整个标准包含在自己公司的专利群之中。如在 Unocal 案中，Unocal 公司参加了州政府针对环境保护所采用的新一代石油配方规格的会议，该组织并没有要求与会代表披露各公司针对未来石油配方是否拥有所属专利包含其中的信息。Unocal 公司在参加该会议讨论之后，对该组

---

❶ Dell Computer Corp. 121 F. T. C. 616（1996）.

织就新的石油配方数据提出自己的研究报告，验证了 Unocal 公司的石油配方数据规格符合该组织政策目标的要求。但是在未通知该组织或其他与会者的情况下，在有可能将此规格被纳入法定强制标准之际，马上申请专利。Unocal 公司的专利权利要求范围以近乎最上位的方式涵盖了整个新法令所强制要求规格的各种样态，使得任何一个未来生产制造的石油供应商都必须向这个公司缴纳许可费，否则将面临专利侵权的威胁。❶

对于专利信息披露义务的不当违反，非常容易导致"专利劫持"现象的发生。所谓专利劫持是指在标准制定中，会员提出技术议案，经过表决程序选定并公布技术内容后，标准实施者已投入了现实的资金生产符合该标准要求的产品，但是由于这一技术规范所必须使用的生产技术有专利权，任何实施该标准的人都必须请求专利权人的授权协商，以避免未来的专利权诉讼，这样一来标准采用者就受到专利权人的劫持或俘获。❷ 专利劫持无论对于市场竞争活力和正常秩序，还是对于专利许可交易对象都有较大的损害。首先，不当披露专利信息会挫伤因采用标准而进行先期投资的积极性。在专利许可交易中，由于被许可方在协议定价之前进行了先期投资，退出标准就意味着自己的先期投资沉没，因此，被许可人从某种意义来说已无选择替代技术的经济合理性，基于此，许可方的议价实力会借此得到增长，许可方完全可以凭借议价实力的增长向被许可方索取高价，❸ 这种交易会严重挫伤被许可方（投资者）先期投资的积极性。其次，不当披露专利信息会阻碍标准技术的事前竞争。如果提交标准技术建议者没有合理披露专利信息，就会让标准化组织因为误认为在标准实施过程中，标准技术拥有者的技术由于具备非财产性特征而进行免费许可，因此将其纳入标准之中。而如果事前专利权人就披露了技术被专利权覆盖的事实，就

---

❶ Union Oil Co. of Cal. 140 F. T. C. 123（2005）.
❷ Tim Simcoe. Intellectual Property and Compatibility Standards ［EB/OL］.［2021 - 12 - 15］. http://www.firstmonday.org/issues/issue12_6/sincoe/index.html.
❸ Benjamin Klein. Vertical Integration as Organizational Ownership: The Fisher Body - General Motors Revisited ［J］. J. L. ECON & ORG.，1988（4）：199 - 201.

会面临与其他替代非专利技术的竞争。标准技术事前竞争的缺失会导致标准化组织在没有准确评估使用竞争替代非专利技术的成本和收益情况下，就将专利权人的技术纳入标准之中，严重破坏了标准制定的稳定性和公正性，使得标准化活动无法正常开展；❶ 也正是因为不当披露专利行为具有以上对于竞争的危害，决定了其必然会受到反垄断法的规制。

（三）技术标准制定中的许可价格联合

价格联合是指两个或两个以上企业之间，通过故意的串联许可价格，达到影响市场供需，获取垄断利润目的的共谋行为。价格联合行为是相当典型且古老的一种反竞争手段，由于具有排除或减少市场竞争机制的作用，因此通常为现代各国的反垄断法普遍加以管制或禁止。在技术标准的制定中，价格联合行为所带来的问题更为凸显。首先，随着现代社会分工的日益细化，一项技术的研发往往依托于众多研发主体的相互配合和协作。在技术专利化的趋势之下，一项技术通常包含多项专利技术和多个专利权人，因此，现代技术环境下，技术拥有者越发呈现出分散性的特点。其次，由于技术标准蕴含巨大的利润空间，为众多组织或企业参与标准制定中的相互逐利提供了必要的利益驱动力，因此，多元主体为将自己所拥有的技术纳入标准，而参与到标准制定过程之中是现代组织或企业的通行做法。基于此，协调标准制定中多元主体的多元利益诉求，决定了在标准制定过程中必须要有协调标准化参与主体之间行为的协同机制存在，只有这样才能保证标准制定最终顺利进行，也正是因为这一协调机制和协同行为的存在，为标准制定过程中结成价格卡特尔创造了充足的空间。这些卡特尔的表现形式，与专利许可密切相关，且对市场竞争带有巨大冲击的是专利许可价格的联合。

在技术标准制定过程中，标准制定的参与者进行专利许可价格的联合具有充足的经济合理性。有学者通过经济学中博弈论经典模型——"囚徒

---

❶ George S. Cary, Paul S. Hayes, Larry C. Work – Dembowski. Antitrust Implications of Abuse of Standard – Setting [J]. Geo. Mason L. Rev., 2008 (15): 1248.

困境"的运用证实了这一合理性。以两个竞争性企业联合共谋竞争为例，结果体现在表 2-1❶之中。

表 2-1 "囚徒困境"企业联合共谋竞争结果

企业1/企业2	共谋	竞争
共谋	($3B, $3B)	(-1, 5)
竞争	(5, -1)	(0, 0)

如果企业 1 和企业 2 进行专利许可价格联合，每家企业都可以获得 300 万美元的收益；如果一家企业竞争，而另一家企业共谋（设定高价），那么竞争的企业就可以获得 500 万美元收益，设定高价的企业就会亏损 100 万美元；如果两家企业进行充分竞争，他们将会得到零利润的收益。从以上两个竞争性企业的博弈结果来看，在以上共谋竞争的三种可能性中，只有双方的价格共谋联合才是两家企业的最佳选择，可以让两家企业实现双赢。但是双方能够达成价格联合或共谋的前提是竞争双方获得信息的对称，技术标准制定过程中的协调机制无疑会为竞争双方的信息获取提供途径和平台，可以促进竞争双方许可价格联合的达成。

价格是市场经济中最重要的竞争手段，是市场主体之间互通信息的媒介和桥梁，是价值规律发生作用的重要驱动部件。在标准制定过程中，由于标准中统一的技术规范使得产品在功能和质量上都存在趋同现象，产品之间的竞争往往集中在价格之上，但是由于标准制定协调机制的存在使得标准化组织成员非常容易达成避免两败俱伤的完全价格竞争的局面，通过默契固定标准实施的专利许可价格，这无疑会损伤价格作为市场供求指示器的作用，联合固定的价格一旦成为垄断价格，会让消费者的利益受到巨大的损害，因此，在标准化制定中，以标准化之名行价格联合之实的行为应当受到法律严格的规制。以 United States v. United States Gypsum 案为例，United States Gypsum（USG）公司组建于 1901 年，是美国石膏工业的巨

---

❶ [美] 基斯·N. 希尔顿. 反垄断法：经济学原理和普通法演进 [M]. 赵玲，译. 北京：北京大学出版社，2009：54-55.

头。1939 年,USG 公司的石膏销售量占到美国东部地区的 55%。通过专利技术的自主研发和投资,USG 公司获得了覆盖石膏板的绝大多数专利。为了使石膏板制作方法标准化,USG 公司联合其他 5 家公司和 7 名个人进行了专利许可价格的联合。自 1926 年开始,USG 公司将其专利向石膏板领域的其他公司进行专利许可,在其许可的条款中无一例外都包含有 USG 公司有权决定由其销售石膏板最低价格的条款。USG 公司与该案中的其余 5 家公司以及 7 名个人被告均达成了专利许可协议,而所有人都知道 USG 公司与该案其余被告达成专利许可协议后,石膏板领域的其他生产者也都会接受类似的许可条款,该案中 USG 以及其余被告的共谋联合行为直接消除了市场中其他竞争对手的竞争,可以让该案被告获得石膏板的销售控制权。❶

需要注意的是,价格联合的判定必须以协议双方存在执行价格联合的计划或意图作为前提和基础,并且这一计划或意图有可能是明示或是默示。在现实中,默示意图是比较常见的,它是指企业认识到了它们之间存有依赖性,产生同意将价格定在一个垄断水平的默契。但如果许可价格是标准化客观且得到法律授权引发的,通常就不能被认定为违反反垄断法。例如,在 Tag Manufacturers Institute v. Federal Trade Commission 案中,FTC 认定了价格联合行为,且认为价格报告协议的管理是由 Tag Manufacturers Institute(TMI)公司的标准化的一种物质性协助。然而,美国第一巡回法院拒绝了 FTC 关于 TMI 公司价格共谋联合的认定,认为受协会援助所发展的标签和其他物件的详细标准,将使价格协议更有用;一旦报告协议经过法律授权,由标准化所带来的协议有用性就会提高,几乎不会带来不法的影响。❷ 从这一方面来说,技术标准化本身并不会受到责难,而成为许可价格联合的证据,它只是价格联合因果链上的一个诱因而已。

---

❶ United States v. United States Gypsum Company etal., 333 U. S. 364 (1948). 转引自:郭德忠. 专利许可的反垄断规制 [M]. 北京:知识产权出版社,2007:64-65.

❷ Tag Manufacturers Institute v. Federal Trade Commission, 174 F. 2d 452 (1st cir. 1949).

二、标准实施中的标准必要专利权滥用行为

"标准化的效果只有在标准被实施后才能被显现。"❶ 技术标准实施可能的效果之一就是会促使标准必要专利权人获得市场的支配地位。美国司法部（Department of Justice）就认为在技术标准制定过程中当标准覆盖被某一参与者拥有的专利技术后，一旦标准实施就会使得重新更换技术将变得非常困难和昂贵，标准必要专利权人因而将会赢得市场力量，处于市场支配地位。❷ 由于占市场支配地位的标准必要专利权人不受竞争的制约或者不能充分受到竞争的制约，为了维护或者加强其市场支配地位，这些权利人往往会凭借市场优势通过专利许可向其交易对手索取不公平的价格，以及排挤竞争对手，阻碍潜在的竞争对手进入市场。❸ 正因如此，有学者认为标准化就是一个替代竞争的过程。在这一过程中，任何不诚实或欺骗的行为都会损害整个产业竞争以及消费者的利益。❹

（一）标准实施中的违反 FRAND 原则

一旦当标准成为市场通行标准，市场上所有该类商品均需符合和达到该标准的技术规范要求才能被市场所接受时，意味着该标准必要专利权人会拥有清除所有提供商品者能力的市场支配者地位。虽然标准必要专利权人本身可能不会实施其专利权，但根据专利权的法定效力，其仍可向所有生产、销售符合该标准的从业者进行许可授权取得权利金。正因如此，在标准实施过程中，就会产生标准必要专利权人能否拒绝许可授权，从而导致竞争对手因无法实施技术标准被排除市场之外，或者收取超出专利价值的高额许可费，对标准的潜在使用者进行专利讹诈等一系列问题。以上问

---

❶ [英] 桑德斯. 标准化的目的和原理 [M]. 中国科学技术情报研究所，译. 北京：科学技术文献出版社，1974：7.
❷ Keith Maskus, Stephen A. Merrill. Patent Challenges for Standard – Setting in the Global Economy [M]. Washington, D. C：the National Acadamies Press, 2013：87.
❸ 王晓晔. 反垄断法 [M]. 北京：法律出版社，2011：203.
❹ 王晓晔. 与技术标准相关的知识产权强制许可 [J]. 当代法学，2008 (5)：17.

题首先涉及反垄断法下拒绝授权的正当性问题。虽然美国法院及国会均已同意专利权人的拒绝授权为合法，但是当标准与专利相结合后是否仍然可以用同样的标准来检验就是一个难题；另外，对于是否收取过高的专利许可金可能也难以得出简单的论断，不过从竞争法主管机关的立场来看，其是以消费者利益作为市场竞争最终依归的，一旦过高的权利金直接冲击到消费者利益，则可能受到反垄断法的指控。为应对技术标准实施中的这些问题，产业界提出了一项专利许可的基本原则——公平、合理、无歧视原则（FRAND），即要求标准技术的提案者做出在标准实施过程中对标准的采用者进行公平、合理、无歧视的专利许可承诺，以作为将技术纳入技术标准的前提条件。目前FRAND原则作为规范专利许可行为、平衡标准各方当事人利益的基本原则被标准化组织广泛采纳。在现实之中，由于FRAND原则的内涵空泛和模糊，并且标准化组织对于违反FRAND原则的行为并没有相应配套的强制性措施，因此，很多标准必要专利权人为将自己的专利技术纳入标准，在标准制定之初做出FRAND许可承诺，待标准实施后又违反FRAND许可原则，凭借标准强制力而获得的滥用市场支配地位，对标准采用者拒绝许可或者索要垄断高价的行为并不鲜见。例如Broadcom Corp v. Qualcomm Inc 案❶就是其中非常具有代表性的案例。

在标准实施阶段，违反FRAND原则的例子也曾出现在我国标准必要专利反垄断第一案——华为诉交互数字技术公司（InterDigital Technology Corporation，IDC）案中。华为公司是全球主要的电信设备提供商。交互数字技术公司与交互数字通信有限公司（lnterDigital Communications，LLC）皆为交互数字公司（lnterDigital，INC）的全资子公司。华为公司与IDC公司都拥有通信领域较多的专利，也都参与了全球各类无线通信标准的制定，然而由于IDC公司在2G、3G标准制定中占得先机，占有多项标准必要专利，因此，IDC公司在标准必要专利方面拥有相对华为公司的绝对优

---

❶ Broadcom Corp. v. Qualcomm. Inc., 501 F. 3d 297, 310 (3d Cir. 2007).

势，使得其与华为的较量中，处处占得先机，而华为公司处于被动防守的地位。其实，华为公司无论是在企业规模和研发团队规模上相较于 IDC 公司并不逊色，据统计，截至 2010 年 12 月 31 日，华为公司年度研发费用就达到了 165.56 亿元，累计已获授权专利 1.7765 万件，其中海外授权 3060 件。截至 2010 年年底，华为公司加入全球 123 个行业标准组织，如 3GPP、IETF、ITU、OMA、NGMN、ETSI、IEEE 和 3GPP2 等，并向这些标准组织提交提案累计超过 2.3 万件。由于必要专利技术的量不如人，导致华为公司虽然拥有大量专利，但是在市场竞争中仍然时时处处受制于人，这也正验证了"三流企业卖苦力、二流企业卖产品、一流企业卖技术、超一流企业卖标准"这句话，现实中，华为公司与 IDC 公司之间就存在一流企业到超一流企业的差距。在案件中，华为公司诉称 IDC 公司在将其专利纳入欧洲电信标准化协会（ETSI）制定的 3G 标准时承诺遵守的 FRAND 原则。但是在具体与华为进行的专利许可谈判中，IDC 公司多次对华为开出高出其他被许可人数倍的许可费。2012 年，IDC 向华为开出的最后价码是按照销售额支付的许可费率为 2%，而这一许可费率与苹果、三星等公司相比，高出它们的数十倍。由于工业产品的平均利润率仅为 3%～5%，而仅一家标准必要技术公司就索要 2% 的许可费率，意味着华为公司产品在市场中的生存空间被严重限缩。IDC 公司对于华为公司的要价显然是与 FRAND 许可原则是相违背的。❶

在技术标准实施过程中，对于 FRAND 原则的违反会产生严重的后果。首先，对于标准的实施会产生延缓和妨碍作用。技术标准的制定必然要求该标准能够得到产业界的普遍实施，然而对于 FRAND 原则的违反意味着市场主体对于标准技术适用不能，进而难以进入标准市场，进行标准产品的生产，这无疑会妨碍标准的广泛实施，与标准制定的宗旨和要求不相符。其次，危及基于对于技术标准的信任而做出的各种投资的安全。标准

---

❶ FRAND 原则助华为赢得"中国标准专利第一案"[EB/OL]. [2021-12-15]. http://www.iprchn.com/Index_NewsContent.aspx? newsId=66019.

使用者为了满足技术标准的规范要求，一般会在标准产品的生产之前，做出相关配套的技术、商业的投入。如果标准必要专利权人违反 FRAND 原则，无疑将会使得标准采用者的前期投资成为泡影。正是基于以上理由，对于标准实施中的违反 FRAND 原则行为的规制是具有坚实基础的。❶

（二）标准实施中的搭售

搭售是指具有市场支配地位的企业在销售主要商品（被搭售商品）时附带性地销售和主要商品无关联的另一商品（搭售商品）的行为。由于具有市场支配地位的企业进行搭售的目的往往是利用其在被搭售商品市场上的支配地位，通过搭售无关联的另一商品，排除或打击竞争对手，以在被搭售商品市场上获取支配地位，这种利用在垄断市场上的支配地位来获取另一非垄断市场上的支配地位的做法习惯中被称为"杠杆效应"或"传导效应"，是典型的滥用市场支配地位的行为，因此受到各国立法的规制。❷根据各国关于规制搭售行为的法律规则，一般要求构成滥用市场支配地位的搭售需要具备以下三个方面的条件。第一，企业被搭售商品和搭售商品在功能或构造上并不存在任何联系。没有搭售商品，被搭售商品同样可以正常使用且其功能不会受到限制。例如，电视机和遥控器就属于关联产品，遥控器是电视机使用不可或缺的产品，因此销售电视机配遥控器就不属于搭售行为。第二，搭售的目的必须是企业为了阻碍竞争，而不是为了获得一些技术上有益的结果，或者为消费者提供额外的功能。很多产品的搭售是企业为了实现被搭售产品的技术规范要求，保证产品的使用安全和性能，那么在这一情况下的搭售就不应受到法律的规制。第三，实施搭售行为的企业必须要具有市场支配地位。实施搭售行为的企业只有具有市场支配地位才会使搭售对于市场其他企业来说产生一定的强制性。相反，如果搭售行为不存在强制性，市场中存在充分的竞争，其他企业就可以选择

---

❶ 马海生. 专利许可的原则——公平、合理、无歧视许可研究［M］. 北京：法律出版社，2010：42-43.

❷ 戴龙. 滥用市场支配地位的规制研究［M］. 北京：中国人民大学出版社，2012：45-46.

与被搭售产品功能相同或类似的替代产品,搭售行为对于市场竞争的影响并不明显。

专利许可交易中的搭售通常是专利许可人要求被许可人购买或使用非专利产品或服务作为获得许可的条件。专利许可交易中搭售的主要危害是将市场支配力的重心从许可专利权或受保护产品和服务的市场转移到其他无关的市场,由此导致不在许可专利权范围的市场竞争的消除。在美国,最早也许也是最有影响力的阐释专利许可中的搭售会违反反垄断法的案例是 Motion Picture Patents Co v. Universal Film Mfg. Co 案。Motion Picture 放映机的专利权人以放映机仅放映该专利权人的电影为条件销售放映机。当被许可人使用其放映机放映其他电影时,专利权人以帮助侵权起诉被许可人侵犯了专利权人在专利授予协议中并未给予专利权人将机器的用途限定于特定材料的权利。换言之,搭售行为之所以被禁止,是因为在一个市场中合法垄断势力的拥有者并无理由或根据使用这一杠杆去垄断另一市场。❶ 通过判例可知,仅仅专利权存在本身并不授予专利权人对专利产品的购买者施加搭售的权利,法院对于杠杆理论的依赖表明在反垄断法中搭售安排应当被谴责。❷

技术标准化下,标准必要专利权人通过技术标准的市场强制力,可以获得对市场产品生产者以及消费的锁定力和控制力。标准的使用者必须通过标准必要专利权人的许可授权,才能得到侵权豁免,进行标准产品的生产。专利许可人对于被许可人许可的依赖导致专利许可交易双方地位和力量的失衡,专利许可人非常容易凭借标准对于市场的统治力而获得市场支配地位。如果标准必要专利权人在专利许可中实施搭售行为,不仅会违背被许可人的意志,增加其经济负担,还会损害正常的市场竞争秩序,因

---

❶ John W. Schlicher. Licensing Intellectual Property: Legal, Business, and Market Dynamics [M]. New York: John Wiley & Sons, Inc, 1996: 251-253.

❷ [美]理查德·A. 波斯纳. 反托拉斯法 [M]. 2版. 北京:中国政法大学出版社,2003:230-231.

此应当对技术标准化下的搭售行为进行法律规制。如 2002 年，在 DVD 领域的 6C 和 3C 技术标准联盟与我国 DVD 生产商之间的收费之争中，6C 和 3C 联盟对我国 DVD 企业的专利许可就涉嫌构成滥用市场支配地位的搭售。DVD 产业中的 6C 联盟由东芝、三菱、日立、松下、JVC、时代华纳六公司组成，之后 IBM 也加入了该联盟。3C 联盟则是由飞利浦、索尼、先锋三家公司组成，后又由于 LG 公司加入而成为 4C。1999 年 6 月 6C 联盟公开发表了关于 DVD 联合许可的联合声明，要求世界上所有生产 DVD 的产商必须向 6C 购买专利许可才能从事生产。中国电子音响工业协会在两年多的时间经过多次与 DVD 标准化组织的谈判，于 2002 年 4 月，与 6C 公司签订每出口 1 台 DVD 播放机将支付 4 美元的专利使用费，随后又与 3C 公司签订每出口一台支付 5 美元的专利使用费协议。由 6C 或 3C 联盟发布的专利许可并没有使用通常的单独许可形式，而是采用了专利权人联合许可的形式进行专利一揽子许可。所谓一揽子许可是指一方在一项或一组相关的许可协议中，许可他方同时使用其多项专利权标的行为。在 6C 与 3C 专利的一揽子许可中，并没有让我国企业清晰地了解被许可专利权利的具体内容，更没有对专利权逐一审查的权利，我国的 DVD 企业只有接受许可或者退出 DVD 生产的选择自由。6C 或 3C 许可的专利中非常有可能存在重复和交叉，即搭售我国企业所不需要的专利技术，这无疑会导致我国的 DVD 交费企业利润空间的缩小，直接阻碍了其出口规模的扩大，甚至有很多企业在这场风波后退出了 DVD 市场。❶

然而，技术标准实施阶段的专利许可交易中，同样只有当搭售行为带有强制性时，才会存在对其规制的基础。换言之，如果在专利许可交易中有足够的经济力量强迫购买者接受他原本不想要的物品时，才可能产生限制竞争的效果，如果专利被许可交易中专利被许可人享有对于搭售的选择自由，就不具有规制搭售的法律基础，因为即使搭售会限制竞争，但在许

---

❶ 王先林，等. 知识产权滥用及其法律规制 [M]. 北京：中国法制出版社，2008：157 - 160.

可贸易中它还具有一些优点,它会增加许可人的收益从而刺激创新。在专利许可中搭售非专利产品或服务会以两种方式提高许可人的收益——直接增加许可人搭售的产品、服务或技术的销售,或者促使被许可人更广泛地利用许可项目。搭售还可以减少使用费的复杂计算,从而方便交易,并降低实施许可的交易费用。例如一揽子许可在确定使用费是否到期时,无须区别产品和生产线,或者强调搭售品便于计量被许可人对许可技术的使用。因而,从这一方面来说,搭售是有利于刺激创新和提高经济效益的。❶

(三) 标准实施中的违反前手承诺

标准必要专利移转在高科技市场中的重要地位愈发凸显。标准必要专利的交易对于交易双方来说均具有现实的利益驱动,对于标准必要专利的转让人而言,通过专利的移转,可以通过资产的货币处置实现技术的经济价值,回收研发投入的资金;而对于标准必要专利的受让人而言,其通常出于防御目的、投资机遇或者确保自己或他人接触专利技术的意图积极地寻求购买专利。❷ 然而,标准必要专利移转在一方面实现专利价值,为专利权人带来收益的同时,另一方面复杂化了转让人、被转让人以及显存和潜在许可人之间的权利义务关系。标准必要专利的移转会产生标准实施中专利许可的一些新问题,如在标准制定阶段标准必要技术的转让人(前手)对于标准化组织做出的许可承诺是否对于标准必要技术的受让人(后手)具有约束力;适用于前手具体的许可条款和条件对于后手是否适用;后手是否能够违反 FRAND 原则,对抗标准采用者等。目前各国的竞争法政策对于这些问题均没有明确的回应,而如果专利移转权利和标准使用者预期不确定,必然会损害标准环境的稳定性。因为标准在为相关产业广泛采用后,会迅速对市场和消费者产生锁定现象,而由于标准必要技术的转

---

❶ [美] Jay Dratler, Jr. 知识产权许可(上)[M]. 王春燕,等译. 北京:清华大学出版社,2003:647-648.

❷ Keith Maskus, Stephen A. Merrill. Patent Challenges for Standard-Setting in the Global Economy [M]. Washington, D.C: the National Acadamies Press, 2013:83-84.

让人在标准制定过程中对于标准化组织的承诺一般仅具有相对性,如果标准必要技术的受让人违反前手的承诺,势必会对标准的实施、市场秩序以及消费者利益产生不利影响,因此无论是标准制定组织还是立法者、执法者都在积极思索如何通过有效的方式来减缓这些问题的方法,一场约束和规避的博弈从未停止过。❶

2008 年,美国联邦贸易委员会(Federal Trade Commission,FTC)做出裁定的 N – Data 案就是美国反垄断执法机构对于标准实施中违反前手承诺行为规制方式进行探索的典型案例。1983 年美国电气及电子工程师学会(Institute of Electrical and Electronics Engineers,IEEE)发布了第一个 802.3 标准——"以太网标准",这一标准可以让连上本地网络的计算机设备以每秒 10 兆的速度传输数据。1993 年,为应对更高传输速率的要求,IEEE 授权 802.3 标准化组织研发一套基于第一代"以太网标准"的新标准。新标准被称为"高速以太网标准",其可以使连接网络的设备传输速率达到每秒 100 兆。1994 年国家半导体公司(National Semiconductor Corp,NSC)向 802.3 标准化组织提议将自己研发的自动协调技术(Autonegotiation Technology)——NWay 纳入"高速以太网标准"之中。NSC 就此技术在 1992 年就申请了专利,专利号为 07/971,018。802.3 标准化组织在将 NWay 纳入"高速以太网标准"之前就注意到了几个对于 NWay 的可替代技术,并且甚至考虑不将自动协调技术功能纳入"高速以太网标准"之中。就在 IEEE 召开会议决定是否将自动协调技术纳入 802.3 标准之时,NSC 的代表公开声称如果 NWay 技术能够入选标准,NSC 会把 NWay 技术以一次性支付 1000 美元的费用标准许可给任何请求许可制造 IEEE 标准产品的成员。随后在 NSC 做出许可承诺以后,IEEE 在"高速以太网标准"中采用了以 NWay 技术为基础建构的自动协调功能。因此,可以说 NSC 做出的 1000 美元费用标准的许可承诺可谓是将 NWay 技术纳入 802.3 标准的

---

❶ 赵启彬. 与技术标准有关的专利许可声明对专利受让人约束力问题研究——从美国联邦贸易委员会 N – Data 案裁定出发 [J]. 电子知识产权,2010(5):41 – 42.

决定性因素。1995 年"高速以太网标准"发布以后，NSC 生产的含有 NWay 技术设备因为标准的实施而销量大增。据统计，截至 2001 年，就有上亿台计算机设备和终端采用了以 NWay 为标准必要技术的"高速以太网标准"。

1998 年，NSC 将其拥有的涉及 NWay 技术的专利转让给了垂直网络公司，在转让过程中，NSC 通告了对于 IEEE 的专利许可承诺，并且转让双方就此承诺都予以了认可。2002 年，垂直网络公司致信 IEEE，确认对于任何标准使用者在以公平、合理、非歧视原则为基础下的授权承诺。与此同时，垂直网络公司却选择了向大约 64 家目标企业发出函件，要求许可费必须以每台作为单元进行许可付费。这一方式相对于当初 NSC 一次性 1000 美元付费明显增加了许可费用。根据这一方式，估计每年会给垂直网络公司带来超过 2000 万美元的许可费收益。在垂直网络公司函件发布后，几家目标公司就联合起来，向垂直网络公司申请延续原来 NSC 的许可费用支付方式，但均遭到了垂直网络公司的拒绝，并且垂直网络公司还威胁发动针对拒绝支付许可费公司的侵权诉讼。2003 年，垂直网络公司又将涉及 NWay 技术的相关专利转让给了 N – Data 公司，而 N – Data 公司则试图收取相较于垂直网络公司更高的专利许可费，并且一再拒绝"高速以太网标准"使用者对于恢复到 NSC 专利许可条件的请求。❶

FTC 将 N – Data 公司违反前手承诺的行为视为一种专利劫持应当受到反垄断法的规制。❷ 因为此案中 N – Data 公司对于前手承诺的违反行为将对 NWay 技术的消费者以及竞争市场产生劫持后果，具有明显的危害。首先，对于消费者来说，违反前手承诺的行为会增加采用"高速以太网标准"产品的生产、销售、使用以及进口成本，此外由于销售价格的提高还减少了采用"高速以网络标准产品"的使用和销售数量。其次，对于正常

---

❶ Decision and Order, In re Negotiated Data Solutions LLC, FTC File No. 051 – 0094 [EB/OL]. [2021 – 12 – 15]. http://www.ftc.gov/os/caselist/0510094/080122majoras.pdf.
❷ 丁道勤，杨晓娇. 标准化中的专利劫持问题研究 [J]. 法律科学, 2011 (4): 132.

的市场竞争秩序来说,由于违反前手承诺的行为破坏了市场投资者正常的市场预期,增加了标准采用的市场成本和风险,因而会减少产商对于生产采用"高速以太网标准"的半导体芯片和网络设备的积极性。

第二节 标准必要专利权滥用的制度适用困境

在技术标准化下,专利许可实践的商业和法律环境发生了显著的变迁。技术标准与专利权的交会不仅引发了二者存在的内生属性冲突,同时还打破了专利许可人与被许可人之间相对平衡的交易格局,由此产生标准必要专利权滥用行为。然而,相关制度由于更新、升级的迟滞,决定了其在技术标准化环境下,对于标准必要专利权滥用行为的适用困境。

一、制度基础理论与现实脱节

在技术标准化下,由于标准必要专利权滥用同时具备内生和外在动因,相关制度对于该问题的回应就成了必然的时代要求。但是由于专利权行使制度建构的法哲学、民法学以及经济学理论基础都发生了不同程度与现实的脱节,对制度更新产生了阻滞效应,因此,导致对于标准化下出现的新问题也出现了回应迟滞的现象,从某种程度也为标准必要专利权滥用问题的产生提供了空间和条件。

(一)制度法哲学基础的脱节*

正义是法律制度所追寻的终极价值。罗马法学家塞尔苏斯就认为法是实现善与正义的艺术。❶ 法律所追求的其他价值如平等、自由、公平、秩序等都是在正义这一终极价值的统摄之下,是正义价值的呈现面向和实现路径。然而,正义有着张"普罗修斯似的脸"(a Protean face),变幻无常,

---

* 该内容部分摘选自:郑伦幸. 论技术标准化下专利许可制度的法哲学基础 [J]. 湖南社会科学,2015 (3).

❶ [德] 魏德士. 法理学 [M]. 丁晓春,吴越,译. 北京:法律出版社,2005:154.

随时可呈不同形状并具有极不相同的面貌。当我们试图解开隐藏在其表面背后秘密的时候，往往会深感迷惑。❶ 古往今来，很多思想家和法学家都曾经尝试提出"真正"意义上的正义观，其中不乏真知灼见，亚里士多德的正义观就是其中的代表。亚里士多德认为正义可分为"分配正义"（austeilende gerechtigkeit）和"平衡正义"（ausgleichende gerechtiket）。分配正义涉及财富、荣誉、权利等有价值的东西的分配。在这个领域，对不同的人给予不同的对待，对相同的人给予相同的对待就是正义。❷ 按照这类正义体现下的分配原则表现为参加分配的人必须要受到同样的对待，而不管他们的年龄、富裕程度、社会地位、道德面貌等方面的差别。法在实现分配正义方面的作用主要表现为把指导分配的正义原则法律化、制度化，并具体化为权利和义务，实现对资源、社会合作的利益和负担进行权威性的、公正的分配。平衡正义则涉及法律交往过程中（对有关利益进行）公平的平衡问题。如在买卖、贷款或租赁中的利益平衡，也探讨在发生侵权行为后如何公正地分配负担的问题。平衡原则以数学上的相等为基础，不以个人的地位为转移，可以作为价值尺度对各种事物进行度量，由此各种用于交换的利益价值就可以得到平衡。❸

一般认为，法律与正义的关系，主要有两个层次。一是法律目标的正义，在这一层次上，正义乃法律的基本价值，它表现为法律所应追求的某种完善的目标、道德价值或理想秩序。二是法律具体规定的正义。在这一层次上，它意味着一套公正的法律规范和原则，其为人们行为的规范模式与标准。❹ 根据这两个层次的划分，传统制度在追求的正义目标以及围绕这一目标所进行的规则设计方面更侧重的是分配正义而对于平衡正义存在

---

❶ ［美］E. 博登海默. 法理学：法律哲学与法律方法［M］. 邓正来，译. 北京：中国政法大学出版社，2004：261.

❷ 张文显. 法理学［M］. 北京：高等教育出版社，北京大学出版社，1999：253.

❸ ［德］莱因荷德·齐佩利乌斯. 法哲学［M］. 金振豹，译. 北京：北京大学出版社，2013：124－125.

❹ 乔克裕，黎晓平. 法律价值论［M］. 北京：中国政法大学出版社，1991：155.

偏废。传统专利许可制度作为民法制度的一部分是以形式或机会的平等作为其制度的基础，其制度规则的设计立足于向人们提供平等的机会，认为只要如此就意味着实现了平等，而至于人们从事民事活动得到的结果如何，那是由人们的天赋、才能、机遇去决定的事情，应该允许存在差别。因为竞争是社会的基础，而竞争的结果应然是优胜劣汰，如果优者不能胜，劣者不能汰，就保护了落后，使社会整体处于一种低水平平均的状态。❶ 民法制度对于分配正义的侧重和强调，在推动身份社会向契约社会的转变以及社会财富的积累方面，发挥着非常重要的作用。但是法所促成实现的分配正义并非对一切人都是公正的。特别是在技术标准化环境下，标准必要专利权人与专利被许可人之间的交易力量已经失衡，如果继续独守分配正义而偏废平衡正义，强调机会或形式的平等，漠视标准必要专利权人对于被许可人利益的不当践踏，无疑对于专利被许可人来说是不公正的，也与应然的正义价值是背道而驰的。

（二）制度私法基础的脱节*

专利权作为私权的一种，其权利效力来源于专利法作为私法的规定和确认。以"自由平等"为理念，欧洲大陆法确立了近代私法的三大基础。第一，抽象人格，即一切人，不分国籍、年龄、性别、职业，具有平等的权利能力。按照抽象人格理论，在市场体制下作为商品交换主体的劳动者、消费者、大企业、小企业等具体类型，在民法典上，都被抽象为人这一"法人格"。法人的权利能力，被认为与自然人相同，仅"法人格"的取得，仅公益法人、盈利法人而有不同。❷ 第二，所有权绝对，即个人私有财产的所有权神圣不可侵犯，权利的行使或者不行使都是权利人的自由，此外行使自由包括行使的方法、行使的时间、行使的后果等，其他任

---

❶ 徐国栋. 民法基本原则解释——以诚实信用原则的法理分析为中心［M］. 北京：中国政法大学出版社，2004：49.

＊ 该内容部分摘选自：郑伦幸. 技术标准化下专利许可制度私法基础的困境及其超越［J］. 知识产权，2015（7）.

❷ 梁慧星. 民法总论［M］. 北京：法律出版社，2001：4-5.

何人都不得干涉。私有制是资本主义社会的根基,其确立是近代法的辉煌成果。民法典规定的以所有权为中心的物权制度,使私有制法律制度化。物权被视为绝对权和对世权,具有可以对抗一切人的效力。第三,私法自治,即私法上法律关系的创设,都依据私人的自由意思。此私法自治与自由平等的人格,均为近代私法的根本原则。私法自治是维系市场自由竞争的基本原则。作为私法自治原则的下位原则,有契约自由、遗嘱自由、团体设立的自由等原则,其中以契约自由原则最重要。所谓契约自由原则是指在私法关系中,个人权利的取得、义务的负担,都依据个人的自由意志,国家不得干涉,根据民事主体的自由意思,缔结的任何契约,不论其内容和方式,法律都应予以保护。以上三大私法基础是18世纪个人主义法律思想下之产物,其对于人类文明之贡献,在于对个人财产的保障和自由竞争的刺激,促成资本主义的发达。❶ 传统专利制度中对于专利许可交易双方人格的彰显,专利权所具有效力的设定以及专利许可交易意思自由的限度都是依据近代私法的基础而建构。

然天下事不能有利而无弊,利之极,即弊之渐。传统的私法基础越来越暴露出某种不适性。例如,弱者的现代生存环境恶化,僵化的人格平等不能给予这些弱者以特殊而必要的照顾,私有权的绝对性只能导致这些问题进一步恶化;垄断企业力量强大,大企业对工人形成不公平的地位,使得其完全的契约自由,实际可能是对相较广大消费者或工人优势的利用。在技术标准化下,专利权人可能搭乘标准的便车,进一步扩张权利的效力强度和延展空间,如果固守近代私法的制度基础,会加剧标准必要专利许可人和被许可人之间利益失衡的格局,给被许可人以及消费者利益,乃至正常的市场竞争秩序带来重大的损害。

(三) 制度经济学基础的脱节

传统专利权行使制度建构的经济学基础在于"完美市场"的预设。

---

❶ 郑玉波. 民法总则 [M]. 北京:中国政法大学出版社,2003:15-16.

"完美市场"是新古典经济学的重要模型,这一模型建立在零交易费用这一假定之上,在零交易费用这样一个理想的世界里,决策制定者被认定为是只要他们想要,他们就能够不耗费任何费用获取和拥有任何信息。他们具有完美的预见力,因而能够签订完全合约——这些合约能够在毫不出错的情况下被监管和执行。在这一理论的支撑之下,会要求构建自由政府的理想模型,这里所描述的政府或者社会应该是"倾注所有精力关注其成员的个人财富,保证其成员不受其他成员或外敌的侵犯;无论其他什么目的,政府都不应限制他们的自由"。在自由政府的模型之中,基本的宪法规则是基于个人财产不可侵犯原则做出的设计,这一原则要求遵守私产的一般原则保护私人的产权,根据合约自由原则保护这些权利的转让,以及个人有义务履行合约的承诺,或出现侵权行为时承担责任。❶ 因此,正是在这一经济学基础的影响下,传统专利权行使制度对于许可人与被许可人之间的交易行为基本秉持放任的态度,只要权利人的许可行为不触碰到公共利益的底线,其他任何人都不能干涉。

然而,零交易费用是不可能存在的,因为个人为了获取信息需要耗费时间和资源,而且他们在处理信息和进行计划方面存在有限的能力,因此交易费用是无处不在的,它包括市场型交易费用、管理型交易费用和政治型交易费用。❷ 据统计,现代市场经济中的交易费用占净国民生产总值将近50%~60%。完美市场或完全竞争的概念本身不过是一般均衡理论及经济分析的模型工具,理论并无法包含任何实施的真实性。当交易费用为正时,制度是重要的。❸ 个人的合约行为如果是为了组成带有掠夺性的团体,是不被允许的。也就是说,任何通过牺牲团体之外的成员来改善其成员福利的团体形式都是必须被禁止的。而由于经济发展受到以不完全竞争为基

---

❶ [美] 埃里克·弗鲁博顿, [德] 鲁道夫·芮切特. 新制度经济学——一个交易费用分析范式 [M]. 姜建强, 罗长远, 译. 上海: 上海三联书店, 上海人民出版社, 2006: 14.
❷ [美] 埃里克·弗鲁博顿, [德] 鲁道夫·芮切特. 新制度经济学——一个交易费用分析范式 [M]. 姜建强, 罗长远, 译. 上海: 上海三联书店, 上海人民出版社, 2006: 60-67.
❸ 盛洪. 现代制度经济学 [M]. 北京: 中国发展出版社, 2009: 3.

础的寡占体制所支配，导致本来可以看不见的手净化市场的市场净化机能受到阻碍。因此，为解决市场失灵，需由政府帮助那一双看不见的手。技术标准化下，专利权人一方面借助标准所产生的网络效应可以锁定消费者；另一方面凭借标准对于产业的控制力，可以让标准采用者对于替代技术的选择丧失经济合理性。专利许可交易中的交易费用会由于许可双方力量的失衡而提升，甚至会产生市场失灵的结果。而妄图通过市场自发的自由竞争，来消除以上问题明显是不切实际的。因此，技术标准化下，亟须以新制度经济学的分析模型为基础，建构一套适用于技术标准化环境下的制度规则，加强对于专利权人行为的规制力度，恢复许可交易双方的力量平衡状态，以减少专利许可交易成本，促进专利许可贸易。

二、知识产权政策创制空间的受限

由于标准制定组织制定的专利许可政策作为在技术标准化活动中平衡各方利益的重要制度工具，对技术标准实施过程中可能出现的专利劫持、技术锁定等问题均具有重要的防治作用，因此，面对标准必要专利权滥用提出的挑战，进而产生标准制定组织专利许可政策创制的现实需要。专利许可政策根据创制主体的不同，可以划分为民间产业组织的私人创制和政府制定。民间产业组织的私人创制相对于政府制定来说，由于更具有专业化和技术方面的优势，因此创制出来的规则也通常更能适应不同标准处置专利许可问题的特性要求，对症解决好标准化中专利许可的问题，并且，由民间标准化组织主导标准制定以及认证工作，还有助于强化标准化组织的自由，减少国家的不当干预和过度管理。基于此，在美国、欧盟等，政府虽然对于标准高度重视，将标准上升为国家战略层级予以推进，但是这些国家的政府与标准化组织之间的权利义务关系往往是通过协议的方式予以确认，政府不会设置标准管理机构干涉标准标准化活动，标准化组织具有独立的地位。即使政府参与到标准化活动之中，也与标准化组织、标准采用者、标准研发者等主体平等地参与标准化的活动，只是一方利益的代表，不存在任何地位上的优位。因此在这种市场主导的标准化体制之下，对于标准必要专利权滥用问题的处置，民间标准化组织具有非常大的私人规则创制空间。

然而，在很多国家基于体制、历史等原因，标准化工作采用的是政府主导模式，如根据我国1989年实施、2017年最新修订的《标准化法》以及配套的标准化管理制度，我国的标准化模式区别于美国、欧盟的市场主导模式，采用的是政府主导的标准化模式。政府主导标准化模式在标准化活动中的体现为以下方面。首先，标准的制定主要由各级行政主管部门或在各级行政主管部门的指导下完成。国家标准的制定统一由国务院标准化行政主管部门管理；行业标准的制定由国务院有关行政主管部门管理，并报国务院标准化行政主管部门备案；地方标准的制定由省、自治区、直辖市人民政府标准化行政主管部门管理，并报国务院标准化行政主管部门和国务院有关行政主管部门备案；企业标准则由企业自身制定，并且还需要报当地政府标准化行政主管部门和有关行政主管部门备案。❶ 其次，标准的实施由各级行政主管部门进行监督检查。县级以上的政府主管部门或者由其专门设置的检验机构或者由政府主管部门授权其他单位的检验机构负责对标准的实施进行监督检查。❷ 最后，对于市场之上违反标准的行为同

---

❶《标准化法》第10条规定："对保障人身健康和生命财产安全、国家安全、生态环境安全以及满足经济社会管理基本需要的技术要求，应当制定强制性国家标准。国务院有关行政主管部门依据职责负责强制性国家标准的项目提出、组织起草、征求意见和技术审查。国务院标准化行政主管部门负责强制性国家标准的立项、编号和对外通报。国务院标准化行政主管部门应当对拟制定的强制性国家标准是否符合前款规定进行立项审查，对符合前款规定的予以立项。省、自治区、直辖市人民政府标准化行政主管部门可以向国务院标准化行政主管部门提出强制性国家标准的立项建议，由国务院标准化行政主管部门会同国务院有关行政主管部门决定。社会团体、企业事业组织以及公民可以向国务院标准化行政主管部门提出强制性国家标准的立项建议，国务院标准化行政主管部门认为需要立项的，会同国务院有关行政主管部门决定。强制性国家标准由国务院批准发布或者授权批准发布。法律、行政法规和国务院决定对强制性标准的制定另有规定的，从其规定。"

❷《标准化法》第32条规定："县级以上人民政府标准化行政主管部门、有关行政主管部门依据法定职责，对标准的制定进行指导和监督，对标准的实施进行监督检查。"

样主要由标准化行政主管部门予以处理。❶

在政府主导的标准化模式之下，政府作为标准化活动的主要参与者、管理者以及推动者，❷ 其关于知识产权政策的创制对于标准制定过程中专利权处置问题的解决具有非常显性的作用。如在我国，2000年，国务院的标准化行政主管部门就敏锐地察觉到专利权与标准化之间的互动关系，并开始启动涉及知识产权的标准化政策起草工作，分别在2003年和2009年，就其制定的《涉及专利的国家标准制修订管理规定》向社会公开征集意见。在总结各方对于公开征集稿的意见基础上，最终于2013年12月19日由国家标准化委员会和国家知识产权局联合发布《国家标准涉及专利的管理规定（暂行）》（以下简称《管理规定》），2014年4月28日由国家标准化管理委员会发布《标准制定的特殊程序第1部分：涉及专利的标准》（以下简称《特殊程序》）。《管理规定》与《特殊程序》共同构成我国在标准化活动中对于专利问题处理的政策框架。❸《管理规定》主要着眼于国家标准制修订以及实施过程中涉及专利的处置问题，❹ 设立了国家标准的专利信息披露制度以及专利实施许可制度，并围绕强制性国家标准制定过程中涉及的对于专利的态度问题、标准发布前的公示问题作出了特别规定。《特殊程序》则对标准化制修订过程中涉及的诸如必要权利要求、必

---

❶ 《标准化法》第33条规定："国务院有关行政主管部门在标准制定、实施过程中出现争议的，由国务院标准化行政主管部门组织协商；协商不成的，由国务院标准化协调机制解决。"第35条规定："任何单位或者个人有权向标准化行政主管部门、有关行政主管部门举报、投诉违反本法规定的行为。标准化行政主管部门、有关行政主管部门应当向社会公开受理举报、投诉的电话、信箱或者电子邮件地址，并安排人员受理举报、投诉。对实名举报人或者投诉人，受理举报、投诉的行政主管部门应当告知处理结果，为举报人保密，并按照国家有关规定对举报人给予奖励。"

❷ 在政府主导的标准化模式之下，政府既是标准化活动的管理者，还是主要的标准化活动的参与者和推动者，由于政府也是一种组织体，因此，我国政府对于标准化中专利权处置问题的政策创制同样可以纳入标准化组织的政策制定范畴之中。

❸ 杨晓丽. 中国国家标准设计专利的处置规则评价（下）[J]. 电子知识产权，2014（9）：44.

❹ 《国家标准涉及专利的管理规定（暂行）》第2条规定："本规定适用于在制修订和实施国家标准过程中对国家标准涉及专利问题的处置。"

要专利等核心术语和定义作出了明确界定,并对专利处置的要求(必要专利信息的披露、必要专利实施许可声明),涉及专利的国家标准预研、立项、起草、征求意见、审查、批准、出版以及复审阶段的制修订特殊程序,标准实施中的专利处置问题作出了具体的规定。

政府在标准化活动中担当的既是运动员又是裁判员的多重角色,会让其碰到标准与专利冲突问题处理时的角色定位非常模糊和尴尬。按照目前主要的标准化组织对于标准中专利许可问题处置的态度来看,基本秉持的都是不介入具体专利纠纷的原则,因为作为标准的制定者,如果介入具体的专利纠纷之中,会使问题更加复杂。但是在我国,政府在标准化活动中的多重身份,让其不得不介入具体的标准冲突协调机制的构建之中,解决标准中的专利许可问题。例如,对于强制性标准中专利许可问题的解决,当强制性标准与专利交会后,对于标准必要专利权人以及标准使用人来说,二者都会丧失交易的自由。标准必要专利权人会丧失拒绝向标准使用人许可专利技术的缔约自由,标准使用人则会丧失选择交易标准和技术的缔约自由。换言之,在强制性标准中,政府已经不可能置身事外,否则,强制性标准就会因为标准必要专利权滥用问题而不能得以实施和推广,但是一旦政府介入具体的标准冲突协调之中,一方面由于政府缺乏市场的敏锐度,并且缺乏相关专业的知识,导致政府制定的专利许可政策也并未成为标准化各方主体实际采用和运作的规则,而被束之高阁,严重地浪费了专利许可规则制定过程中投入的各方面资源;❶ 另一方面,政府介入专利许可交易的私人纠纷,还容易背负不正当介入和干预私权的"恶名"。因此,这种政府主导的标准化体制对于专利许可政策私人规则创制空间的限制,会严重阻碍标准必要专利权滥用问题的解决。

---

❶ 王俊秀,刘双桂,齐欧. 新全球主义:中国高科技标准战略研究报告 [R/OL]. [2021-12-15]. http://web.cenet.org.cn/upfile/60596.doc.

三、专利权滥用私法限制制度的缺位

标准必要专利权滥用行为的产生虽然本质上内生于技术标准与专利权之间的属性冲突，但是如果许可交易双方能通过市场相对平等的博弈，一些专利许可中的不当行为同样能够得到某种程度的矫正，标准必要专利权滥用的情形也会大量减少。然而，技术标准化下，专利被许可人很大程度上已经丧失了与专利许可人平等的议价能力和空间。技术标准一旦被制定，大量基础设施的投资和相关的设计都会围绕技术标准规定的技术规范而展开，技术标准所涉及的整个产业就会迅速被这一标准"锁定"（Locked–in）。这一"锁定效应"会直接削弱专利被许可方选择替代标准技术和采用非标准方法的能力。因为借助标准的公共属性，标准必要专利权人可以获得潜在的对于整个产业进入的控制权。这种控制并非产生于专利权人的权利本身，而是来源于标准的被采用。标准必要专利权人通过这一控制权的运用可以排除具有相同功能的替代技术进入市场，让标准的采用者一直受到标准的约束和制约。而如果没有标准的作用，专利权人只能以具有竞争性的合同条款与被许可人进行交易，否则专利被许可人就会选择使用不同的可实现相同功能的替代技术。但是一旦标准存在，面临前期投资可能发生的沉没风险，对于作为"理性经济人"的专利被许可人来说，选择已经不具有经济合理性，要想进入相关市场就只能被动接受标准必要专利权人订立的许可合同条款。[1] 当专利被许可人丧失了选择权，专利许可人会处于绝对的优势地位，专利许可交易中双方的均势格局自然不复存在。

面对技术标准化下专利许可交易双方力量失衡的格局，作为专利权人与社会公共利益平衡之术的专利制度，一方面，为标准必要专利权人提供了打击潜在侵权人的有力武器。专利权进入标准不会导致权利本身效力的

---

[1] George S. Cary, Paul S. Hayes, Larry C. Work–Dembowski. Antitrust Implications of Abuse of Standard–Setting [J]. Geo. Mason L. Rev., 2008 (15): 1249.

减损，专利制度会为标准必要专利权人提供有力的庇佑和保护。对于标准实施者（专利被许可人）❶ 而言，面对标准必要专利权人精心的专利布局和设计，会发现很难避免侵犯专利权人（专利许可人）的权利。第一，专利权人往往会做充分的工作和准备，将自己的专利申请与标准必要技术相对应，当标准制定之后专利申请被正式授权，标准与专利权之间就会发生捆绑。作为佳能公司"知识产权之父"的丸岛仪一就认为：过去的模拟时代，如果技术优秀的话，不论耗时多久只要将其商品化就能立于不败之地。但是，现如今这种做法已经行不通了。如果标准化技术走向不同方向，你的技术就出局了。现在不将研究开发和标准化整合起来的话，就无法在商场获胜。至少得保证自己的关键技术不会因为标准化技术的方向而受到阻碍难以发展。❷ 第二，根据标准认证程序，标准实施者如果生产涉及标准的产品或服务，会被要求做出关于使用标准的市场声明。根据市场声明的承诺效力，标准实施者很难否认他使用了标准的事实。此外，被控标准必要专利侵权的标准实施者很难证明诉争专利权的无效或者不可实施。因为根据法律规定，任何意欲要推翻专利权效力的请求者都要求达到"清晰且令人信服"程度的举证标准，要达到这一要求是非常困难的。然而，另一方面，目前我国专利法制度并未提供对标准必要专利权人进行有效限制的制度手段。根据我国《专利法》第72条的规定，只要权利人或利害关系人有证据证明他人正在实施侵权行为，并且如不及时停止侵权会造成难以弥补损失的，可以向法院申请侵权人采取停止侵权的措施。法院在确认侵权人侵权事实成立的情况下，通常会按照原告的诉请，判决侵权

---

❶ 在很多情况下，标准实施者会与专利被许可人之间发生身份的重叠。因为当专利权融入标准后，绝大部分的标准化组织不会要求专利权人声明放弃自己的权利，而是要求标准必要专利权人遵循公平、合理、非歧视原则（FRAND）进行专利许可授权，因此生产厂商如要采用标准仍需要向标准必要专利权人申请许可授权。正因如此，后文为了论述方便，避免重复，很多地方会将"标准实施者"与"专利许可人"两个概念等同替代使用。

❷ [日] 丸岛仪一. 佳能知识产权之父谈中小企业生存之道：将知识产权作为武器 [M]. 文雪，译. 北京：知识产权出版社，2013：66–67.

人停止侵权。❶通过禁令救济的运用，专利权人会给专利许可人带来非常有威慑力的恫吓。如1999年，亚马逊（Amazon）诉巴恩斯诺布尔（Barnes & Noble）侵犯一键式点击（"One-click"）专利侵权案中，诉争的"One-click"专利由美国专利商标局于1999年9月28日发布，Amazon是在1999年11月提起的诉讼，预审法院的听审于1999年11月16日开始，在1999年12月1日预审法院就发布了临时禁令。换句话说，从起诉到临时禁令的发布仅仅历经了1个月11天。尽管随后美国联邦巡回法院在14个半月后撤销了禁令，但是由于禁令期跨越了两次圣诞节的销售旺季，Barnes & Noble公司遭受了重大的销量损失。试想能有多少公司能如同 Barnes & Noble公司一样甘心坐等14个半月时间的流逝而眼睁睁地看着其他获得许可授权的竞争对手销售标准产品。❷由此可见，现行专利制度为标准必要专利权人预设的不加限制的权利救济手段，使得专利许可双方本已失衡的力量格局雪上加霜，因为专利许可人的手上借此又获得了合法的"大棒"，专利被许可人如果没有获得专利权人的许可，随时会受其"大棒"的制裁，甚至承担市场出局的风险。

四、专利权滥用反垄断规制制度的乏力

标准必要专利权滥用行为的产生很大部分基于专利权人借助标准的强制力对权利的扩展而造成，因此，除专利许可政策以及私法的适用之外，反垄断立法也是非常重要对标准必要专利权滥用行为进行规制的制度资源。然而，由于各国的反垄断法的规定一般过于抽象，如果没有对反垄断法在技术标准化下的适用作出适应性的解释，法官在实际判案过程中就会

---

❶ 《专利法》第72条规定："专利权人或者利害关系人有证据证明他人正在实施或者即将实施侵犯专利权、妨碍其实现权利的行为，如不及时制止将会使其合法权益受到难以弥补的损害的，可以在起诉前依法向人民法院申请采取财产保全、责令作出一定行为或者禁止作出一定行为的措施。"

❷ Amazon.com, Inc. v. Barnesandnoble.com, Inc., 73 F. Supp. 2d 1228, 1232 （W. D. Wash. 1999）.

缺少法律明确的指引和依据，会造成反垄断规制在技术标准化环境中适用的不能或乏力。如我国目前《反垄断法》对于知识产权垄断行为的规制，原则性地规定了第 55 条。根据我国《反垄断法》第 55 条的规定，可以归结出我国《反垄断法》对于知识产权行使行为的态度。首先，知识产权的行使行为不会当然受到《反垄断法》的特别规制。知识产权虽然之于专利权人来说是国家授予对于某项技术的有限期限"垄断"权利，但是权利人如果在法律以及行政法规的框架内的权利行使行为不会被当然地视为垄断行为而受到《反垄断法》的规制。其次，知识产权人也不会获得《反垄断法》特殊的关照，一旦知识产权人滥用知识产权，实施排除、限制竞争的行为，构成垄断行为的同样会受到《反垄断法》的规制。我国《反垄断法》关于知识产权行使中垄断行为的规定，可以说是借鉴了美国、欧盟等国家关于反垄断法与知识产权关系的立法经验，无疑是值得称道的。此外，我国还于 2019 年颁布了《关于知识产权领域的反垄断指南》，为对滥用知识产权行为适用《反垄断法》提供指引，但是该指南对于标准必要专利权滥用行为，如搭售行为、拒绝许可行为，仍没有提供专门的判定和适用依据。基于标准必要专利权滥用相对于其他知识产权滥用的差异，导致法官在司法实践中对于标准必要专利的搭售或拒绝许可认定出现尺度不一、判决结果迥异的问题。

　　标准必要专利权滥用规制的反垄断法适用困难突出表现在华为诉 IDC 案中。2013 年 10 月，由广东省高级人民法院作出判决的华为诉交互数字集团（IDC）案是我国企业面对国外企业在标准化中的知识产权滥用行为运用法律武器进行反击获胜的第一案，也是我国第一例标准专利使用费纠纷案。IDC 公司拥有一系列无线通信国际标准标准必要专利。❶ 从 2009 年开始，IDC 公司就开始向华为公司发出要约，追索华为公司在生产、销售

---

❶ 根据 IDC《2011 年年报》，该公司通过全资子公司持有超过 19500 项与无线通信基本技术有关的专利和专利申请组成的专利组合，这些专利组合中有许多是或者可能成为移动或其他无线标准的必要技术。

符合第三代移动通信技术（WCDMA、TD‑SCDMA）的技术要素和技术特性要求的移动终端过程中使用其 7 项标准必要专利技术的许可使用费。IDC 公司给华为公司确定的专利技术许可使用费的标准为 2009~2016 年的无线通信终端设备费是须一次性支付 5.3 亿美元，而无线基础设施设备则须一次性支付 5.2 亿美元。华为公司认为，IDC 公司存在利用市场支配地位过高定价的嫌疑，因为根据 IDC 公司在美国证券交易委员会公开的财务信息显示，2007 年 IDC 公司与苹果公司就相关标准必要专利技术确定 7 年的许可，许可费仅需 5600 万美元。2009 年与三星公司则签订了为期 4 年，总额为 4 亿美元的专利技术许可协议。经过双方多次谈判未果，华为一直没有支付给 IDC 公司任何专利许可费。由此，2011 年 7 月，IDC 公司将华为公司告上了美国特拉华州法院，主张华为公司侵犯了其 7 项标准必要专利技术。同时，IDC 公司还向美国贸易委员会起诉华为公司，请求对华为进行"337 调查"，美国贸易委员会于 2011 年 8 月正式启动调查程序。为了反制 IDC 公司的诉讼攻势，华为公司也于 2011 年 12 月向深圳市中级人民法院提起 IDC 公司滥用市场支配地位的反垄断诉讼，认为 IDC 公司在专利许可交易中实施过高定价、违反 FRAND 原则、搭售、变相拒绝许可等行为，严重损害了华为公司的合法利益，威胁到了其正常经营，损害了竞争秩序，因此诉请法院判定：（1）IDC 公司停止侵害行为；（2）赔偿华为公司 2000 万元损失；（3）承担华为公司维权而支出的合理成本，包括律师费、公证费等。深圳市中级人民法院在查明案件相关事实的基础上，于 2013 年 2 月作出一审判决，支持原告华为公司的主张，判处 IDC 公司立即停止对于华为公司所实施的过高定价以及搭售的垄断行为，并要求 IDC 公司赔偿原告华为公司 2000 万元的经济损失。一审判决作出后，IDC 公司与华为公司均不服一审判决，向广东省高级人民法院提起上诉。IDC 公司认为原审法院对于相关市场的界定存在错误，即使相关市场的界定正确，其也不具备相关市场的支配力，并且原审法院对于搭售、过高定价以及拒绝许可等方面行为的认定均存在不同程度的问题，其没有实施过任何滥用市场支配地位的垄断行为。华为公司上诉则认为原审法院在对于涉案专利技术搭售的认定为市场惯例在事实认定以及法律适用上均存在错误。二审法院认为上诉人华为公司、IDC 公司的上诉请求和理由均缺乏事实理由和法律依据，因此对二者的上诉均予以驳回，于 2013 年 12 月作出了驳回上诉，维持原判的终审判决。喧嚣一时的华为诉 IDC 案以华为公司的最终胜利而告终。

　　华为诉 IDC 案虽然因为中国企业获得全胜而告终，并使得广东省高级人民法院对该案的判决赢得了赞誉一片，❶ 但是冷静地对该案进行分析，在我国企业运用法律武器赢得技术标准化下的"专利战"背后，却折射出反垄断规制在技术标准化下存在的适应性问题。首先，对于相关市场的认定。广东省高级人民法院是依据《国务院反垄断委员会关于相关市场界定的指南》（以下简称"《界定指南》"）作出的对于该案相关市场的界定，认为应从商品需求替代和商品供给替代两方面对该案的相关商品市场作出分析，IDC 的每一个标准必要专利技术均构成一个独立的相关商品市场。关于相关地域市场，华为公司主张，IDC 公司分别属于美国和中国的标准必要专利技术各自在其权利所涉及的范围内构成独立市场，因此，不同的标准必要专利技术的地域应确定为美国市场和中国市场。《界定指南》对于相关市场的界定中相关商品市场和相关地域市场的划分主要还是适用于传统意义上垄断行为，而对于涉及知识产权的技术许可《界定指南》并未作出具体的解释，只是笼统地规定对于知识产权的反垄断执法中，还应考虑相关的技术市场，考虑创新等因素，对于如何考虑技术市场并未做具体

---

❶ 中国人民大学教授杨立新评价该案时表示："判决结果实事求是，客观公正，符合国际知识产权的保护规则，展现了中国法院的法律适用水平。对 IDC 公司在美国提起的华为公司侵权的主张，美国联邦贸易委员会裁决华为公司不构成专利权侵权的结果，也佐证了中国法院适用法律的客观性和公正性。"北京大学法学院教授张平表示："通过司法判决明确解读 FRAND 原则，在国际上具有深远意义。"参见：华为诉 IDC 案：坚持 FRAND 原则国际化应答的范例 [EB/OL]. [2021-12-15]. http://www.idcps.com/news/20140228/69129_2.html.

说明。❶但是由于技术标准化下涉及专利相关行业在网络效应、用户锁定等方面相较于传统行业具有特殊性,决定了其在相关市场的界定方面,需求交叉弹性较低,相关地域市场弱化以及进入门槛抬高等特点,如果继续沿用传统行业的相关市场界定规则,势必不利于专利许可交易中对于潜在竞争者、市场份额以及对竞争产生影响等问题的合理判定,继而无法为反竞争行为的认定提供准确依据。其次,关于搭售的认定是本案另一个争议的焦点。由于目前我国仅在《反垄断法》中原则性地规定搭售行为可以作为滥用市场支配地位的行为受到《反垄断法》的规制,但是对于滥用市场支配地位搭售行为的认定,特别是技术标准化下常见的一揽子许可,并没有具体的认定和适用细则,因此,该案中两级法院对于搭售行为的认定基本上是结合目前国外对于搭售行为的立法经验而作的自由裁量,在对于滥用市场支配地位搭售行为的分析上还存在一定的疏漏,如对于搭售商品与被搭售商品关系的分析、搭售对于被搭售产品市场的影响等方面,法院的判决书中并没有涉及。最后,关于过高定价的认定问题是该案存在争议的第三个焦点。该案中原告华为公司向一审法院其实主张的是被告IDC公司通过过高定价、差别定价以及附加不合理条件等方式拒绝交易的市场支配地位滥用行为,最后法院是通过过高定价的认定回应了华为公司的主张。用过高定价来适用FRAND原则的违反,在理论上实际是存在一定问题的。目前世界各国除了经营者在价格设定方面存在共谋的情况下一般认定为本质违法,对于经营者单方面作出的关于专利许可费行为是否构成垄断行为的认定是一个非常有争议的问题,因此往往对其秉持十分谨慎的态度。因为市场交易条件和环境不可能是千篇一律的,对于过高定价的界定和判定对于政府或者法院来说是十分困难的,如果对于过高定价的尺度把握过宽,不仅不会有助于消费者利益保护,而且会延缓竞争对手进入相关市

---

❶ 《国务院反垄断委员会关于相关市场界定的指南》第3条第5款规定:"在技术贸易、许可协议等涉及知识产权的反垄断执法工作中,可能还需要界定相关技术市场,考虑知识产权、创新等因素的影响。"

场，损害消费者的利益。具体到知识产权的适用方面则更为复杂，因为其还涉及对知识产权人源于其独占权而获得公平报偿资格的怀疑和否定。❶是故，该案中法官仅以 IDC 公司向不同标准使用人报价存在显著差异就归结出过高定价的结论未免有失草率。

---

❶ 王先林. 知识产权与反垄断法：知识产权滥用的反垄断问题研究 [M]. 北京：法律出版社，2008：259.

第三章 标准必要专利权滥用规制的制度理论基础

技术标准化下，专利权行使的商业环境以及法律实践已经发生重大变迁。专利权滥用规制制度的法律规则对专利权行使的新实践做出回应，即对标准必要专利权行使实践中的滥用行为进行规制，是时代对专利权滥用规制制度提出的新要求。然而，由于专利权滥用规制制度的法哲学、民法学以及经济学基础与现实脱节已经对制度更新构成一定程度的理论障碍，是故，探析标准必要专利权滥用规制的制度理论基础是对新环境下专利权滥用规制制度进行规则更新以回应社会与时代发展要求的当务之急。

第一节 标准必要专利权滥用规制制度的法哲学基础[*]

如上文所述，传统专利权滥用规制制度所追求的正义价值更为偏重"分配正义"，而在技术标准化下，由于专利许可交易双方力量发生了严重失衡，如果还独守"分配正义"的目标追求，就会对专利许可交易中的被许可人甚至是社会公共利益造成重大的损害，因此，技术标准化的新环境下，有必要兼顾"平衡正义"（矫正正义）的价值要求，从平等、自由以

---

[*] 该节内容部分摘选自：郑伦幸. 论技术标准化下专利许可制度的法哲学基础［J］. 湖南社会科学，2015（3）.

及公平的维度,分别对标准必要专利行使(许可)❶的主体地位、行为界限以及利益分配的价值和理念追求做出新的法哲学阐释。

一、平等与主体安排的正义

平等是指人的地位完全处于同一标准或水平,在同等条件下受到同样的对待。"为正义而斗争,在许多情形下都是为了消除一种法律上的或称为习惯所赞同的不平等安排而展开的,因为这种不平等的安排既没有事实上的基础也缺乏理性。"❷因此,平等是正义的重要表现。然而,平等"乃是一个具有多种不同含义的多形概念"。❸它指称的对象既可以是收入分配制度、政治参与的权利,也可以是弱势群体的地位。它的内涵既包括形式意义上法律待遇的机会均等,还包括实质意义上交易中交换价格或义务的对等。因而要准确且清晰地界定平等内涵与外延是非常困难的。

最早的平等观念产生于古希腊。公元前5世纪的希腊政治家伯里克利在《雅典阵亡将士国葬典礼上的演说》中第一次提出"解决私人争执的时候,每个人在法律上都是平等"的口号。❹然而,古希腊的平等仍是阶级内的平等,奴隶被排斥在平等的适用范围之外。在资本主义社会,对于平等的追求成为资产阶级破除封建社会身份特权的必然要求,作为第一部资产阶级民法典的《法国民法典》对平等原则进行了宣示和确认,其中第8条明文规定:"一切法国人均享有民事权利。"平等原则在法律中的确认无疑推动了西方社会的发展,因为只有通过互不隶属、平等的意志表达,才

---

❶ 由于专利许可是标准必要专利权行使的主要方式,为便于行文和表述,后文将采用专利许可对专利权行使进行替换。

❷ [美] E.博登海默.法理学:法律哲学与法律方法[M].邓正来,译.北京:中国政法大学出版社,2004:315.

❸ [美] E.博登海默.法理学:法律哲学与法律方法[M].邓正来,译.北京:中国政法大学出版社,2004:307.

❹ 修昔底德.伯罗奔尼撒战争史(上)[M].谢德风,译.北京:商务印书馆,1985:130.转引自:徐国栋.民法基本原则解释——以诚实信用原则的法理分析为中心[M].北京:中国政法大学出版社,2004:42.

能得出合理的选择，而社会的进步依存于众多合理的选择。在私法关系中，平等原则具体是指公民的民事权利能力一律平等；民事主体在民事法律关系中既享有权利，又依法承担义务；民事主体平等地受到法律保护。❶技术标准化下专利许可所具有的平等含义，在本质上等同于私法平等原则，同时还具有自身的法律品格。

首先，专利许可交易中的平等是指形式上民事主体参与许可交易机会的均等。现代民法秉持的是一种程序或形式意义上的平等观，即只要社会向人们提供了均等的机会就被视为平等。因为人们的天赋、才能、机遇是存在不同的，因此，人们从事民事活动得到的结果存在差异也是正常的，如果不论人的天赋、才能、机遇，通过民事活动产生的结果应是均等的，只会使"优者不能胜，劣者不能汰"，这样无疑就保护了落后，会使天赋、才能、机遇较好者丧失进取心，使社会整体处于一种低水平的平均状态。❷换言之，形式上的平等其实就是机会的平等。具体到技术标准化的专利许可交易中，借助技术标准的强制力，知识财产作为一种重要资源的作用更加彰显，其不仅本身是资本的一种形式，还是其他种类资本的通道，是其他企业家获得新生产所需的有形物控制权的一种必要手段或杠杆。❸因此，平等原则的首要要求和体现在于：具有相应民事行为能力的主体都能享有平等的参与到许可交易中的机会，其正当实施许可行为的法律效力能够受到法律的确认，在许可交易中不会受到歧视，在同等合理的条件之下，不会被专利许可人无故区别对待，甚至将其排斥在专利许可交易之外，只有这样，才能保证市场充分的竞争环境和产出效率。

其次，专利许可交易中的平等还指实质上特定情况下许可交易的等价公平交换。上述形式意义上的平等观，主要关注的是用立法行为来配置和

---

❶ 佟柔. 中国民法学·民法总则［M］. 北京：中国人民公安大学出版社，1990：16.
❷ 徐国栋. 民法基本原则解释——以诚实信用原则的法理分析为中心［M］. 北京：中国政法大学出版社，2004：49.
❸ ［美］熊彼特. 经济发展理论［M］. 孔伟艳，朱攀峰，娄季芳，编译. 北京：北京出版社，2008：166.

分配权利和利益。然而，形式意义的平等观并不能自动排除对社会中弱势群体采取压制性的待遇。对于基本权利的分配和确认仅仅是提供了行使这些权利的形式机会，而非实质机会。在面对形式机会与实质机会的脱节问题时，社会通常是以确保基本需要的平等方式去修补机会的平等。❶ 例如，在技术标准化下的专利许可交易中，实质意义上的平等观在某些情形下会要求专利许可交易人在允诺与对应允诺之间，在履行与对应履行之间达到某种程度的平等。一般而言，专利许可交易中是许可人与被许可人通过行使私人自治权利来确定他们各自履行行为价值的。然而，在专利进入标准成为标准必要专利之后，由于标准必要专利权人拥有了对标准使用人某种意义上市场准入认证的权利，因此，标准必要专利权人（专利许可人）就获得了相较于标准使用人（专利被许可人）绝对的市场优势，二者的市场实力和力量发生失衡，在讨价还价的能力方面存在实质性的不平等，如果任由专利许可人凭借市场优势通过不正当行为，如故意隐瞒专利信息等行为，进行专利劫持，获取垄断利润，不仅会对专利被许可人的利益造成损害，也不利于市场正常竞争秩序的维持，法律在此情况下便不会仅仅满足于形式平等，对不正当行为视若无睹，而会要求许可交易恢复一种合理实质的平等。

二、自由与行为限制的正义

自由这一概念源于西方文化。在古希腊、古罗马时期，当一个男子达到一定的年龄，就会从父权的约束中解放出来，具有独立的人格，可以享有公民的权利，承担公民的义务，就会成为自由民。自由意味着从束缚解放出来。❷ "整个法律和正义的哲学就是以自由观念为核心而建构起来

---

❶ [美] E. 博登海默. 法理学：法律哲学与法律方法 [M]. 邓正来, 译. 北京：中国政法大学出版社, 2004：309.

❷ 张文显. 法理学 [M]. 北京：高等教育出版社, 北京大学出版社, 1999：233.

的。"❶ 对于自由的欲望和渴求是人之所以为人根深蒂固的诉求，因此，自由是作为正义的法律制度必然考虑和顾及的内容。哲学家康德认为："自由乃是每个人据其人性所拥有的一项唯一的和原始的权利。"自由主义的代表人物哈耶克同样宣称："自由不是为了某种更高的政治目的服务的手段，而是最高的政治目的本身。"因为自由不仅鼓励了"自由文明的创造力"，使文化进化、文明进化和经济进化成为可能，同时个人作为社会人理应获得自由发展的权利，掌握自己命运的权利以及自由的选择的尊重。对于哈耶克来说，自由享有独一无二的地位，不仅是许多价值中的一个，而且是使绝大多数其他道德价值的发现成为可能的价值。正因如此哈耶克曾把自由称作最高的价值，将其视为其他价值实现的前提。❷

然而，"人生而自由，但却无往不在枷锁之中"。一个人的自由往往会受到两方面的限制，一方面是决定一个人事实上能做事的现实条件，另一方面是决定一个人可以做事的规范。❸ 法规范在人与人之间的关系上界定了法自由的限度，为每个人分配可能的法律行为的空间。因为正义的利己要素要求每个人从其本性与能力中获取最大的利益；正义的利他要素则要求人们意识到，具有相同要求的他人必然会对行使自由设定限制。这两种要素的结合，就产生了平等自由的法则。斯宾塞将此法则表述为："每个人都有为所欲为的自由，只要他不侵犯任何他人所享有的平等自由。"❹ 因此，没有不负责任的自由。个人责任是对个人自由的矫正。一个为自由提供最大空间的自由社会的存在和维系，必须以负责的成员为前提。个人责任压力的唯一替代选择，也就是更多的国家强制。国家的制裁是一种例外

---

❶ 张文显. 法理学 [M]. 北京：高等教育出版社, 北京大学出版社, 1999：298.

❷ [英] 弗里德里希·奥古斯特·哈耶克. 通往奴役之路 [M]. 王明毅, 等译. 北京：中国社会科学出版社, 1997：99.

❸ [德] 莱因荷德·齐佩利乌斯. 法哲学 [M]. 金振豹, 译. 北京：北京大学出版社, 2013：210.

❹ [美] E. 博登海默. 法理学：法律哲学与法律方法 [M]. 邓正来, 译. 北京：中国政法大学出版社, 2004：102.

情况，如果个人疏忽了自愿履行自己的责任。❶

在技术标准化下，专利许可交易中的自由首先应当体现在交易参与各方自身行为的应然空间。即标准必要专利权人作为私权的权利人可以享有对其专利技术进行占有、使用、处分和收益的自由，未经其允许，其他任何人不得对其自由妨碍或干涉，否则就会承担侵权责任；标准化组织作为标准的制定者依法或按照组织章程的规定对入选标准的技术、标准技术规范的具体内容享有选择和决定的自由，其他任何人不能对标准的制定活动进行干涉；专利被许可人作为标准使用者在获得标准必要专利的许可授权之后则可以按照标准技术规范的内容对标准必要技术享有利用的自由，专利权人对经过合法许可授权的专利技术不得对于被许可人正常的利用进行干涉，否则就须承担违约责任。此外，技术标准化下，专利许可交易中的自由还要求对行为空间进行限制。知识财产权是抑制自由的特权。如果确立特权的目的是实现某一既定目标，那么特权拥有者有义务以不损害特权最初被授予的目的方式行使这种特权。❷ 换句话说，知识财产特权的持有人受限于某些义务，这些义务能够将实现最初设立该特权的目的的可能性最大化。义务作为一种手段的行使存在，旨在促进目的即特权目标的实现。没有这种义务的存在，特权的授予将会造成自我矛盾，而且不设立义务将是非理性的。当标准与专利交会后，标准必要专利许可交易中的专利许可人（专利权人）、专利被许可人（标准使用人）以及标准化组织其实就是利益相互并存的自由人之间的联合。这些自由人结成联合共同推进标准化进程，意味着他们要共同相处，协同行动。但是如果每个人不使自己的自由为所有其他人的自由所限制的话，这些人联合是不可能的，更毋宁谈协同推进标准化的进程。因为如果众多人聚在一起，每个人都会想要尽

---

❶ [德] 格尔哈德·帕普克. 知识、自由与秩序——哈耶克思想论集 [M]. 黄冰源，赵莹，冯兴元，等译. 北京：中国社会科学出版社，2000：139.

❷ [澳] 彼得·德霍斯. 知识财产法哲学 [M]. 周林，译. 北京：商务印书馆，2008：227.

可能多的自由。但人们将所有人的不同意志聚合为一个概念、一个意志，这个意志将所有人的自由总和分成相等份额。其目的就在于所有人先规定于彼此都是自由的，并且每个人的自由都是为所有其他人的自由所限制的。❶ 具体来说，对于技术标准化下的专利许可交易，法律一方面要确认和维护标准必要专利权人、标准化组织以及标准使用人所具有的行使权利、制定和选择标准、利用专利技术的自由，但同时另一方面为了更好地维护和实现自由人联合中每个人的自由，要对以上自由做出一定限制，对于权利滥用行为、违法或违章制定标准的行为以及借实施标准之名行侵犯专利权人合法权利之实的行为进行规制。

三、公平与利益分享的正义

公平，是一种主观的评价，判断公平与否，一般从正义的角度，以人们公认的诸如公正、合理的价值观作为标准。平等为交换关系主体方面的前提条件提供了规则，而公平则为交换关系结果的评判方面提供了规则。❷ 公平与利益存在天然的联系，从某种意义上说，公平是作为利益分配的计量和评价标准而存在。罗尔斯就认为"利益是对理性期望的满足"。理性期望本身是经过复杂的理性思考过程而由生活计划安排决定的。在初始状态中，一个理性的人会需要一个公平的安排，这种公平安排需要尽可能多地提供实现利益所必需的基本利益。人的基本利益就是那些对实现生活计划总体有用的东西。而对于生活的计划需要信息，理性计划的形成取决于计划者所能取得的信息。对于与他们的愿望、目标、目的相联系的世界，能取得的信息越多，他们的计划就能越具体，而个体获得信息越少，他们

---

❶ [德]莱因荷德·齐佩利乌斯. 法哲学 [M]. 金振豹，译. 北京：北京大学出版社，2013：211.

❷ 徐国栋. 民法基本原则解释——以诚实信用原则的法理分析为中心 [M]. 北京：中国政法大学出版社，2004：54.

的计划就将越笼统。❶

在罗尔斯的公平理念中,信息作为基本利益的一种应然是平等分布的。然而,平等分布是假设的,对于信息分配的终极评价标准在于判断信息分配对总体上的社会发展和进步是否有所改善。因此,对于信息控有的差异是被社会所认可的。从激励效果的角度说,实证经济学证明了信息不平等分布的合理性。通过允许一些人控制或拥有信息并且排除其他人对信息的获得,更多对社会有用的信息形式才会被生产出来,人们才能接触到更多有用的信息。专利制度就是差异原则的最好体现。专利制度通过让发明人在有限期限内对有用技术信息垄断控有的方式,激发发明人的积极性,以生产出更多的有用信息,最终促进社会的发展。如在英国历史上,专利制度的一个重要目的是促进被认为是对国家十分重要的贸易或工业的发展。人们从英国专利法早期的发展中可以发现,专利权人有义务使其专利在该领域发挥作用,以便使任何人都能接触到相关的工业知识。❷

技术标准化下的专利许可交易之中同样存在信息的分配。标准化组织是标准技术信息的收集和选择者,通过对信息的收集、甄别、选择和组合以达到特定技术效果或功能的目的。标准必要专利权人是标准技术信息的拥有者,其对标准必要技术信息享有财产权,享有在有限时期内对该信息的占有、使用、收益和处分权能,其通过标准的实施从信息利用许可中获得收益。标准使用人是标准必要信息的利用者,标准使用人要生产出符合标准技术要求的产品就必须对标准技术信息进行利用,由于在部分标准信息上附有财产权利,标准使用人在利用标准技术信息之前需要获得标准必要专利权人的许可授权。标准产品的使用者是标准技术信息的消费者,通过对标准相关产品的购买,满足产品使用者的功能需要。技术标准化下的

---

❶ [美] 约翰·罗尔斯. 正义论 [M]. 何怀宏,何包钢,廖申白,译. 北京:中国社会科学出版社,1988:62.
❷ [澳] 彼得·德霍斯. 知识财产法哲学 [M]. 周林,译. 北京:商务印书馆,2008:230.

专利许可交易是一个多方参与、协同行动的信息分配过程,当以上诸方按照标准化规则加入标准化的互惠合作,自愿接受该制度所给予的好处或利用了它所提供的机会来实现自己的利益时,他就要承担职责来做这个制度的规范所规定的一部分工作,"服从这些限制的人有权要求那些从他们的服从中获利的人们有一类似的服从",如果我们没有尽自己的一份公平职责的话,就不应从其他人的合作中获利,[1] 技术标准化下专利许可交易中的公平职责主要表现为以下三个方面。

首先,标准必要专利权人的财产权利需要得到尊重。标准必要专利权人对于标准技术信息的获得,往往是人力、物力的大量投入而产生的结果。专利制度通过授予对标准技术信息有限期限的"合法垄断"的方式,为权利人收回生产信息的投资成本创造了条件。当专利权进入技术标准后,标准必要专利权人对专利技术所享有的合法权利不会因为进入标准而灭失,权利人仍享有对标准必要专利技术信息的占有、使用、收益、处分的财产权利。专利权人仍可以通过专利许可等方式对标准技术信息进行利用,并获得相应的许可收益。未经权利人的同意,又无法律的规定,对标准必要专利权利的侵犯行为,应被追究侵权责任。

其次,标准使用人的正当利益需要得到保护。标准使用人对于标准技术信息的广泛利用是标准制定和实施的终极目的,如果在专利许可交易中,标准使用人的正当利益因得不到保障而受到损害,无疑会挫伤其利用标准技术信息的积极性,因此对标准使用人正当利益的保护是保证标准化目标实现的必然要求。专利许可交易中,对于标准使用人正当利益的保护要求:一方面,标准使用人信息获取的通道必须畅通。标准必要专利权人在条件合理,无正当理由的情况下,不得对标准使用人拒绝专利许可,排斥标准使用人进入相关市场和参与竞争。另一方面,标准使用人信息获取的对价必须公平。标准必要专利权人不得凭借市场支配地位,通过对标准

---

[1] [美] 约翰·罗尔斯. 正义论 [M]. 何怀宏,何包钢,廖申白,译. 北京:中国社会科学出版社,1988:343.

使用人实施专利劫持、专利敲诈等不正当竞争行为，获取垄断高额利润。

最后，社会公共利益需要得到保障。技术标准化下的专利许可交易所产生的影响不仅涉及标准必要专利权人和标准使用人，还涉及社会公众。特别是涉及与人们健康息息相关的产品如药品、食品质量进行控制和规范技术标准的专利许可交易，此类交易必须受到法律的严格管控。例如，在此类技术标准的制定过程中，如标准必要专利权人对所享有的技术拒绝许可，法律可能会对其专利进行强制许可。此外，在技术标准的实施过程中，标准必要专利权人实施的专利劫持等不正当许可行为，不仅会损害标准使用人的利益，还会相应抬高标准相关产品的销售价格，损害消费者的利益，对于这些权利滥用行为法律同样应当对其进行规制。

第二节 标准必要专利权滥用规制制度的私法基础[*]

传统专利权行使制度主要在"平等自由"的法哲学思想指导之下，依存于近代私法的抽象人格、所有权绝对以及契约自由三大原则而建构。在此理论框架内，专利权人（许可人）与交易对象（被许可人）之间被法律平等对待、一视同仁，权利人的私权为法律视为神圣不可侵，交易双方订立契约的自由任何人不得干涉。然而，随着专利与标准的交会，专利交易双方悬殊的实力差异日益显现，如果继续固守传统专利权行使制度的民法学基础，无疑会对标准必要专利权滥用规制制度的更新和升级形成制度障碍，产生法律实质意义上的不平等和不自由。因此，有必要根据现代私法的具体人格、利益平衡以及契约自由的限制三大原则对专利权行使制度中基础的法律地位、利益分享以及行为限度等内容做出新的阐释，以为标准必要专利权滥用规制制度的完善肃清道路。

---

[*] 该节内容部分摘选自：郑伦幸. 技术标准化下专利许可制度私法基础的困境及其超越[J]. 知识产权，2015（7）.

一、具体人格与权利主体的法律地位

近代民法在天赋人权思想的影响之下，宣誓确立了人格平等，即一切人，不分国籍、年龄、性别、职业，均具有平等的权利能力。换言之，近代民法中的人就是作为被抽象掉了各种能力和财力等抽象的个人而平等存在。抽象人格的确立，意味着消费者、大企业、中小企业等各种具体类型在民法中都被抽象为"人"这一法律人格，所有人不考虑知识、社会、地位及经济方面的力量差异，其背后都是在理性、意思方面强而智的人。❶具而言之，近代民法抽象人格的含义包括：任何自然人因出生而当然平等享有权利能力，作为民事主体，不因身份、性别、地位和其他原因而差别。每一民事主体在民法上受平等规范，不会因为社会出身的差异而获得特权。任何民事主体的合法权利受到侵犯，都能平等地受到法律的保护。具体到财产法上，所有者不论是大企业主还是一般所有人都作为同样的所有者对待；卖主无论是生产大量产品的大企业还是为了生计而出卖物品的小企业，都是同样的。而且在契约中，买方和卖方、出租人和承租人、雇主和雇工之间均作为对等的主体来对待，二者之间的经济实力、社会势力和情报收集能力的差异完全没有被当成问题。在近代民法的抽象人格基础之上，传统专利许可制度中，许可交易双方不论实力大小、地位高低、交易能力强弱都被假设为"强"而"智"的人，被法律所等同视之，平等对待，任何人都不会受到法律的差异化对待。

虽然近现代民法中对于人格的抽象处理对于封建身份社会的瓦解，推动社会从"身份到契约"的发展无疑具有非常重要的历史意义，但是随着社会的发展，抽象人格也产生了令人难以忍受的后果。由于抽象人格是将社会一切人都作为抽象的人平等对待，社会中的人却天赋、能力、机遇等各不相同，在很多法律关系中，造成经济上的强者和弱者的分野，强者对

---

❶ [日] 星野英一. 私法中的人——以财产法为中心 [M]. 王闯，译//梁慧星. 为权利而斗争：梁慧星先生主编之现代世界法学名著. 北京：中国法制出版社，2000：331-332.

于弱者的支配造成人与人之间实质的不平等,这些会反过来动摇民法的基础。❶ 如在垄断和寡头垄断的大企业数量不断增加的情况下,多数人为了生活不得不签订由这些企业单方面决定内容的契约以获得自己生活所需的钱财,取得日常生活所必需的物质和服务。正如拉德布鲁赫所言:"在一切称为无经验、贫困、轻率的场合,专门以狡猾、放任且利己的人为对象而制定的法,只能将与之性质不同的人引向毁灭。"❷ 技术标准化环境下,随着专利与标准发生交会,标准必要专利权人完全可以根据私权的垄断性,借由标准推广和实施对于市场的统治力和强制力,对市场中的生产者和消费者产生锁定效应,因为生产者的产品要进入市场就必须经由标准必要专利权人的认证,通过其专利许可授权。因此,技术标准化下,传统专利许可交易双方相对均势的格局发生改变,标准必要专利权人获得了相对于被许可人绝对的优势,其完全可以凭借市场优势地位所获得较强的议价能力,从事拒绝许可、专利信息不当披露、价格联合、FRAND 许可原则违反、搭售等不正当竞争行为,对许可交易中的另一方利益造成严重的损害。

正是因为近代民法抽象人格的制度预设给社会弱者带来的"痛苦"和"烦恼",现代民法在抽象人格的基础之上,对此又有着"人的再发现及复归"的发展和修正。即在抽象人格之上,法律从抽象的法人格中,分化和提出了所谓的"雇员人格""消费者人格"等具体人格,对于这些弱者,法律会赋予一些特殊的权利,对应的强者会增加一些特殊的社会义务或限制。❸ 至此,平等的法律人格即权利能力者抽象地加以把握的时代,转变为坦率地承认人在各方面的不平等及其结果所产生的某种人享有富者的自由而另一种人遭受穷人、弱者的不自由、根据社会的经济地位以及职业的

---

❶ 梁慧星. 民法总论 [M]. 北京:法律出版社,2001:5.
❷ 转引自:龙为球. 民法总论 [M]. 北京:中国政法大学出版社,2002:56.
❸ 龙卫球. 民法总则 [M]. 北京:中国法制出版社,2002:55-56.

差异把握更加具体的人、对弱者加以保护的时代。❶ 技术标准化下，基于专利许可交易双方存在实质的实力差异，专利许可人相对于被许可人较强的议价能力，为实现交易的实质公平，必须在交易双方法律地位平等基础之上，对二者的法律权利和义务做出相应的调整和修正。即在标准必要专利的许可交易中，在专利许可人身上附加特殊的义务。如在标准制定过程中，必须按照标准制定组织的要求对专利权或者专利申请如实地履行披露义务。在标准实施后，在合理条件之下，不得对被许可人做出拒绝许可、歧视、索取垄断高价等不正当竞争行为。

二、利益衡平与所得利益的法律调控

所有权绝对是自法国民法典就确立的近代民法基础之一。《法国民法典》第544条规定："所有权是对于物完全按个人意愿使用、收益及处分的权利，但法律及法规所禁止使用不在此限。"根据该原则，个人所有财产的所有权为神圣不可侵犯的权利，其行使与否、行使的方法、行使的时期以及行使的后果均由所有权人决定，受到法律的特别尊重和充分保护，其他任何人都不得干涉。然而，随着所有权色彩的"递减"而债权色彩的"递增"，所有权本来职能逐渐淡薄而与其相结合的债权色彩逐渐浓厚，❷近代民法的所有权绝对原则发生了动摇。现代民法认为私有财产制度的实质是将社会的物质信托于个人，目的在于使其利用，而非所有，即法律之所以保护所有权人的财产，是在于期望其充分利用，以发挥物质资源的效能，因此所有权的行使应以社会全体利益为前提，需要兼顾社会全体利益，是故在所有权之上附加权利禁止滥用、诚实信用、时效制度等限制，

---

❶ [日] 星野英一. 私法中的人——以财产法为中心 [M]. 王闯, 译//梁慧星. 为权利而斗争: 梁慧星先生主编之现代世界法学名著. 北京: 中国法制出版社, 2000: 365-367.

❷ [日] 我妻荣. 债权在近代法中的优越地位 [M]. 王书江, 张雷, 译. 北京: 中国大百科全书出版社, 1999: 15.

所有权绝对原则已不复存在，转而发展成为利益衡平原则。❶

所谓利益衡平是指在一定利益格局之下各方利益处在相对均衡的一种状态。法律意义上的利益衡平是"通过法律的权威协调各方面冲突的利益，使相关各方的利益在共存和相容的基础上达到合理的优化状态"。❷ 专利法制度中利益衡平主要处理的是专利技术的垄断和促进发明创造推广应用之间的冲突。从经济学的视角来看，专利法的实质是用专利临时垄断所带来的损失而换取创造发明革新给社会带来的收益。换言之，激励革新和促进新产品与方法的发展应是专利制度期望获得的最重要利益。专利制度的基础在于保证鼓励技术发明的社会利益确实胜过对已经存在的技术进行限制的社会成本。对于专利技术的垄断所产生的对于社会公众接近专利技术、对竞争者使用专利技术的限制不应阻碍专利技术的推广应用，专利法律制度中的利益衡平需要借助专利法中确立的一些限制制度如禁止权利滥用、权利穷竭制度等，此外还需要借助专利法外的竞争法来解决。❸

对于标准必要专利权滥用的规制主要涉及两方面的利益衡平。第一，标准必要专利权人与交易相对方。目前专利标准化战略是公认的超一流企业的知识产权战略。通过将自己拥有财产权利的专利技术纳入标准之中，一旦标准进入实施阶段并成为相关产业的统一标准，凭借标准的市场强制力，企业可以获得大量的专利许可交易机会，最大化地实现其专利权的价值。对于专利许可交易的被许可方而言，通过专利许可交易的技术授权，可以使其产品满足和达到市场的进入门槛要求，产品能够最大限度地被消

---

❶ 有学者将所有权绝对观念的转变称为"所有权社会化"或"私的所有的社会制约"，其大意均为所有权已不仅关涉权利人个人的利益，还涉及第三人以及社会公众的利益。因此应在所有权之上附加义务，所有权的行使或利用需要兼顾社会全体利益，并以实现社会的整体福利为最终依归。本书此处之所以选择利益衡平这一概念，是因为利益既是权利的内容和基础，也是权利所欲实现的目标指向，法律关于所有权观念思想既然有所转变，其最终还是会体现到对内容和目标意义上利益的修正和衡平。参见：郑玉波. 民法总则 [M]. 北京：中国政法大学出版社，2003：17；梁慧星. 民法总论 [M]. 北京：法律出版社，2001：5.

❷ 陶鑫良，袁真富. 知识产权法总论 [M]. 北京：知识产权出版社，2005：17-18.

❸ 冯晓青. 知识产权法的利益衡平理论 [M]. 北京：中国政法大学出版社，2006：432-434.

费者所接受,获得更多的产品销售收益。因此,在技术标准化下的专利许可交易中应保证利益的交换有偿互利,在确保标准必要专利权人作为创造者利益(本权),使其通过权利的行使获得利益,实现专利权价值的同时,还应兼顾被许可人作为使用者的利益(他权),使其能够接触标准技术并进行合理利用。❶ 第二,私人利益与公共利益。专利与标准发生交会后,专利许可交易所产生的影响不仅局限于许可交易双方,还可能是标准所涉及的整个产业。因为一个技术标准所包含的技术规范往往决定了一个产业发展的技术路线,它所形成的技术思想,不但可能包含成千上万项专利技术,还可能影响相关行业,使后来者只得沿着这条技术路线走下去。❷ 如果专利许可交易受阻,可能延缓整个标准实施的进程,对整个产业的发展都将会产生阻滞作用。此外,专利许可交易中,标准必要专利权人利用市场支配地位对于被许可人实施的不正当竞争行为,不仅会损害被许可人的利益,还会对整个市场的正常竞争秩序产生破坏作用。技术标准化下的专利许可交易中,处于公共利益的目标,应对标准必要专利权人的权利进行必要的限制,以保证标准化活动的正常开展以及社会公众对专利技术的合理利用。

三、契约自由限制与行为界限的法律限度

契约自由是指在私法关系中,个人取得权利、负担义务,纯属个人自由意思,国家不得干涉,缔结任何契约,不论内容为何、形式为何,法律都会尊重当事人的意思,予以保护。私法关系中的每个人情况特异、需求各异,因此私法关系具有个殊性和复杂性的特点,面对因人而异的私法关系,除了认同由关系之个人依其意愿自作安排外,其他别无更为恰当的方

---

❶ 吴汉东. 知识产权基本问题研究(总论)[M]. 2 版. 北京:中国人民大学出版社,2009:146.

❷ 王俊秀,刘双桂,齐欧. 新全球主义:中国高科技标准战略研究报告[EB/OL]. [2021-12-15]. http://web.cenet.org.cn/upfile/60596.doc.

法。此外，个人的私法关系内容常常有不为第三人所知的"隐私性"，本质上也排斥外力的介入安排，❶因此，契约自由成为近代私法的基本原则是具有充分合理性的。作为近代民法典典范的《法国民法典》，其第1101条就规定了契约之债，将契约视为："一人或数人对另一人或另数人，承担给付某物。作或不作某事的义务的合意。"通过将契约界定为一种合意，实际宣誓了契约自由。契约自由的确立旨在保障经济活动的运作，不受政府的统治或支配，而是经由个人意思决定所体现的自由竞争。个人自主及自由竞争乃成为规律经济活动的高度有效手段，在市场经济体制下，可以将劳动力与资本导引至能产生最大效益的场所。其他规律手段，尤其是政府的干预，会造成缓慢、昂贵以及低效率的自愿分配和利用。此外，契约自由原则由于建构于19世纪自由主义之上，因此在破除当时封建身份关系及各种法律对个人的束缚，废除法人的特许主义，保障私有财产，维护个人自由与尊严等方面具有十分重大的积极意义。专利许可制度的契约自由主要体现为专利许可交易双方的对于许可契约的订立与否、契约的条款内容、采用形式均取决于专利许可双方当事人的合意，法律对此予以尊重和提供保护，其他人均不得予以干涉。

　　然而，契约自由在现代市场经济作用和功能的有效发挥以人人在社会、经济都处于平等地位作为前提，否则社会地位的较低者以及经济上的弱者，难以避免在契约自由的美名之下，为社会地位的优越者和经济上的强者所压迫。❷例如大企业生产独占的后果，对于商品的价格以及费用支付的方法，都为生产者一方所决定，一般的消费者对于契约内容，并无过问的余地，只有缔约的自由而已，特别是对于人们日常必需的产品，如电、水、医疗服务等，无论生产者或服务提供者科以如何不公平的条款，消费者都必须忍痛接受契约。因此，契约自由在很多情形下成了强者压迫

---

❶ 曾世雄. 民法总则之现在与未来 [M]. 北京：中国政法大学出版社，2001：18.
❷ 郑玉波. 民法总则 [M]. 北京：中国政法大学出版社，2003：18.

弱者的手段，契约自由仅仅徒具虚名而已。❶ 技术标准化下，由于专利许可交易中的标准必要专利权人通过标准的强制力，取得了对于被许可方生产产品市场准入认证的权力，被许可方实际上已经丧失了平等地与许可方讨价还价的能力，特别是在被许可人已经就生产标准相关产品做出先期投资情况之下，无论标准必要专利权人所设定的许可条款是否合理，只有签订契约对于被许可人而言才具有经济合理性，因为转投替代技术会使被许可人投入的先期资金沉没，因此，在技术标准化下的专利许可交易之中，契约自由对于被许可人来说实际名存实亡。

如上所述，鉴于契约自由可能产生之弊害，在契约自由的基础上，对契约自由进行限制的思想由此而生。理论上，对于契约自由的限制路径可从两个方面入手，一是对于人们自私性欲望的遏制，二是对于资源的合理分配。由于自私心是人们内在的心理状态，很难存有有效的遏制方法，因此只能尝试从第二条路径进行限制，而生活资源的分配，如果处理得当则比较易于见效。例如，为防止企业经营者利用经济上的强势地位，压抑劳工报酬，虽然可以通过激发企业经营者的良知来避免，但是如果从企业经营者与劳工间所支配的资源着手，订立最低工资限制规定，效果可能会更好。❷ 对于契约自由限制的内容主要为：缔约自由的限制，学者称为强制其缔结契约，即在特定情况下，法律会强制当事人进行缔约；相对人选择自由的限制，积极方面来说是必须与特定人为相对人缔结契约，消极方面来说，是对于特定相对人不得拒绝缔约；内容决定自由的限制，契约的内容不得违反强行法规以及公序良俗，并且基于情事变迁原则，法官可以变更契约的内容；方式自由的限制，在特定情况之下，契约的成立或生效必须以契约满足法律规定的形式作为前提，如不动产物权的变动必须办理登记，否则不能产生变动之效力。❸

---

❶ 王泽鉴. 民法总则 [M]. 北京：中国政法大学出版社，2001：247.
❷ 曾世雄. 民法总则之现在与未来 [M]. 北京：中国政法大学出版社，2001：20-21.
❸ 郑玉波. 民法债编总论 [M]. 北京：中国政法大学出版社，2004：3-34.

具体到技术标准化下专利许可交易的契约自由限制来说,有两个方面的内容需要注意。首先,契约自由限制的手段或方法。技术标准化下专利许可交易中的契约自由限制手段主要来自民法、专利法以及竞争法。这些限制分别以其立法目的的差异,在限制的方向以及方式上存在显著的差异。民法的限制是一般法律行为以及权利行使的限制,专利法的限制则大多要求专利权人在法律所规定的条件下,必须同意他人实施其权利,或者由主管机关许可他人实施其权利,即在此情况下,专利权人会丧失其一部分契约自由;而至于竞争法的限制则主要是从维护公平的交易秩序出发,对滥用权利的专利权人的行为进行规范。❶ 其次,契约自由限制的内容。技术标准化下专利许可交易中契约自由限制的内容,主要表现为:第一,对于缔结契约自由的限制,当专利权人所拥有的专利技术是标准的必要技术时,特别是当这一专利技术在市场中具有不可替代的唯一性时,如果满足法律规定的条件,标准必要专利权人将丧失拒绝缔约(许可)的自由;第二,相对人选择自由的限制,在标准实施过程中,标准必要专利权人不能因人而异进行许可或者设定不同的许可费标准造成对被许可人的歧视,其对于合理条件缔约请求,不得予以排斥;第三,内容决定自由的限制,即在标准实施过程中,专利许可人不得违背FRAND许可原则,在许可合同中设定垄断高价、搭售等条款内容,否则就会违反竞争法,受到法律的规制。

第三节 标准必要专利权滥用规制制度的经济学基础

技术标准化环境下,标准必要专利许可在传统一对一单向许可模式的基础之上,发展出了专利联合许可(专利池)模式。专利联合许可作为技术标准化下专利许可的主要模式,不仅是技术标准形成过程中消除专利之

---

❶ 谢铭洋. 智慧财产权之基础理论[M]. 台北:翰芦图书出版有限公司,2006:24.

间垄断障碍的重要路径，还是技术标准实施过程中降低标准必要专利使用成本的有效手段。技术标准化下的专利联合许可相对于传统专利许可，无论其模式选择、合作促成还是行为管控都存在坚实的经济学依据和基础。

一、"锌铜双占"与交易模式选择

锌铜双占（the Copper – Zinc Duopoly）理论也被称为"古尔诺假定"，是由古尔诺（Cournot）于1838年基于对经济学中的"外部性"问题研究而形成的理论成果，该理论也是垄断经济学中的重要理论之一。"锌铜双占"理论的名称由来是因该理论将黄铜生产作为理论分析和阐释的事例，而红铜和锌是黄铜制造过程中所必需的两大原料。在该事例中，红铜和锌的供应来源被假设分别为两大垄断供应商所控制，由于黄铜的产量取决于一定比例下的红铜和锌的供应量，因此单纯作为黄铜的生产商是无法事先决定黄铜的生产量和销售价格的。红铜和锌的两大供应商作为黄铜制造的必需原料的提供者，二者之间是相互依存的关系，任何一方对于原料供应量的提高，如果没有对方等量提高原料供应量的协同行为，是不能最终提高黄铜产量从而转化为相应的利润收益。换言之，黄铜生产商与红铜和锌的两大原料供应商三者之间实则是合作共赢的关系，如果三方能够形成原料供给和产品生产的默契，两大原料供应商能够根据市场需求，最大化地提供给黄铜生产商以原料，三者就能实现各自利益的最大化。反之，如果任意一方违反默契，特别是对于原料供应商而言，如拒绝对于黄铜生产商的原料供应，那么将会使得黄铜的生产不能，三者就会无任何利益可言。通过以上事例，"锌铜双占"理论主要阐明的基本原理是："如果两种绝对的垄断相辅相成，因此，其中一种垄断如不借助于另一种垄断就不能善于利用它的产品，也就无法决定成品的价格将定于何处。"❶

技术标准化下专利联合许可的产生可以说是"锌铜双占"理论现代彰

---

❶ 张平，马骁. 标准化与知识产权战略 [M]. 北京：知识产权出版社，2005：131.

显的典型事例。当前，在技术专利化的发展趋势之下，随着专利技术数量的剧增，作为体现技术先进性的技术标准制定来说，对于专利技术已经不能回避。但是由于专利本然的独占性和垄断性，一旦标准进入实施阶段，特别是成为某一产业领域同行的技术规范和门槛时，就意味着标准产品的生产商要生产产品，就必须向标准必要专利权人进行专利许可的申请，在获得其许可授权后，才能合法地进行生产。这就如同"锌铜双占"理论事例一样，事例中的产品生产商就是标准产品的生产商，垄断供应商就是标准必要专利权人，标准产品的生产商要进入标准相关市场，就必须获得标准必要专利技术权人的通行证认证，而处于垄断地位的标准必要专利权人只有与生产商达成默契才能保证各自利益的最大化。

然而，技术标准化下，如果让标准产品生产商逐一地向每一个标准必要专利技术权人进行专利许可授权申请，会产生如下具体问题：第一，产品生产商交易对象信息检索、讨价还价以及合同执行的交易成本会随着必要专利技术权利人数量增加而倍增，从而大幅增加产品生产商的生产成本，阻碍标准产品的生产和使用；第二，由于标准必要专利权人之间的信息不对称，标准必要专利权人之间、标准必要专利权人与产品生产商之间很难形成促成相关方共赢必需的许可"默契"，很容易产生标准必要专利权许可交易中的拒绝许可、专利劫持等不正当竞争行为；第三，根据"锌铜双占"理论可知，专利许可交易中，个别标准必要专利权人许可费提高，不仅不会影响标准产品的产量，带来总体上各方相应利润收益的提升，相反还会产生利益损害的相互反作用效果，由此会降低专利权人创新和改进的回报，从而延缓新技术的创新和商业化。❶

为解决单独专利许可授权所带来的问题，一种由标准必要专利权人组建专利池，相互之间进行专利交叉许可授权，并且以打包且设定统一价格向产品生产商供应原料的方式应运而生。因为专利权人发现，如果多方联

---

❶ Carl Shapiro. Navigating the Patent Thicket：Cross Licenses, Patent Pools and Standard Setting [EB/OL]. [2021-12-15]. http：//levine. sscnet. ucla. edu/archive/refs4122247000000000539. pdf.

合起来，进行标准提供较低的定价，比二者分开独立较高定价的方式，更加符合双方的利益。专利池作为一种专利联合许可的协议安排，其作用主要可以体现为三个方面。首先，专利池可以消除专利实施过程中的授权障碍，将障碍性专利纳入专利池之中可以消除专利之间的许可障碍，促进技术的推广。其次，专利池可以显著降低专利许可中的交易成本。通过专利池的一站式专利打包许可，并且采用统一的许可授权费用标准，可以使标准产品的生产商免去逐一与标准必要专利权人进行冗杂的许可谈判，极大地减少了交易成本。最后，专利池还可以提升专利权人之间的默契，减少专利纠纷。专利池的组建不仅是简单的专利权人之间的交叉许可授权，还意味着相应专利信息公开以及运行协调机制的配套建立，通过这一机制，专利权人之间可以互通有无，建立信息的沟通和联络，一旦发生纠纷可以利用专利池现存的内部机制协商解决。❶

虽然技术标准化下专利联合许可模式具有上述传统单独许可模式不具有的优势，但是专利联合许可相较于单独许可模式也更容易产生诸如拒绝许可、搭售等权利滥用的问题。因为在专利联合许可交易中，通过专利权人之间的联合，一方面会扩张专利权人（许可人）的市场优势，在某些情况下甚至可以使其获得市场支配地位；另一方面会密切许可人之间的沟通和联系，为专利权人之间产生共谋创造条件。专利权人作为理性的经济人，追逐高额的许可利润是其本性，他们往往在联合许可协议中尽可能地扩张合法垄断权的范围，设置各种竞争性条款以谋求将市场优势转化为市场利润，而这样无疑会给被许可人的利益带来损害，也会间接影响消费者的利益，从根本上危害市场秩序的良性发展。❷ 为应对技术标准化下专利联合许可交易中的问题，就必然会凸显专利权行使制度中平衡专利许可人与被许可人利益关系的政策杠杆，限制专利权行为的私法限制制度以及规制垄断行为的反垄断规制制度的价值和意义，利用这些制度的"规制力"

---

❶ 詹映. 专利池管理与诉讼 [M]. 北京：知识产权出版社，2013：3.
❷ 韩其峰. 专利池许可的反垄断法规制 [M]. 北京：中国政法大学出版社，2013：142.

去恢复专利联合许可交易中交易主体之间力量失衡的格局。

二、"重复博弈"与交易合作促成

博弈论（Game Theory）是研究决策主体的行为发生相互作用时的决策以及这种决策的均衡问题。关于博弈论的一个著名例子是囚徒困境，即两名嫌犯共同作案被带到警察局，为了不让他们相互串供，警察对他们进行了隔离讯问，并试图让他们相互怀疑，因为指控他们有罪的证据是不充分的，如果侦查人员仅用这些证据指控犯罪，嫌疑犯仅会被定较小的罪，因此侦查人员希望嫌疑犯中的一人或两人坦白一个较重的罪名。如果其中一个嫌犯坦白，而另一个嫌犯不坦白的话，抵赖的人将会获7年的监禁，作为回报，坦白者会减轻到半年的监禁。如果两个嫌犯都试图坦白的话，则每人均将在监狱度过5年的时间。而如果两人均抵赖的话，两人都只会判罚1年的监禁。❶ 博弈论的研究结果显示，从个人利己角度来看，两人的博弈中，合作是难以维持的。因为如果两个嫌犯之间达成不坦白的协议，但是一旦他们被审问，利己的逻辑会起主导作用，使得他们争相坦白，争取从宽的处理。❷ 然而，在一种情况下的博弈是存在合作可能的，那就是重复博弈（Repeated Game）。

顾名思义，重复博弈是指同样结构的博弈重复多次，其中的每次博弈称为"阶段博弈"。以囚徒困境为例，如果每次判刑不是很重，那么两个囚徒在刑满释放之后再作案，作案之后再判刑，释放之后再作案，如此等等，他们之间进行的就是重复博弈，其中每次作案是一个"阶段博弈"。重复博弈一个最显著的特征在于所有参与人都能够观测到参与方博弈过去的历史（在每一个新的阶段博弈，两个囚徒都知道同伙在过去的每次博弈

---

❶ [美]罗伯特·D. 考特，托马斯·S. 尤伦. 法和经济学[M]. 施少华，姜建强，等译. 上海：上海财经大学出版社，2002：31.
❷ [美]曼昆. 经济学原理（微观经济学分册）[M]. 5版. 梁小民，梁砾，译. 北京：北京大学出版社，2009：373.

中选择了抵赖还是坦白),因此,一个参与人可以使自己在某个阶段博弈的选择依赖于其他参与人过去的行动历史。影响重复博弈最主要的因素是博弈重复的次数,当博弈只进行一次时,每个参与人只关心一次性的支付,但如果博弈重复多次,参与人可能会为了长远利益而牺牲眼前利益从而选择不同的均衡战略。❶ 例如,两个从事炼油的寡头都想达成每人维持生产 300 万吨的垄断协议,但是如果二者的博弈仅仅是一次性的,那么他们之间就没有任何遵守协议的激励。利己使他们每个人都违背协议,选择 400 万吨的占优策略（Dominant Strategy）❷。如果他们每周进行一次同样的博弈,达成最初维持的产量协议的同时,他们还可以约定任何一方如违反协定生产 400 万吨油,那么两个人以后会永远生产 400 万吨油。这种惩罚是容易实施的。这种惩罚可能就是维持合作所必要的。每个人都知道,欺骗只会让自己获得短期利益,长期来说是不利的。因此只要参与者都关心未来的利润,他们就将会放弃违规所带来的一次性好处。

　　对于技术标准化下专利联合许可的潜在参与者而言,实际也面临博弈论中囚徒存在的困境。在一次性博弈或静态博弈之下,作为标准必要专利权人的最优选择是各自进行专利许可,对于每一个被许可人单独议价,但这不是一个纳什均衡,每一个标准必要专利权人都有可能背离技术标准制定的初衷,对被许可人拒绝许可,或者进行专利劫持等不正当竞争行为,这些行为可能会最终导致标准的难以实施。由于技术标准化下的专利许可具有重复博弈的特征,即许可交易博弈是多次的、重复的,并且技术标准化的专利许可参与方会面临以下三方面的威胁或压力。其一,权力机关的强制性要求。在一般情况之下,专利权人是否进入标准之中,应是专利权人权利行使的自由,其他任何人不得干涉。但是如果标准的制定是为了社会公众的健康或公共利益,此时权力机关就可能会凭借强制力将专利权人

---

❶ 张维迎. 博弈论与信息经济学 [M]. 上海:上海三联书店,上海人民出版社,1996:207-209.

❷ 占优策略是指无论其他参与者采取什么策略,它都是一个参与者可以遵循的最好策略。

的专利纳入标准之中组建专利池进行许可授权。其二，反垄断审查或者诉讼威胁。目前大部分的标准化组织都制定有知识产权政策，要求标准必要专利权人做出 FRAND 或 RF 专利许可的承诺，即在合理非歧视或免费许可原则对外进行专利许可。特别是 FRAND 原则已成为美国、欧盟等国家反垄断机构或法院判定与标准相关反不正当竞争行为的标准之一。如果有标准必要专利权人选择进入标准专利池，又违反 FRAND 原则进行专利许可授权的，反垄断机构在进行反垄断审查，或者通过利害被许可人向法院的起诉，对其不正当竞争行为进行规制。其三，替代技术的竞争。当前，在一些技术领域，存在非常激烈的同类相互替代的标准和技术竞争。标准所蕴含的利益空间对于技术的拥有者来说是一个非常大的诱惑。因为标准一旦成为市场通行的技术规范，能迅速地对市场进行锁定，为标准必要专利权人带来高额的利润收益。如果专利权人对于专利技术的定价过高，不进入标准，替代专利技术权利人很可能就会趁机进入，其结果只会导致专利权人丧失潜在的市场利润，使其前期研发投入得不到补偿。❶ 基于以上技术标准化下专利许可交易中存在的重复博弈所带来的威胁或压力，标准许可的交易参与者一般会战略性地考虑长期的利益，从而选择进行相互合作，进入专利许可交易之中。

三、"交易费用" 与交易行为管控

科斯教授认为："为了进行交易，有必要去发现谁希望进行交易，有必要告诉人们交易的愿望和方式，以及通过讨价还价的谈判缔结合约，督促合约条款的严格履行等。"❷ 因此，从一般意义来说，在交易过程中存在三种类型的费用。第一，搜寻和信息费用。在市场交易中，首先要找寻愿意与之交易的对象。在搜寻交易对象的过程中不可避免会产生一些利用商业途径如广告、展览会等的费用支出以及与交易对象之间的沟通支出。第

---

❶ 詹映. 专利池管理与诉讼 [M]. 北京: 知识产权出版社, 2013: 40 - 42.
❷ R. H. Coase. The Problem of Social Coast [J]. Journal of Law and Economics, 1960 (3): 23.

二，讨价还价费用，即在与签约对象就合约谈判和协商时必须支付的费用。第三，监督和执行费用。在合同履约过程中，对于交货时间、产品质量和数量进行监督和度量，以及因交接交易标的物而产生的费用。❶ 在很多交易中，这些交易费用与交易所产生的盈余并无太大关联，但是在某些交易中，这些交易费用大到可以让整个交易的合作基础彻底瓦解。交易费用的产生主要源于以下三方面的情形。

其一，外部性。市场的交换是自愿的和互惠的。特别是交换双方获得所有的利益并承担所有相应的成本。然而，有时候交换的收益和成本可能不仅被参与交换的双方所承受，而且会溢出给其他经济主体。对于收益的溢出是正外部性，而对于成本的溢出就是负外部性。特别是负外部性会使得个人的自身利益偏离社会效率，因此这一对社会效率的偏离为矫正法律行为创造了空间。其二，信息不对称。交易中的机会主义很大程度上是由于不对称信息产生的结果。不对称信息的产生可能有多种原因。有的是由于交易主体故意说谎或保留信息，其目的是赢得市场优势，有的则是交易主体为了节约联系成本而没有传递信息。在信息不对称交易中，由于卖者对他的产品通常要比买者知道得多，产生"劣币驱逐良币"的结果。例如，由于买家不可能对好车和坏车做出区分，只有卖家知道，于是高质量旧车的卖者有理由将他们的车撤出市场，旧车市场将会消失。在这种情况下，只有卖者采取行动，将有关产品的信息告知潜在的购买者，才会改变市场上的初始不对称的现象。其三，垄断。在完全竞争市场中，存在足够的卖主和买主，任何一位买者所购买的商品数量以及任何一位卖者所销售的商品数量都不足以影响市场价格，每个人都有选择交易对象的自由和空间。但在垄断市场中，由于求大于供，市场中存在的卖家可能仅为少数几个，买者没有其他替代品可供选择，卖者有足够的障碍可以阻止新的进入

---

❶ [美] 埃里克·弗鲁博顿，[德] 鲁道夫·芮切特. 新制度经济学———一个交易费用分析范式 [M]. 姜建强，罗长远，译. 上海：上海三联书店，上海人民出版社，2006：61-62.

者，并使得其退出市场也很困难。❶ 例如，一家炼钢厂为了以较低的成本购买电，将厂址选择在了一家发电厂附近，一旦炼钢厂选址的成本发生，变成沉没成本，电力公司则提高价格，此时炼钢厂由于沉没成本的发生替代选择其他电力公司的电已经丧失了经济合理性。

　　技术标准化下，当专利进入标准后，使得在许可交易中产生交易费用的可能变得更大。首先，交易外部性的空间被拓展。在技术专利化的趋势之下，越来越多的技术附着专利，标准对于专利已不能回避，某些专利技术成为标准实现技术功能或达到技术水平的必须要件，因此，在此情况下，标准的制定必须有赖于标准必要专利权人的许可授权，特别是对于与人们健康或公共利益密切相关的标准制定，如果此时标准必要专利权人拒绝许可，其后果不仅是专利许可交易不能进行，还会让标准制定不能，阻碍标准化的进程。其次，交易双方信息不对称的程度加深。专利技术相关信息的获取是专利许可交易的前提。当专利与标准发生交会，专利权人可能会利用标准的公共产品属性，对专利信息故意在标准制定过程中进行隐藏或者在标准制定后围绕标准技术内容进行突击的专利申请，以达到对专利被许可人进行专利劫持的目的。专利许可交易中交易双方对于专利技术信息不对称的程度加深。最后，交易许可方垄断的可能性加大。标准可以为专利权人创设可观的利益空间，进入标准意味着专利权人可以获得大范围的专利许可交易机会。因此，专利权人有足够的利益驱动将专利纳入标准之中。此外，标准的实施可以为专利权人带来对于市场的锁定效应，特别是当标准成为某一产业的通行标准之后，标准使用人和消费者对于标准必要专利权人产生了依赖。换句话说，凭借标准的统治力和强制力，标准必要专利权人可以获得市场支配地位，利用这一地位，专利权人可以通过拒绝许可、搭售等行为获取垄断利润。

　　针对以上技术标准化下专利许可交易中产生交易费用的问题，政府可

---

❶ [美] 欧内斯特·盖尔霍恩，威廉姆·科瓦契奇，斯蒂芬·卡尔金斯. 反垄断法与经济学[M]. 5版. 任勇，邓志松，尹建平，译. 北京：法律出版社，2009：55－59.

以在有关经济效率观念的引导之下,通过命令与控制政策针对许可交易中的一些行为,进行限制和管控。❶ 具体可以表现为:第一,对于外部性问题,针对标准制定过程中的拒绝许可,可以通过专利法的强制许可制度,强制专利许可交易的进行。第二,对于信息不对称问题,可以建立起专利许可交易双方信息传导和分享的机制。如目前大部分的标准化组织都要求进入标准的技术提案者进行专利信息的披露,对于技术之上的专利权或者专利申请信息对标准化组织进行披露,违反信息披露义务,可能被垄断机构判定为违反垄断法的行为。第三,对于垄断问题,可以通过标准化组织的私人规则创设的知识产权政策以及侵权法、财产法、刑法等法律的现有制度资源,针对技术标准化下专利许可交易中的垄断行为进行规制。

---

❶ [美] 威廉·M. 兰德斯,理查德·A. 波斯纳. 知识产权法的经济结构 [M]. 金海军,译. 北京:北京大学出版社,2005:26.

第四章 标准必要专利权滥用之政策调控杠杆

为应对和解决标准必要专利权滥用问题，国际上各大标准化组织都纷纷制定和出台知识产权政策作为杠杆平衡专利许可交易所涉各方利益，以促进技术标准化下专利许可交易的顺利进行。具体来说，根据马克·莱姆利教授对于目前各大标准化组织知识产权政策的研究显示，知识产权政策的内容主要可以归纳为：知识产权的披露政策、免费授权的共享政策以及合理且无歧视的知识产权授权政策。❶

第一节 技术标准化组织的知识产权政策*

技术标准化组织的知识产权政策作为应对标准化中标准必要专利权滥用问题而出现的私人创制、权利限制以及利益分享规则，在治理组织关系、化解禁令威胁、破除技术锁定方面具有积极的作用和意义，但是由于其政策制定存在的非科学性、适用局限性以及效力软弱性等问题，决定了其在作用的发挥上存在一定的限制。

---

❶ Mark A. Lemley. Intellectual Property Rights and Standard–Setting Organizations [J]. Cal. L. Rev., 2002 (90): 1927.

* 该节部分内容摘引自：郑伦幸. 专利 FRAND 许可原则的理论分析与政策完善 [M] // 苏平. 知识产权论丛（第 2 卷）. 北京：法律出版社，2016.

一、技术标准化组织知识产权政策的性质

区别于正式的法律规则和其他社会规则,技术标准化组织的知识产权政策具有自身特有的属性和特征:从规则的制定主体或来源来看是由私人创制的规则,从规则产生作用的机理来看是权利限制的规则,从规则所要达成的目标来看则是利益分享的规则。

(一) 私人创制规则

根据科斯定律,在交易成本不为零的条件下,制度是降低交易成本的有效机制和手段。制度对于资源的有效配置和利用主要通过两种方式,一是将对于资源的权利赋予生产资源或者加工该资源的主体,以激励该主体生产出更多的资源;二是允许权利的自由变动,激励资源向最能发挥其效用的主体流转。根据以上两种方式,在权利的配置过程中,权利的初始配置是"以物设权",并保证权利的排他性,权利的再分配则允许私人通过合同创制新的权利关系,使资源效益得到最大化的发挥。因此,我们所处的社会并非完全由国家机器或官僚机构控制的社会,而是多元化的规则共同参与发挥规制作用的社会。这些规则除了国家的正式法律约束之外,还可以来自个人自律、私人缔结的合同约束、私人所参与组织的规则约束以及社会传统的习惯法约束。标准化组织制定的知识产权政策就属于私人所参与组织的规则。❶ 哈耶克也较早地发现了法律规则与私立规则的关系,他将二者区别为法律与立法,法律是指社会中自生自发产生的规则,即私立规则,而立法则是指国家制定的法律。哈耶克认为法律先于立法而存在,一种秩序之所以最初是以自生自发的方式形成的,乃是因为个人所遵循的规则并不是可以制定的产物,而是自生自发形成的结果,这与那种通过可以设计出来的立法是不一样的。❷ 对于何种行为适合受到何种规则的

---

❶ Robert Cooter. Normative Failure Theory of Law [J]. Cornell L. Rev., 1997 (82): 950-952.
❷ [英] 哈耶克. 法律、立法与自由(第1卷)[M]. 邓正来,译. 北京:中国大百科全书出版社,2000: 67.

规范的问题，主要看何种规则能够以最低的交易成本实现行为成本与效益的内部化，从而使得制度的激励功能能够得到最大限度的发挥。标准化组织之所以制定知识产权政策，主要是因为专利与标准发生交会后，可能会产生私权绑架标准的现象，所以标准化组织希冀通过与标准化组织会员达成以专利信息披露以及专利许可原则为内容的约束，从而保证标准的顺利制定和推广。可见区别于国家立法的一种"自上而下"集中式规制方式，知识产权政策则是一种"自下而上"私人创制的规则。适用私人创制规则，一则可以通过规模优势形成一揽子标准专利许可，进一步减少单独议价的交易成本，降低标准使用者逐一进行许可的费用；二则可以将法定的权利初始分配中较为模糊的规定具体化，较为迅速地创设出更适宜标准化环境下的解决专利劫持问题的规范，而这是国家立法所无法做到的。

（二）权利限制规则

知识产权政策的作用机理主要通过对专利权的处分权能进行限制，从而授予标准使用人对于标准技术的接触权，以维持标准化组织共同体的存在。知识产权政策的作用机理类似于所有权与无主物之间的"入会权"。日本学者加藤雅信曾经探究过"入会权"的含义，他到尼泊尔的喜马拉雅高山地带发现存在一种在无主地与私有地之间的共同放牧地，在这一共同放牧地中，只有村落成员可以自由使用，而村落成员之外的人不能使用，并且村落成员放牧的时间和地点上是存在限制的。加藤雅信还发现如果不存在来自共同体的限制的话，公共放牧地会出现过度放牧的现象，"由于长年的放牧和砍伐，树木被作为燃料被砍伐，这里已经变成了过度放牧林，剩下的只是一些有害的树木"。❶因此，"入会权"的出现主要是为了确保再生产的循环，避免因过度使用产生土地贫瘠化。共同体的管理，即排除共同体成员以外的人使用，并对共同体成员的使用加以一定的限制。在技术标准化环境下，当专利进入标准之后，由于标准具有的利益空间，

---

❶ ［日］加藤雅信. 所有权的诞生［M］. 郑芙蓉，译. 北京：法律出版社，2011：94.

为专利权人逐利的行为提供了利益驱动，并且在标准锁定效应的作用下，标准必要专利权人非常容易获得市场支配地位。基于此，对于专利权人滥用市场支配地位，通过不正当竞争行为绑架标准，对标准使用人进行专利劫持，从而获取市场垄断利润的行为进行规制，成为标准制定和实施过程中亟须解决的问题。因此，标准化组织通过制定专利信息披露规则以及专利许可规则为主要内容的知识产权政策，对进入标准化组织成员的专利权进行权能上的限制，以一方面能够保证专利权人继续保留财产权，通过专利权的利用而获得收益；另一方面可以保证标准使用人能够对标准技术有一定的接触空间。

（三）利益分享规则

知识产权的本质其实与物权并无本质的区别，旨在分配财产的归属。创造者只不过是参与利益分配的主体之一，只是由于创造者是知识产权的生产者，其对于利益的分享能够起到鼓励创造的作用罢了。鼓励创造并不是知识产权的核心伦理，它的基本功能是分配信息财产利益，创造者、投资者、传播者以及使用者都是参与分配的主体。因此，知识产权规则"应当走下鼓励创造的神坛，步入分配利益的俗境"。❶ 知识产权政策就是对与标准相关的标准化组织、标准必要专利权人、标准使用人以及标准产品消费者等几方利益进行分配和分享的规则。在标准化活动中，由于专利进入标准，使得专利技术许可交易双方相对平衡的局面被打破，标准必要专利权人在标准的强制力以及以禁止令为救济基础的财产权效力作用之下，其议价能力迅速提升，在许可交易谈判中占据绝对优势地位。如果任由标准必要专利权人凭借市场支配地位滥用权利，势必会阻碍标准使用人对于标准技术的正常接触，威胁到标准的正常推广和实施。为了平衡专利进入标准后的失衡利益关系，让标准化进程中各方能够分享标准化的收益，有必要对标准必要专利权进行弱化。所谓权利弱化是指除法律另有规定外，知

---

❶ 李琛. 论知识产权法的体系化 [M]. 北京：北京大学出版社，2005：139–141.

识产权人有权从知识产品的利用中获得相应的利益，任何人未经权利人的同意而擅自对知识产品的商业性目的的使用，知识产权人有权请求其赔偿损失，并且可以要求侵权人以合理的条件签署知识产权许可协议，只有当该侵权行为人无正当理由拒绝以合理条件与权利人签订知识产权时，知识产权人才有权请求侵权人停止侵害行为。❶ 技术标准化组织制定的知识产权政策主要就是对专利权人对权利的处分权能进行限制，从而为标准使用人释放接触标准技术的空间，以保证技术标准能够顺利制定和实施。

二、技术标准化组织知识产权政策的作用

当专利进入标准之后，解决私有产权与公共产品之间的属性冲突和矛盾就成为制定和实施技术标准的关键性工作。因为如果标准必要专利权人依仗专利权作为私权所固有的排他性拒绝或威胁标准使用人，就会阻碍技术标准化进程，标准制定的终极目标就难以达成。知识产权政策正是标准化组织为了治理组织关系、化解禁令威胁和解除技术锁定，以"中和"专利权的排他性与标准的公共性之间矛盾而制定。

（一）治理组织关系

没有任何合同能够全面预知和应对所有可能的法律风险，特别是在多人之间的复杂民事关系之中，通过一对一订立具体和细致条款合同来设立、变更或终止民事关系的成本是十分高昂的，因此，在很多情况下，从交易成本角度衡量，传统一对一的合同模式并不是一种经济的设立和调整民事关系的选择。由于传统合同模式在设立和调整民事关系方面存在的缺陷，一种以组织为框架，通过合同创制私立规则的模式就成了一种替代性选择。在这一模式下，组织可以通过制定对强势一方的财产权权能进行约束，或者将财产权权能的一部分让渡给弱势和重要一方规则的方式，让加入组织的会员受到组织规则的约束，从而避免交易中的投机行为，帮助其

---

❶ 曹新明. 关于权利弱化与利益分享理论之研究——一种新的知识产权理论范式［J］. 中南财经政法大学研究生学报, 2007 (1): 9.

保护其专用性投资，以达到平衡双方利益关系的目的。在技术标准化环境下，标准必要专利权人与标准使用人之间存在缔结许可合同的障碍，并不是由于许可交易参与各方的懒散，而是他们不可能起草一个完美的合同来调整双方的利益关系，因为姑且不论通过合同是否预知和应对未来的商业和法律风险，交易双方无论是在交易信息的掌控，还是在所具备谈判能力上都是不平衡的。因此，标准化组织的参与者需要一个不同于传统合同的预防投机行为规范机制。正因如此，组织订立规则模式应标准化组织治理组织关系的需求而生。在组织订立规则模式的框架下，很多标准化组织制定了包括专利信息披露以及专利公平、合理非歧视许可规则的知识产权政策，这些知识产权政策的实质就是通过对标准必要专利权人的权利进行限制，进而赋予标准使用人以一定的接触权。因为专利权人进行专利劫持或者其他投机行为的基础或来源就在于以禁令救济为基础的强大财产权效力。标准化组织知识产权政策的制定由于让标准化参与各方能够建立起对彼此的信任，因此可产生多方共赢的结果：对于专利权人来说，即使丧失了对于某些标准使用人超过一定比例的专利许可费，但是通过标准的实施，他可以获得更多机会的许可交易费用；对于标准使用人而言，通过对于标准接触权的获得，一方面可以保护标准产品前期的投资，另一方面可以继续对标准进行利用，生产标准相关产品；对于标准化组织来说，可以通过专利许可交易的促进，推动标准推广和实施，实现标准化的终极目的。

（二）化解禁令威胁

专利法制度为专利权人设置的禁令规则可以说是专利融入标准的重大障碍，因为标准公共性和共享性要求只要是想生产标准产品的标准使用者都可以接触到标准技术，而专利权的禁令规则无疑赋予了标准必要专利权人阻隔标准使用人接触标准技术的武器。如何化解禁令规则对标准实施中标准使用人的威胁是所有标准制定组织必须要面对和解决的问题。标准化组织知识产权政策中的公平、合理和非歧视专利许可原则（FRAND）正是为了解决这一问题而生。根据 FRAND 规则的要求，在技术标准中拥有标准必要专利权利要求的专利权人必须给予未来的标准使用人（专利被许可人）以公平、合理、非歧视的专利许可，否则该专利技术就不能被纳入标准之中。FRAND 原则实际上是标准必要专利权人在技术标准制定阶段做出专利许可承诺的方式，对专利权人可能的凭借禁令规则对被许可人进行威胁的行为进行约束。很多研究标准化的经济学家和法学家对于 FRAND 原则的这一作用已有深入探讨，如夏皮罗（Shapiro）教授认为假设一个新技术分别由几个不同的公司拥有，如果每个公司都通过限制一部分自己的权利而建立一个有吸引力的专利一揽子许可，那么就会产生一加一大于二的效果，而 FRAND 原则就是这一权利限制的政策工具。❶ 莱姆利教授则多次强调 FRAND 原则是使专利权人禁令失效的工具，它使专利权人仍享有知识产权，但是要求成员同意按照特定条款许可这些权利，并同时放弃禁令救济。莱姆利教授还认为知识产权拥有者与标准化组织签订 FRAND 协议应被视为授予许可本身，而不是单纯地与标准化组织签订协议。因为默示许可可以减少专利权人的投机行为。专利权人对于标准的使用者是有主张专利权利益驱动的。通过禁令作为工具，专利权人可以获得超出合理许可费标准的费用。而如果专利权人将技术许可给标准化组织，就能够避免这种投机行为。❷ 在 FRAND 原则的作用之下，一方面，可以保证标准使用人通过合理条款接触标准技术的权利，使得标准使用人可以自由协商许可的条款而不必顾及禁令的威胁；另一方面，如果与专利权人的许可交易谈判失败，标准使用人还可以依据知识产权政策向法院寻求针对合理许可费方面的救济。

（三）解除技术锁定

标准进入实施阶段后会对标准使用人和消费者产生技术锁定的效应，

---

❶ Carl Shapiro. Navigating the Patent Thicket：Cross Licenses，Patent Pools and Standard Setting [EB/OL]. [2021-12-15]. http：// levine. sscnet. ucla. edu/archive/refs4122247000000000539. pdf.

❷ Mark A. Lemley. Intellectual Property Rights and Standard-Setting Organizations [J]. Cal. L. Rev.，2002（90）：1925.

特别是当专利进入标准之后,标准必要专利权人可以将私有产权的控制力附加到标准之上,更进一步加剧标准的技术锁定效应,因为但凡需要使用标准的主体都需要向标准必要专利权人申请并获得专利许可授权,否则就有被提起专利侵权诉讼的风险。为缓解专利进入技术标准后的这一技术锁定效应,首先,标准化组织通过专利信息披露制度,对进入标准的必要技术进行严格的挑选和筛查,在条件允许的情况下,标准化组织往往会选择将无专利的技术纳入标准之中,只有在无选择的情况之下才会采用专利技术,以尽量减弱因专利进入标准而带来的加深技术锁定的影响。其次,标准化组织还通过 FRAND 许可原则,使标准使用人在标准实施阶段对于标准必要专利的接触使用成为可能。根据 FRAND 许可原则,标准使用人可以以合理的许可费为对价换取不可变更的使用标准必要专利技术的权利。尽管各个标准化组织的 FRAND 原则或多或少都存在语言模糊的缺陷,但是它仍能起到某种程度解除技术锁定的作用。因为对于标准使用人而言,需要长期接触和使用标准必要专利技术,如果通过授予常规许可,由于会让专利权人获得禁令救济,所以专利权人可以随时将被许可人关闭在标准使用的门外,专利被许可人对于专利许可人具有较强的依赖性。在 FRAND 原则之下,标准必要专利权人受到公平、合理和非歧视许可承诺的约束,专利权人的禁令救济受到限制,合理条件之下,标准使用人对于标准必要专利技术正常长期的接触受到保证,标准必要专利权人的技术锁定自然可以得到解除。

三、技术标准化组织知识产权政策的问题

(一)政策制定的非科学性

标准化组织知识产权政策从其制定的科学性来说是存在很大局限的,其非科学性主要体现在以下两个方面。首先,知识产权政策对于很多标准化组织来说是事后规则。为了挑选正确且合理的技术,标准化组织通常由技术专家而非精通法律的专家组成。这也是标准化组织知识产权规则与

"专利池"存在的一个最显著的区别。梳理和明晰各种入池专利的权属关系是"专利池"组建中非常重要的问题之一,因此在"专利池"的构建中往往会考虑和处理各种各样的法律问题,而标准的制定则相反,由于没有法律专家的参与,因此在建立之初不会太多考虑专利权属争议的问题,并且标准化组织通常都是针对某一具体问题制定政策,而不会全面地对标准化过程中的知识产权问题进行梳理和解决,甚至有的标准化组织会照搬照抄现存的与其相类似标准化组织的知识产权政策。其次,知识产权政策的语言存在模糊性。虽然标准化组织要求每一个想要参与标准的成员必须同意一系列的义务,如专利披露义务,公平、合理非歧视许可义务,但是标准化组织的知识产权政策条款为了规避潜在的反垄断责任,会故意让政策的条文尽量模糊。因为如果标准化协议的条款过于具体,如列举专利技术的许可价格要求,有可能就会被反垄断法认定为非法的价格固定条款。如此模糊的政策语言会为政策的适用和执行带来很大的困难。

(二)政策适用的局限性

从法律意义上来说,标准化组织的知识产权政策是标准化组织与标准必要专利权人之间缔结的合同,合同具有的相对性决定了知识产权政策存在适用和约束上的局限性,这一局限性具体体现为两个方面。首先,知识产权政策对于"利害第三人"❶适用不能。利害第三人为了在标准制定的竞争中获胜,往往会进行标准产品生产的先期投入,因此,一旦标准化组织选定标准,利害第三人将面临标准必要专利权人的专利劫持威胁。然而,由于利害第三人不是知识产权政策订立的相对人,其并没有依据知识产权政策起诉标准必要专利权人的法律基础,换句话说,标准化组织的知识产权政策关于专利许可的约定并不能保证适用在每一个人身上,也无法使每一个权利人均同意以合理无歧视的条件进行授权。所以这些政策即便

---

❶ 所谓利害第三人是指参与了标准制定的竞争,但没被选中进入标准的主体,这一主体是独立于标准化组织和标准必要技术拥有人的第三人,且对于标准的实施是具有利益的,因此被称为利害第三人。

有效，利害第三人也存在难以适用的问题。正因如此，利害第三人对于从事专利劫持的标准必要专利权人存在虚弱的专利控诉能力，决定了他们往往在有关专利劫持的诉讼中很难取胜。其次，知识产权政策对于消费者利益也很难保全。即使能够让利害第三人愿意并且参与到与关于专利劫持的诉讼之中，消费者利益也难以在诉讼中保全。因为利害第三人的利益与消费者利益之间是存在脱节的。这一利益脱节的问题主要体现在标准必要专利权人对于标准产品生产商发起的禁令威胁诉讼实践中。所谓禁令威胁是指专利权人威胁生产商将提出侵犯专利权的诉讼，以让生产商支付一笔可观的许可费用。面对标准必要专利权人的禁令威胁，标准产品的生产商通常为了避免卷入专利权诉讼而直接向其支付许可费用，这主要基于以下三个方面的原因：第一，参与到禁令威胁诉讼中的诉讼成本非常高昂。由于生产商需要为专利诉讼支付一大笔的诉讼成本，这一结果往往只会让竞争对手获利，因此生产商没有进入专利权人发动的诉讼中的利益驱动。第二，参与到禁令威胁诉讼中的商业成本非常高昂。如果生产商已经准备制作和销售包含专利技术的商品，潜在的临时禁令将会对其产生摧毁式的打击和影响。由于现实中标准必要专利权人的禁令威胁通常能够见效，标准产品的生产商往往会将因禁令威胁增加的许可费用转嫁到标准产品之上，最终受到损害的无疑是消费者利益。

（三）政策执行的复杂性

制度在只有在可以执行时，才具有法律上的重要性，否则只是道德上的训示。在现实中，标准化组织即使制订了一套很好的知识产权政策，政策的执行也存在非常复杂的问题。首先，现实中，标准化组织的知识产权政策并非总是很清晰和明确地向其成员进行宣贯，因此通常标准化组织的成员在进入标准化组织之前并未对知识产权政策有着清晰的了解。即便标准化组织的成员意识到了知识产权政策，但由于参与标准化组织的可能是技术专家，他们往往对于公司的知识产权并无多大的兴趣，决定了他们在签署披露或许可协议之前并未对其认真阅读，很少咨询过公司的法律顾问以确定是否自己的知识产权被标准覆盖的事实。由此可见，知识产权政策在现实中的执行效率是不可高估的。其次，即使标准制定组织的成员均同意且愿意接受标准制定组织知识产权政策条文内容的约束，但也只有在该政策确实满足法律所要求的形式要件时才具有可执行性。根据契约法基本原理，一份契约的成立必须以具备契约双方的合意意思表示为前提要件，因此一个会员是否能够受到标准化组织知识产权政策的约束，还要看该标准制定组织成员是否曾经同意或曾经签署放弃全部或部分权利的文件。只有签署了放弃或部分放弃权利的文件，才能够使其受到契约法的制约和约束。事实上，在现实中并非所有的标准制定组织都会将其知识产权政策予以书面化的呈现或要求会员签署相关书面文件，有些组织甚至根本没有与会员间的书面合约，有一些只是要求会员填写入会申请表格或缴纳费用而已。如果标准化组织的知识产权政策存在以上问题，其政策的法律效力本身就存在很大的疑问，更毋庸谈政策的执行力问题了。

第二节　专利信息披露政策

所谓专利信息披露政策是指标准化组织成员对其所知的标准必要专利或专利申请信息向标准化组织或社会公众披露的制度。专利信息披露政策是目前大多数标准化组织知识产权政策中的主要内容之一，其政策目标在于通过扩大标准必要专利信息的透明度和知晓度，从而确保标准化进程的顺利推进。专利信息披露政策与标准化下的专利许可密切相关，一则对于专利信息的披露可以缩小专利许可交易双方信息不对称的鸿沟，有利于减少标准专利许可交易中的专利劫持现象；二则专利信息的披露经常与专利许可承诺相联系，有学者将专利信息披露政策视为履行专利许可承诺的"触发器"。因此，专利信息披露政策是目前标准化组织解决专利进入标准产生的专利许可问题，平衡标准化下专利许可交易各方利益关系的重要政策工具。然而，由于各个标准化组织对于专利信息披露政策的规定不一，甚至有些标准化组织在特定条件之下没有规定成员的披露义务，❶ 如 PIC-SIG、Wired for Management 等，因此，对于专利信息披露的作用、专利信息披露的程度以及专利信息披露的时间等关键问题仍需要做系统和全面的探究。

一、专利信息披露的作用

目前，很少有标准化组织会明确地阐述其专利信息披露政策所欲实现的目标，原因是：一方面，标准化组织专利信息披露政策目标具有多元化的特点，并且目标之间往往是相互交织在一起，很难用语言确切阐释目标的内容；另一方面，由于不同目标实现所需支撑的政策内容有时彼此之间是相互冲突的，对于目标的列举容易导致与政策内容的冲突。从各大标准化组织的专利信息披露政策内容来看，专利信息披露主要有以下三个方面的作用。

（一）为标准制定和实施的决策提供依据

理想状态下，标准制定组织应事前确立明晰的专利信息披露政策，要求标准制定的参与方在标准提案审阅完毕前披露与该标准草案相关的专利权信息。通过专利信息披露获得的专利权或申请信息，可以让标准工作组（Work Group）成员合理评估专利技术的价值和使用成本以及可能的许可费用，在此基础之上，标准制定组织才有机会选择避开含有封锁性权利的技术方案，转而采用成本较低的其他替代性方案。❷ 例如，互联网工程任务组（IETF），虽然其知识产权政策允许纳入提交 FRAND 原则承诺的专利技术进入标准，但是该标准化组织的知识产权政策对于非专利技术或者 RF 原则的专利技术有着强烈的偏好。因此，IETF 要求标准技术提案人较早地

---

❶ 标准化组织对于其成员无须披露信息的特定条件主要包括权利人免费授权，或将其权利转让给标准化组织后由会员免费使用。若标准制定组织的会员在标准制定过程中不履行揭露义务，根据禁止反言原则将禁止其实施专利权。

❷ 张平，赵启彬. 冲突与共赢：技术标准中的私权保护 [M]. 北京：北京大学出版社，2011：33.

进行专利信息的披露,以便可以围绕该专利技术进行替代性的研发和设计。此外,专利信息披露对于潜在或实际的标准使用人来说,可以让其知道哪些主体会主张标准必要专利技术权,哪些专利涉及标准必要技术,标准必要专利权人是否会对标准使用人许可以及专利许可的费用构成。总之,专利信息的披露能让潜在的标准使用者合理评估标准必要专利的数量和价值以及使用标准的成本,以最终为标准使用人是否使用标准决策提供依据和参考。

(二) 为专利许可承诺的履行提供铺垫

对于一些标准化组织来说,专利信息披露政策的一大内容包括专利许可的具体条件。如美国电气与电子工程协会(IEEE)在2007年制定的专利政策中,就鼓励其成员披露其未来的专利许可信息。国际贸易协会(VITA)的专利信息披露政策也要求其成员在标准制定过程期间按特定次数披露所有专利的最高专利使用费。对于专利许可条件信息的披露,实际建立了标准使用人对于专利权人在标准实施过程中按照披露条件进行专利许可的信赖关系,因此,如果在标准实施过程中,标准必要专利权人不按照专利许可信息披露的要求进行专利许可,就可能招致不利的法律后果。因此,从以上意义来说,专利信息披露政策可以作为标准必要专利权人许可义务的有效记录,是标准必要专利权人接受FRAND许可承诺的"触发器"。

(三) 为专利劫持现象的防治提供手段

发生专利劫持现象主要是由于在标准制定过程中,专利许可交易双方的信息不对称使标准使用人并未知悉标准中是否包含专利技术,一旦标准使用人采用标准对于标准产品的生产投入资金之后,标准必要专利权人再通过侵权诉讼提起,实施禁令威胁,从而进行专利许可费用的敲诈。通过专利信息披露政策,可以向潜在的标准使用者告知标准中包含哪些专利技术,让他们客观评估专利的范围和价值,以及采用标准可能付出的成本,换言之,专利信息披露有利于解决专利许可人以及被许可人之间信息不对称的问题。此外，即使标准技术的提案人违反专利信息披露的义务，故意隐瞒其专利信息，使得其专利技术被标准纳入，标准使用人或者反垄断机构也可以凭借标准必要专利权人违反专利信息披露义务而追诉违反人的法律责任，给潜在的实施专利劫持行为的人带来威慑。如在 Dell 案中，Dell 公司就是因为专利信息披露承诺的违反，被 FTC 判定标准必要专利权利不能生效，最终使得 Dell 公司对 VL-bus 生产商实施专利劫持的企图没能得逞。

专利信息披露除了在标准化内部产生上述作用外，还对于标准化外部可以产生重要的作用。首先，对于专利审查机构而言，通过披露信息可以扩充专利审查机构关于现有技术的信息存量，方便专利审查人员对于专利的审查。其次，对于竞争监管机构来说，其主要职能在于负责监控标准化进程以避免对竞争的不正当损害行为的发生。当一个可能的反竞争行为引起他们的注意时，他们就会查找相关的专利披露信息库，以专利信息库的信息作为依据，可以判定某一行为是否构成一个不正当竞争行为。最后，对于法院而言，他们同样会依靠披露政策作为建立对于知识产权政策规则信赖的证据。在标准化进程中，披露信息会提供关键的行为标准，以帮助确定行为主体是否受到承诺的限制。

此外，需要注意的是，不同的标准化组织会存在不同的专利信息政策的目标追求。对于相对比较窄的标准来说，标准化工作组只会碰到少数的标准必要专利技术，因此其专利信息披露政策的目标可能只有一个，但如果是范围比较广，技术比较复杂的标准就会涉及成千上万条专利信息的披露问题，因此其专利信息披露政策的目标相应也会多元化。

二、专利信息披露的程度

所谓专利信息披露的程度是指专利信息内容的披露所要达到的状况和水平。专利信息披露程度的合理性取决于专利信息披露内容以及专利信息披露水平是否符合知识产权政策的要求。对于专利信息披露的内容来说，大多数标准制定组织仅要求披露标准涉及的已获授权专利,而有些标准制定组织除要求披露专利权外,还要求披露尚未授权的专利申请,但对于专利申请不要求揭露它具体的信息,因为这些专利申请一般仍处于未公开的保密状态,如果公开将给专利授权带来非常大的法律风险。如国际电信联盟(ITU)就要求成员的所有授权专利和尚未核准的专利申请案都应当披露。还有两个标准制定组织要求披露的专利信息内容在上述两种类别之间,ATM 论坛(ATM Forum)要求其成员揭露已公开的专利申请,但不需要揭露未公开的专利申请,WAP Forum 也只鼓励和建议标准化组织的会员披露包括未公开的专利申请案的内容。此外,专利信息披露的合理程度还取决于专利信息内容披露的水平或状况,而要确定专利信息披露的合理水平,笔者认为应正确区分以下三对概念。

(一)披露不足与披露过度

目前各个标准化组织披露的专利信息中广泛存在披露不足或披露过度的现象。所谓专利信息披露不足是指一些标准必要专利并没有出现在专利信息披露内容之中。专利信息披露不足的产生主要基于以下三个方面的原因。第一,政策效力的局限性。从法律意义来说,知识产权政策是标准化组织与其会员之间签订的合同,合同的相对性决定了知识产权政策一般只能限制标准化组织的会员,除了被确认的第三方可以要求标准必要专利权人披露专利信息外,其效力往往不能及于第三方。因此,专利披露义务的不规则以及局限性导致了现实中专利信息相对于特定主体的披露不足。第二,披露责任问题。如上文所述,披露义务通常以实际参与工作组或提交技术提案以及实际的专利作为前提条件,如果标准化组织的成员没有实际参与到以上具体标准化活动之中就没有披露专利信息的义务,而全球范围内也没有哪一个标准化组织会要求会员对其所有专利进行检索的义务。第三,披露义务取决于个人对于标准"参与者"的理解。有可能很多成员企业拥有相关的标准必要专利权,但由于知识产权政策对于参与者的具体界定原因而导致标准必要专利权人的披露义务不会启动。

披露过度是指专利在最初的信息披露中被列明为必要，最终结果证明其却不是标准的必要专利。披露过度问题存在的一个原因是企业有着非常充分的激励去披露专利，以获得安全的地位。现实中的判例也证实当某个企业在特定环境之下如果被发现故意不披露信息，最后有被禁止商业开发利用没有披露标准必要专利技术的法律风险。故此，很多企业就会产生专利披露得越多越安全的误认；披露过度的原因还有过度披露往往会花较少的时间和成本。简单的披露可以不用付出查验某一个专利是否符合制定标准必要专利的时间以及检索成本。

无论是专利信息的披露不足还是披露过度对于标准使用人来说都会产生不确定的法律效果。如果标准使用人认为存在披露不足，由于他们不能确定标准必要专利技术会产生法律和财务风险，他们就有可能决定不会采用此标准。同样的，如果披露过度，潜在的标准使用人意识到会存在比实际多的标准必要专利需要许可授权，其也许就会望而却步，换言之，过度披露也会阻碍标准的采用。因此，专利信息的披露既不能不足也不能过度。

（二）总括披露与具体披露

根据专利信息内容披露方式的差异，可分为总括披露（Blanket Disclosures）和具体披露（Specific Disclosures）。有的标准化组织通常会让技术的提案者在总括披露与具体披露之间做出选择。还有的标准化组织规定总括披露是在某个条件成就的情况之下被允许，例如IETF的知识产权政策规定只有专利权人同意其专利在FRAND或者RF许可授权的前提下，才能总括披露。ITU知识产权政策则规定只有在最终必要专利不拒绝授予FRAND或RF许可的条件下才能进行。总括披露对于专利许可交易来说既有优点也有缺点，其优点表现在：首先，如果总括披露与许可承诺相配合，这些承诺将会覆盖所有的标准必要专利之上。而如果具体披露与许可承诺相配合，其许可承诺只会覆盖到某个具体的专利之上。其次，总括披露会减少标准必要专利权人披露不足的法律风险。它可以使企业避免招致具体披露所带来的成本风险。特别是对于有着大量专利的企业，进行具体披露意味着一笔高昂的成本开支，而企业往往并不情愿花费这一成本。总括披露的缺点同样明显：第一，由于披露内容的抽象性，使得技术专家很难围绕被披露的专利进行发明创新；第二，虽然总括披露对于专利权人来说成本低廉，但是其他高昂的成本如专利信息的检索成本可能会转嫁给参与标准化活动的其他方，例如潜在的标准使用人、工作组成员以及其他利害关系人；第三，总括披露会使潜在的专利被许可人对于获取标准必要专利信息具体内容受到局限，这一情形下，会提升标准必要专利权人的市场交易实力，特别是议价对象不确定其专利技术是否为必要的情况。因此，总括披露与具体披露各有利弊，应视不同的标准以及不同的情况做不同的选择适用。

（三）旧有信息与更新信息

专利信息并不是一成不变的而是不断变动的。总体来说，涉及标准的专利信息变动可能基于如下原因：（1）最终的标准不再覆盖专利技术；（2）专利申请被驳回或遭到异议或放弃；（3）相关专利过期；（4）专利的范围被限缩或修改，已不再包括标准涵盖技术；（5）新的替代技术产生；（6）专利权的移手。此外，对于那些在各个国家授权的专利情况就更为复杂，因为同族专利在有的国家会被认为是必要的，但是在其他国家就有可能不会被认定。以上所有的情况都会影响被披露专利信息的准确性和有效性，正因如此几个标准化组织的知识产权政策都建议标准必要专利权人更新披露的专利信息。然而，很少有标准化组织的知识产权政策明确规定成员如何以及何时更新信息的操作细则，更不提在这一更新要求之上附加义务。专利披露信息的过时或者不准确会带来非常大的专利许可交易成本。因为对于标准使用人（专利被许可人）来说，会很难发现正确的专利许可方以及准确的专利许可交易标的。标准使用人需要获取这一准确信息需要通过多次与许可方、标准化组织的沟通和联系，这是一笔不小的交易成本。

三、专利信息披露的时间

根据目前大多数标准化组织的专利信息披露政策,标准化组织通常会鼓励专利信息的早期披露。例如,VITA 作为一种总线系统的标准,其标准化组织制定的专利信息披露政策就要求在工作组成立以后,所有工作组成员必须在其成立后的 60 日内,以其所代表的 VITA 成员单位的名义披露一切对该标准提案草案必要的,并且由其拥有、控制或者授权的专利和专利申请。[1] 这种方式对于发展成熟阶段的标准来说无疑是正确的,因为较早的专利信息披露可以更好地实现披露政策可能承载的为标准制定和实施中的决策做参考,为专利许可承诺的履行做铺垫,为专利劫持现象的防治做手段等方面的作用。

然而,早期披露专利信息也不尽然都是优点,如早期披露的专利信息就会存在信息不完全的问题,因为到标准发布的时候专利技术很有可能已经落后,专利申请也许会被驳回。欧洲电信标准协会(ETSI)的现实做法证明了准确信息的作用和价值。ETSI 组织建立有一个知识产权数据更新系统,该系统与欧洲专利局的数据库是相连接的,要求原始技术提交人纠正错误信息。ETSI 组织的各个成员捐助一大笔钱来建立这个更新数据库,因为它们认为信息的透明具有更大的价值。但是没有多少标准化组织会投入如此巨额的经费进行信息升级,正因如此,从目前大多数标准化组织披露专利信息的时间来看,很多专利信息的披露是在最终标准被采纳后很久才进行。显然,这种专利信息披露进行得太晚,以至于无法让标准工作组成员获知信息并做出合理的将替代技术纳入标准的选择。但为什么很多标准化组织的知识产权政策强调及时披露,而其成员这么晚才披露专利信息呢?其中一个重要原因在于大部分的专利信息披露政策并没有明确说明是希望早披露还是晚披露,并且专利信息披露和许可政策之间的关联也是鼓

---

[1] VITA Patent Policy [EB/OL]. [2021-12-15]. http://www.vita.com/Disclosure.

励信息晚披露而不是早披露的。

针对专利信息披露时间选择的两难境地，现存不同的标准化组织之间对于专利信息披露时间存在不同规定。如 ITU、ISO 的专利信息披露政策通常要求尽早披露，因为往往这些标准化组织的标准已经足够成熟，必要专利技术已经基本上能够确定。ANSI 虽然鼓励早期披露，但是并未具体指出早期披露的内容。VITA 则走得更远，其专利信息披露政策准确指出披露的时间以及披露的内容和程序。从标准化组织专利信息披露政策的发展取向来看，作为一种替代性的选择，可以采用一种鼓励早期公开并且附加信息更新义务的做法。通过这一方式，一方面，早期信息公开可以为标准制定提供一定的信息支撑；另一方面，也可以通过更新的信息为潜在的标准使用者提供实施标准的参考和依据。因此这一方式对于标准化组织以及潜在的标准使用人来说都是有利的，正因如此，这一方式也被很多标准化组织所采纳，例如，很多标准化组织的政策规定其成员在每一次工作会议上进行专利通告（Patent Calls），并且要求参与者必须在受到许可义务限制或者披露在先保留的必要专利之间做出选择。特别是在如果专利权人保留了更改 FRAND 许可权利的情况下，披露必要专利必须是被要求的。但在这一模式之下，标准化组织也必须权衡利益的产出与专利权人负担之间的关系，因为，如果对于披露的要求过甚，无疑会打击专利权人参与标准化活动的积极性。

第三节　专利许可原则[*]

目前，国际上各主要的标准化组织专利政策一般都会要求欲进入标准化组织的专利权人通过自愿性声明，选择接受标准化组织规定的专利许可条件和要求，否则将不会将其专利纳入标准之中。标准化组织通常采用的

---

* 该节部分内容摘引自：郑伦幸. 专利 FRAND 许可原则的理论分析与政策完善［M］//苏平. 知识产权论丛（第 2 卷）. 北京：法律出版社，2016.

专利许可原则主要包括专利免费许可以及公平、合理和非歧视许可两项原则，如国际标准化组织（ISO）、国际电工委员会（IEC）采用的是合理非歧视许可原则，国际电信联盟（ITU）、万维网联盟（W3C）采用的是专利免费许可原则，其他的标准化组织也大多使用这两项原则。❶

一、专利"免费"许可原则

专利免费（Royalty-Free，RF）许可是目前被部分标准化组织采用的专利许可原则，RF许可一般可以分为两种模式：一是由全体成员组建专利池进行 RF 许可模式，如 W3C 标准的专利池；二是标准化组织制定出专门政策由成员自愿选择 RF 许可或者 FRAND 许可的模式，如 ITU 标准化组织。

（一）专利 RF 许可的含义

关于专利 RF 许可中免费的含义，在采用 RF 许可原则的标准化组织政策中并无明确和具体的说明。只是在 2003 年召开的 TSB 工作会议中，与会成员对"免费"一词达成了一定的共识，认为：免费并不意味着专利权人放弃了对于专利有关的所有权利，只是在许可协议中，专利权人不再要求货币补偿。因此，在专利 RF 许可的框架下，专利许可人仍有权要求专利被许可人签署一份许可协议，该协议包括一些合理的条款和条件，如管理规程、使用场合、担保条款等。RF 许可原则由于能够给予平等的对于标准接触的机会，且无须向其竞争者支付许可费，因此具有显著的优势。在 RF 许可的框架内，可以能够让没有能力支付 RAND 许可费的小公司也能拥有平等接触业界领导者使用的技术。❷

最典型采用专利 RF 许可原则的标准化组织是 W3C 联盟，该组织于

---

❶ 史少华. 披露与许可——困扰标准化工作的两大难题［J］. 标准与知识产权，2007（1-2）：64.

❷ 张平，赵启彬. 冲突与共赢：技术标准中的私权保护［M］. 北京：北京大学出版社，2011：64-65.

2003年颁布了其专利RF许可原则。W3C联盟采用RF许可原则的主要原因是，意图通过RF许可原则，消除信息产业在该领域成长发展的障碍，促进新一代的标准可以更加快速地普及。W3C的专利RF许可原则内容主要包括：（1）所有参加W3C标准制定工作的成员必须同意，通过免专利许可费的方式许可标准必要专利权，否则其专利权不能被纳入标准；（2）W3C联盟的免专利许可费许可授权政策适用于所有会员以及被邀请的专家，且该授权不因脱离W3C联盟而无效，将一直持续到专利权失效为止；（3）专利技术的信息披露义务对所有W3C成员都有约束力，包括公开以及未公开的申请案均需要在一定条件下披露，其他任何看过技术草案而知道可能的必要专利信息者也被要求披露相关信息；（4）免专利许可费的许可授权对象，涵盖所有的标准使用者，无论是否为W3C会员，并且授权专利范围及于所有基本专利权范围；（5）发生与W3C专利政策不符的情况，W3C将通过特别程序加以处理。❶

（二）专利RF许可的意义

专利RF许可原则的做法实质是使专利权人免费许可标准必要专利的同时，仍然可以保留专利权。专利权人仍可以凭借其专利权向非将该技术用于实施标准产品者收取许可费收入。专利RF许可的意义主要体现为以下几个方面。

首先，减弱专利权对于标准实施产生的障碍。随着专利权进入标准之中，由于专利权的私权属性不会因为进入标准而灭失甚至是减弱，如果在专利许可交易中，专利权人索取过多的许可费势必会给潜在的标准使用人带来过重的标准使用负担。这一负担会阻碍潜在的标准使用人进入标准组织。而没有一定数量的标准化组织成员参与标准化进程，没有一定数量的标准产品被生产，标准产品在消费者中的使用基础就难以建立，标准的网络效应就不可能在短时间内生成。专利RF许可由于使标准使用人可以免

---

❶ W3C Patent Policy [EB/OL]. [2021-12-15]. http://www.w3c.org/consortium/patent-policy-20030520.html.

费使用标准必要专利技术，无疑可以最大限度地减少潜在标准使用人的标准采用成本，从而促进标准的大范围实施和采用。换言之，如果没有免费许可原则，技术标准化下的专利许可将会威胁市场活力，而这是快速技术发展和标准推广所必需的。W3C 联盟主席理查德·斯托尔曼（Richard Stallman）就曾说："在网络诞生后的十年中，携手共创网络的 W3C 成员已经达成共识，即通过携手致力于制定无须支付专利授权费用即可使用的标准，使得各个会员和整个业界都能得到最大的利益，通过 RF 政策，W3C 成员今后就可以专心致力于最高级的网络技术标准的制定工作。"❶

其次，平衡专利许可交易中的利益关系。如上文所述，一旦标准进入实施阶段，特别是成为某一产业通行的标准，就会给进入标准并拥有标准必要专利技术的大企业对于市场和消费者的控制力，这种控制力能给其带来极大的市场收益。在现实中，由于能够成为标准的必要技术往往是技术质量高，需要耗费大量人力、物力、资金而获得的，因此实力雄厚的大企业相对于小企业来说更有可能获得这一专利权。如果放任大企业通过标准必要专利权向小企业肆意收取许可费，无疑就会损害竞争，因为在专利许可交易中，大企业的获益是建立在小企业的利益损失基础之上的，最后会导致较小的企业不会采用标准。在专利 RF 许可原则下，小企业通过免费获得大企业对于标准必要专利技术的许可，无疑可以平衡标准化下大企业与小企业之间的利益获取。

最后，节约标准化组织的管理成本。由于标准化本然所具有的利益空间，企业都会花费时间和金钱去游说和争取将自己拥有的技术纳入标准之中，进而可以通过标准实施中的专利许可获取收益。但是企业游说的结果是延迟标准制定的时间，昂贵的专利许可费也会阻碍标准的实施进程。RF 许可原则的赞成者认为 RF 许可原则是最佳的标准化组织治理和管理标准化活动的手段和方式，通过 RF 许可原则可以一方面增加标准的使用人数

---

❶ Richard M. Stauman. Free Software, Free Society [EB/OL]. [20222-02-10]. https://www.gnu.org/doc/fsfs3-hardcouer.pdf.

量；另一方面可以减少花费在制定和决定技术上的时间,降低标准的实施成本,让小企业与作为大企业的竞争者实施竞争。但也正是因此,拥有较多专利数量的大企业往往并不愿意选择使用 RF 许可原则。❶

(三) 专利 RF 许可原则的局限

从目前国际上各标准化组织选择专利许可原则的情况来看,选择采用专利 RF 许可原则的标准化组织还是少数,除了 RF 许可原则对于标准化组织适用的特殊要求外,主要还是因为 RF 许可原则具有本身固有的局限性。首先,专利 RF 许可虽然是免费许可并不意味着无条件许可,在 RF 许可中仍需满足一定的条件、遵循一定的义务。通常在免费许可之下,专利权人还会要求专利回授条款、排他性使用等系列条件,有的条件甚至是垄断手段。其次,RF 许可对于专利的进一步改进和创新也存在一定的影响,在 RF 许可的框架之下,由于可以使标准的使用人免费获得专利权人的许可授权,因此会让标准使用人滋生出"搭便车"心理,从而降低创新的积极性。最后,从专利许可人的角度来看,RF 许可会让其失去极大的许可费收益,正因如此现实中很少有专利权人愿意接受 RF 许可原则。W3C 联盟是当今少有的几个坚持将专利技术纳入标准之时要求免费许可的标准化组织之一,但是近年来对专利 RF 许可原则也产生了一定程度的动摇。W3C 联盟承认通信网络和其他包含 FRAND 许可的技术领域融合使它重新审视到底是 RF 还是 FRAND 的许可原则最能实现标准化的利益。W3C 联盟声称技术融合使得网络接纳了通信和消费电子产业,而这些产业原来传统依托于专利许可收益。当新技术出现,越来越多的标准并入专利,如果继续坚守 RF 许可原则,就会产生最小化标准实施障碍与保持专利权人进入标准积极性之间的冲突。

---

❶ Michael J. Schallop. The IPR Paradox: Leveraging Intellectual Property Right to Encourage Interoperability in the Network Computing Age [J]. AIPLA Q. J., 2000 (28): 231.

二、专利"公平、合理、非歧视"许可原则

目前各大标准化组织对专利进入标准的态度是不太一致的。有的标准化组织是有条件地接纳专利，并且当标准被专利权控制时，会重新考虑已通过审核的标准。如 ATM 要求必须有 3/4 会员的同意，才能使得标准中含有私人的专利权。一旦发现有专利权控制标准，可以很容易撤销该标准。还有一些标准化组织虽然不鼓励专利权覆盖标准，但在一些特殊情况下还是会允许的。如 IETF 指出其偏好并非专利技术，ANSI 说明在技术上必要的才是接纳具有专利标准技术的理由。❶ 在以上允许标准中可以有专利的标准制定组织中，一般会要求组织成员执行专利权必须符合特定条件，最普遍的情况是拥有专利权人必须接受公平、合理且非歧视（Fair, Reasonable and Non – Discriminatory，FRAND）的许可原则。

（一）专利 FRAND 许可原则的含义

目前要找寻一个关于专利 FRAND 许可原则统一、严格且准确的定义，是一件十分困难的事情，不同的标准化组织、不同的利益相关方对该原则均有着不同的认识，原因其主要有二：其一，专利 FRAND 许可原则涉及参与标准化活动各方利益，各方利害主体都有着以自己利益为依归的解释专利 FRAND 许可原则的利益动机和诉求，因此，统一专利 FRAND 许可原则的认知缺乏标准化组织内部的协商基础；其二，标准化组织由于顾忌被反垄断法或者反垄断执法机关的追责，在现实中也尽量避免参与到对于合理价格的确定活动之中，因此，专利 FRAND 许可原则的内涵界定也缺乏组织上的外在推动力。虽然存在以上对于形成统一、严格且准确专利 FRAND 许可原则定义的困难，但是通过目前各大标准化组织制定的专利 FRAND 许可原则文本内容以及司法实践中法官关于 FRAND 许可原则的解释，我们仍可以对专利 FRAND 许可原则中"公平、合理"以及"非歧

---

❶ Mark A. Lemley. Intellectual Property Rights and Standard – Setting Organizations [J]. Cal. L. Rev., 2002 (90): 1894.

视"的含义分别作出以下归纳。

1. 公平与合理的含义*

FRAND 许可原则中的公平与合理主要是要求在相同条件和环境之下，专利权人在许可交易中应向被许可人提供合理许可费率的专利许可。然而，对于合理许可费率的厘定是一个非常复杂的问题，因为这一问题涉及如何计算和评判许可费的合理程度，而在现实中合理许可费的确定一般以对标准锁定市场以及消费者之前竞争环境的评估作为基础。在竞争环境之下，公平与合理许可费一方面主要体现为技术相对于最佳替代品的价值，另一方面还应考虑如何确定价格才不会阻碍标准使用者对标准的采用。[1] 关于合理许可费计算，目前也没有一个现成的公式，有的只是关于合理许可费确定较为模糊的指导原则。比如，根据美国大法官的解释[2]，许可费必须依据技术本身的价值以及对于标准终端产品的贡献程度来确定，但这一指导原则对于许可交易双方的谈判以及法律判案中对合理许可费的判定并无多大意义。尽管不确定，但笔者认为公平与合理至少应包含以下两个方面的内容：第一，合理首先意味着专利许可交易中不能存在许可人对于被许可人非正当的优势；第二，合理意味着许可费只能与专利价值相当，即在 FRAND 原则之下，许可人只能获得专利附加到标准产品之上的增加价值。在决定合理许可费构成时，主体需要将标准产品切分为具体的、功能性的部分，以分辨出哪些部分、何种程度使用了专利技术，在此基础之上，再进一步确定合理许可费的标准。

2. 非歧视的含义

从字面含义理解，非歧视的含义主要是要求许可人必须同等对待所有

---

* FRAND 许可原则中"公平"（Fair）与"合理"（Reasonable）两个概念的含义在很多方面是相互重合的，也正因如此很多标准化组织并未将"公平"特别列明，将其称为 RAND（Reasonable and Non‐Discriminatory）许可。

[1] George S. Cary, Paul S. Hayes, Larry C. Work‐Dembowski. Antitrust Implications of Abuse of Standard‐Setting [J]. Geo. Mason L. Rev., 2008 (15): 1251.

[2] Georgia‐Pacific Corp. v. U. S. Plywood Corp., 318F. Supp. 116, 1120 (S. D. N. Y. 1970).

潜在的被许可人,这一"同等对待"在许可交易中体现为提供相同内容的FRAND许可给每一个许可申请人。然而,由于每一个提交给专利权人的申请都存在迥异的背景和需求,因此,要满足这一要求,在现实交易中其实是不太可能的,原因如下。首先,交易对象的差异。作为专利技术许可的对价,拥有雄厚实力的研究院所或大型企业可以将众多高质量、高价值的专利、商业秘密或者其他技术秘密的交叉许可作为条件,而一些中小型企业则没有这样的交换条件,唯有支付专利许可费作为对价,因此,大企业与小企业之间许可交易对价的表现差异决定了现实许可内容和条件的不同。其次,交易时间的差异。由于交易时间的差别,没有理由认为过去的专利许可条款能够与今日的条款完全等同。因为标准化组织在标准实施之初,为推广标准使用的范围,尽可能地将标准产品大量推向市场,通常会减少标准实施初期使用人的许可费用,但是这一许可费用的减少不可能持续,当标准实施成熟之后,标准使用人就不可能获得与初期使用人相同的许可费率,因此,交易时间的不同也决定了许可交易的条款等同是不可能实现的。基于"非歧视"在现实许可交易中实现的可能性,宜将非歧视的含义界定为:在相同条件之下,付出相同对价的专利被许可人应获得专利权人相同的许可条款。换言之,"非歧视"并非意味着许可交易中的许可条款相同或等同,应该允许对不同类型、不同条件的被许可人提供不同的许可条件。例如,DVD pool 标准化组织对于生产播放器和生产磁盘标准的核心专利使用者就允许征收不同的专利许可费。❶

(二) 专利 FRAND 许可原则的作用

FRAND 许可原则是对于专利权人的利益实现与标准化目标达成之间的一种合理平衡。FRAND 许可最大化了将最有效技术纳入标准的可能性,还增加了通过给予每个参与标准主体一定利益,鼓励了标准的扩散,同时还保留了专利权人创新的动力。具体来说,FRAND 许可原则主要有以下几个

---

❶ 马海生. 专利许可的原则——公平、合理、无歧视许可研究[M]. 北京:法律出版社,2010:72.

方面的作用。

1. 吸纳最有效的技术

在"技术专利化"的趋势之下，对于标准化组织来说，制定标准过程中往往面临技术的选择，即要么选择最优的标准技术方案，而这就可能意味着必须以将专利技术纳入标准作为代价，要么选择退而求其次的标准技术方案，则可不涉及专利技术。对于专利权人来说，由于标准必要专利权获得是通过大量人力、物力投入的结果，因此，专利权人必定是不愿意将自己花费大量费用而获得的专利权进行免费许可。在进入标准之前，专利权人一般会对专利进入标准产生的利益得失进行评估，如果标准化组织要求过甚，专利权进入成本过高，专利权人就会丧失进入标准的积极性。专利 FRAND 许可原则的有效实施，可以很好地化解标准化组织与专利权人之间的矛盾和冲突：一方面专利 FRAND 许可原则承认了专利权人通过专利许可获得许可费收益的正当性；另一方面专利 FRAND 许可原则还可以同时确保标准实施后潜在标准使用人对于标准的接触。换言之，专利 FRAND 许可原则既可以保证将最好的技术纳入标准之中，也可以不至于让其进入标准后影响标准的实施和推广，这也是绝大多数标准化组织采用 FRAND 原则的原因。

2. 保障标准各方利益

如果标准没有将最优的技术纳入其技术方案中，标准化活动参与各方都会遭受不同程度的利益损失：对于标准化组织来说，如果因为最佳技术的专利权人不愿意在专利免费（Royalty–Free，RF）许可条款下授权，从而采用较差的标准技术方案，那么标准化组织将会冒着制定出来的标准不被市场接受或认同的风险；对于专利权人而言，如果专利权人不参与以 RF 许可原则为条件的标准，其他的市场参与人也可能会愿意支付许可费以换取对更好技术接触的对价，此标准实施后必然会与专利技术相竞争，划分市场，减少网络效应的产生；对于消费者而言，RF 许可原则的支持者认为如果消费者对于标准产品的消费被迫支付由于专利许可费转嫁产生的额外费用。从短期来看,这也许是对的,但从长远来说,他们有可能就会丧失因采用最佳标准技术而制作产品的福利。❶ 在专利 FRAND 许可原则的政策框架下,对于标准的制定方来说会有更多专利技术可供选择,一旦先进性的标准被市场广泛接纳,"网络效应"(Network Effect)❷ 产生的收益会冲抵 FRAND 许可所支出的许可费,专利权人和消费者等各方的利益也可以因此得以保障。

3. 保留创新的激励

专利技术的研发通常会经历相当的研究努力、高昂的经费投入和大量时间的花费,如果进入标准就意味着专利权获取利益途径受阻,标准化机制中缺少通过专利许可交易回收成本的利益激励,就会导致专利权人丧失参与标准化活动的积极性,造成高成本、高复杂的标准技术研发就很难发生在高水平技术领域的后果。❸ 在专利 FRAND 许可原则政策框架下,专利权人通过标准必要专利的许可交易获得许可收益被得到承认,专利权人不仅可以通过许可交易获取的许可费收益冲抵技术研发的成本投入,而且可以凭借标准对于市场和消费者的强制推行力,从而轻易获得标准产品相关市场的市场支配地位,占据市场竞争的优势地位。换言之,专利 FRAND 许可原则使专利权人有了将其标准纳入标准的竞争激励,而标准的竞争一方面会促进市场中创新,因为通过创新才能在标准竞争中获胜;另一方面还能促使标准化组织采用最佳标准技术方案。

(三)专利 FRAND 许可原则的局限

根据经济学理论,拥有市场支配力量的主体,由于挣脱了市场规律的约束,非常有可能设定比竞争市场更高昂的许可价格。技术标准化下,标

---

❶ Janice M. Mueller. Patenting Industry Standards [J]. J. Marshall L. Rev., 2001(34): 916.

❷ 所谓网络效应是指产品的价值往往取决于使用这一产品的消费者数量。产品消费者的增多会让产品价值得到几何倍速度的增长,这也是网络扩散效应的体现。参见:Janice M. Mueller. Patenting Industry Standards [J]. J. Marshall L. Rev., 2001(34): 900.

❸ Michael J. Schallop. The IPR Paradox: Leveraging Intellectual Property Right to Encourage Interoperability in the Network Computing Age [J]. AIPLA Q. J., 2000(28): 235.

准必要专利权人借助标准的强制力,无疑非常容易具备市场的支配力量,因此,FRAND 许可原则对于平衡专利许可交易双方利益关系,保障标准实施的顺利进行均具有非常重大的意义。然而,在现实中,通过各大标准化组织制定政策来看,目前专利 FRAND 许可原则存在以下几个方面的问题。

(1) 专利 FRAND 许可原则内涵意蕴的模糊不清。如上文所述,由于标准化组织内部缺乏协商基础,标准化组织本身又害怕被控价格固定或者其他违反反垄断法等原因,❶ 目前各个标准化组织的专利许可政策中虽然有关于专利 FRAND 许可原则的规定,但是对于合理和歧视的含义均无具体、明确的说明和要求。如国际贸易协会(VMEbus,VITA)标准化组织制定的专利许可政策规定了所有成员必须履行公平、合理、非歧视原则承诺,即成员必须同意通过公平、合理与非歧视的授权条款把所有必要专利授权给所有标准实施方,而关于何为公平、合理以及非歧视并无具体说明。❷ 我国的数字视音频编解码技术标准(AVS)虽然也采用了 RAND 许可原则,要求专利权人事先做出合理非歧视许可承诺,但是其专利许可政策中也没有说明什么是合理和无歧视许可,并还明确规定不允许在标准制定中商议具体的许可条款内容,也不对当事人之间订立的具体许可条款是否符合合理、无歧视做出认定。❸ 专利 FRAND 许可内容和要求的不明确会产生比较严重的问题:首先,专利 FRAND 许可内容的不明确会将确定合理非歧视义务的任务留给法院,法院被推向了舞台中心,而法官和陪审团并不擅长评估专利发明的价值和价格,即便是在极其简单案件中对于一个专利价值的确定。特别是在标准化环境下,一个专利价值的确定通常需要以成百上千个其他必要专利权的确定作为参考,法院对于专利价值的确认困难问题更为凸显。如果各方主体对于合理或非歧视存在争议,法官或陪

---

❶ Michael G. Cowie, Joseph P. Lavelle. Patents Covering Industry Standards: the Risks to Enforceability Due to Conduct Before Standard – Setting Organizations [J]. AIPLA Q. J., 2002 (30): 101.
❷ VITA Patent Policy [EB/OL]. [2021 – 12 – 15]. http://www.vita.com/Disclosure.
❸ 数字音视频编解码技术标准工作组知识产权政策 [EB/OL]. [2021 – 12 – 15]. http://www.avs.org.cn/avsdoc/FileforMember/zhishichanquan.doc.

审团只能通过现有证据做出评判。即使各方主体最终认可了什么是合理，他们对于合理的理解也不可避免地受到他们对于法院预期的影响。❶ 其次，如果专利 FRAND 许可的义务要求不明确，一方面，专利权人可以无约束地将自己的专利技术纳入标准之中，以至于在标准制定过程中会使工作组成员不能通过合理的成本收益分析选择最优的技术方案；另一方面，专利权人仍可能利用标准必要专利技术对标准使用人进行专利劫持，阻碍标准的实施。

（2）专利 FRAND 许可原则对于"利害第三人"的适用不能。利害第三人为了在标准制定的竞争中获胜，往往会进行标准产品生产的先期投入，因此，一旦标准化组织选定标准，利害第三人将面临标准必要专利权人的专利劫持威胁。然而，由于利害第三人可能不是专利 FRAND 许可原则订立的相对人，其并没有依据专利 FRAND 许可原则起诉标准必要专利权人的法律基础，换句话说，标准化组织制定的专利 FRAND 许可原则并不能保证适用在每一个人身上，也无法使每一个权利人均同意以合理无歧视的条件进行授权。所以，专利 FRAND 许可原则即便有效，利害第三人也存在难以适用的问题。也正因为利害第三人对于从事专利劫持的标准必要技术权人存在虚弱的专利控诉能力，决定了他们往往在有关专利劫持的诉讼中很难取胜。

---

❶ Doug Lichtman. Understanding the RAND Commitment [J]. Hous. L. Rev.，2010（47）：1027.

第五章 标准必要专利权滥用之私法限制制度

标准必要专利权人对于权利的行使依据主要源于专利法授予专利权人对专利技术在有限期限的排他独占使用，专利法制度在授予专利权人权利的同时也设置对于权利人的限制制度，因此，对于标准必要专利权滥用问题的处理首先可以回归到权利的制度来源即专利法之中找寻制度限制的依据。此外，技术标准化下的标准必要专利权人进入标准化组织以及对于财产权利的让渡一般都是以合同作为形式。因此，还可以通过现有的合同法体系对标准必要专利权人的行为进行规范。

第一节 标准必要专利权滥用的民法限制制度

标准化组织订立的知识产权规则（Bylaws）可以视为标准化组织与参与标准制定活动的标准必要专利权人之间订立的合同。如果标准必要专利权人有违反专利信息披露或者合理且非歧视许可承诺的行为，合同法中现存的显失公平原则，禁止反言抗辩以及默示许可制度都可以为技术标准化下专利权人的权利滥用行为提供行为限制的制度资源。虽然合同法的限制方式在救济对象的相对性、损害赔偿的有限性方面存在一定的局限，但是不得不说合同法的制度资源仍是解决标准必要专利权滥用问题的重要路径选择，也是构筑应对标准必要专利权滥用问题的体系化解决方案的重要组成部分。

一、显失公平原则

"合同是市场条件下资源配置的重要方式",合同的保障实施是契约自由原则的体现,在契约自由原则之下,契约双方缔结任何契约,不论其内容如何、方式如何,法律概须保护。❶ 但是如果契约一方利用另一方不利的市场地位或经验的欠缺,明显损及其利益,即显失公平,在此情况之下,如果还固守契约自由原则,不对此契约作任何干涉,势必有损于法律的正义价值,因此,在此种情况下,适当平衡契约双方的利益关系,对契约自由原则作一定的限制,允许利益受损方撤销合同或解除合同,从而保证合同正义,是显失公平作为合同法基本原则的理据所在。❷

显失公平最早的雏形是《法国民法典》中的"合同损害原则",所谓合同损害意指当合同双方当事人获得的利益严重不对等时,而对另一方当事人利益所造成的损害。❸ 由此可见,合同损害是与显失公平含义基本相同的。在《法国民法典》起草之初,立法者对于"合同损害"的规定就有着非常大的争议,因为18~19世纪是契约自由主义大行其道的年代,而合同损害无疑是对契约自由的极大限制和破坏,经过激烈的讨论,直到拿破仑的最后裁定才将合同损害作为原则纳入《法国民法典》之中。根据《法国民法典》第1674条规定:"出卖人因低价所受损失超过不动产价金的7/12时,可主张交易无效。"《法国民法典》虽然规定了"合同损害原则",但是其受到严格的限制,如《法国民法典》第1118条规定,合同损害仅对某些合同或者某些人才可构成合同无效,该条所指的某些人主要是未成年人,某些合同是指不动产的分割以及出售。20世纪后期,当经济自由主义逐渐衰落后,"合同损害原则"有着适用范围扩大的趋向,主要表现为两种情况。第一,合同损害原则适用主体得到扩展。除了未成年人外,在监

---

❶ 郑玉波. 民法总则 [M]. 北京:中国政法大学出版社,2003:16.
❷ 彭真明,葛同山. 论合同显失公平原则 [J]. 法学评论,1999 (1):62.
❸ 尹田. 法国现代合同法 [M]. 北京:法律出版社,1995:104.

护中实施行为的成年人与在财产管理中实施行为的成年人均可成为合同损害原则的适用主体。第二，合同损害原则适用合同类型得到扩展。除不动产分割或出售外，具备特定条件下的海难救助合同、转让文学作品利用权合同、肥料种子买卖合同也有了合同损害原则的适用空间。❶

  显失公平在制定法中成为一项独立原则是在《德国民法典》。《德国民法典》的制定时期是资本主义已经从自由竞争到垄断过渡的阶段，契约自由原则已经充分暴露出其弊端，对契约自由原则进行合理的限制已经在社会中达成共识。《德国民法典》第138条明确规定："合同的受益方明知合同另一方的不利地位而加以利用，从而使自己受益，或者他人轻率的不考虑，合同的另一方只是在强制的情况下才接受了不合理的合同"或者"受益方由于疏忽大意而没有考虑到，合同另一方由于缺乏对合同的判断能力，或者由于特别的弱智而签订了合同，该法律行为无效"。❷ 由此可见，《德国民法典》中的显示公平明显区别于《法国民法典》中的"合同损害"，其适用于一切合同类型，并且显失公平之给付法律行为本身并不会违反善良风俗而无效，❸ 只有在法律行为还具备以下条件之后，才会因违反善良风俗而产生法律行为无效的后果：第一，双方当事人所协商的给付和对待给付"明显不成比例"。在此需要考虑到合同涉及的物品价格是以合同签订时和合同签订地常见的价格规定的，这里仍然要考虑到，物品出卖人是否提前考虑到他在这情况下可能遇到的法律风险，或者这是否涉及一个投机行为以及其他。关于特别不成比例可以这样理解，即这个不合理关系如此不可接受，使他明显超出了根据所有情况做出的有关这一行为的界限。第二，接受显失公平条款要么出于受强制的地位，要么是缺乏经验，或者缺乏判断力，或者意志薄弱。受强制的地位不仅限于经济上的困

---

  ❶ 尹田. 法国现代合同法 [M]. 北京：法律出版社，1995：107.
  ❷ [德] 卡尔·拉伦茨. 德国民法通论（下册）[M]. 北京：法律出版社，2003：608－609.
  ❸ 关于显失公平的给付与对待给付法律行为并不是无效的观点，是"二战"后德国学术界和德国联邦最高法院的共识，参见：邵建东. 论可撤销之法律行为——中德民法比较研究 [J]. 法律科学，1994（5）：53.

难,而且包括每一种真正的困境,这些困境使接受显失公平条款者必须接受上述行为,并把它作为两害相权取其轻的解决办法。第三,显失公平的获益方应有对合同另一方的强制地位以及对缺乏经验、缺乏判断能力或者意志薄弱的利用行为。利用是一方当事人有意识地利用合同另一方的上述情况,换言之,显失公平是一方当事人故意为之或追求的效果。❶

美国法中的显失公平原则主要从其衡平法中演变而来。因为衡平法院并不像普通法法院那样在监督交易的实质公平上态度消极。虽然仅仅对价不充分不能成为衡平法提供救济的理由,但是当一个不公平的程度达到了令法院所持的道德信念受到震动程度时,该合同就不会得到衡平法的执行。❷ 衡平法中的显失公平理论得到《美国统一商法典》的确认。根据《美国统一商法典》第2—302条:"如果法院发现,作为一个法律问题,一个合同或者合同中的任何条款在合同订立时显失公平,那么法院可以拒绝强制执行该合同,或者可以仅仅强制执行除去了显失公平之条款的其余合同条款,或者可以为了避免显失公平之结果的发生而限制显失公平条款的适用范围。"❸ 在美国的司法实践之中,通常将显失公平划分为实质意义上的显失公平和程序意义上的显失公平。如在 Williams v. Walker – Thomas Furniture 案中法院认为:"显失公平的要件包括,一方当事人无法做出有意义的选择,并且合同条款对另一方当事人过分有利。"❹ 关于"无法做出有意义的选择"以及"过分有利",通常被认为,前者为"程序上的显失公平",后者为"实质上的显失公平"。程序意义上的显失公平对显失公平的认定具有非常重要的意义。程序意义上的显失公平被认为是一个非常宽泛的概念,不仅可以包括使用不正当的谈判手段以及使用极小号字体和费解的语言,而且包括不理解合同内容以及谈判能力不平等。美国法院在适

---

❶ [德] 卡尔·拉伦茨. 德国民法通论(下册)[M]. 北京:法律出版社,2003:622-624.
❷ [美] E. 艾伦·范斯沃恩. 美国合同法[M]. 葛云松,丁春艳,译. 北京:中国政法大学出版社,2004:302.
❸ Uniform Commercial Code [EB/OL]. [2022-02-10]. https://www.law.cornell.edu/ucc/1.
❹ Williams v. Walker – Thomas Furniture Co., 350 F. 2d 445, 449-50 (D. C. Cir. 1965).

用显失公平规则时是非常谨慎的，表现为三个方面。首先，适用主体的限制。从显失公平的适用主体来看，大多数成功援用显失公平规则的当事人是消费者，因为法院一般来说不会轻易适用显失公平原则来保护商人和类似的专业人员。但并非百分百如此。比如这一规则曾经被加油站经营者以及其他特许经营权人所援用。在 Johnson v. Mobil Oil 案中，法院认为一个经销商，特别当他已经经营了加油站多年并且建立起自己的业务和常客时，当租赁和经销协议需要续展时，负担不起与石油公司发生冲突的代价，他会毫不迟疑地在合同上签字。❶ 其次，适用范围的限制。仅存在实体意义上的显失公平是不够的。具体体现为显失公平对于价格条款很少适用，因为价格条款比较特别，当事人很少能够说明价格条款出乎意料，并且一般来说价格条款都是可以协商的。此外法院对价格条款是否公平进行判断并不是一件容易的事情。只有在法院认为当事人必须快速签订合同，且双方的谈判能力很少能够平等，并且法院对社会财富分配的不平等问题并没有很好的处理能力的情况下才会对显失公平原则予以适用。因此，大部分的显失公平案件涉及的是程序性和实体性显失公平的结合，并且得到普遍赞同的是，如果其中之一很严重，那么另一个的要求程度可以轻一些。最后，救济手段的限制。对于显失公平的救济，法院往往不愿意基于显失公平而判决损害赔偿。由于对显失公平的救济被确定为拒绝提供法律救济而非撤销合同，因此也无关于原告必须返还其受领之物的要求。

在技术标准化环境下，由于专利与标准结合，专利许可交易中交易双方的相对均衡态势得以改变，标准必要专利权人（专利许可人）拥有了相对于被许可人更高的议价能力。如果还一味固守契约自由原则，放任专利许可人凭借市场支配地位不正当地损害专利被许可人利益，获取垄断利润，势必与法律正义价值背道而驰，因此有必要对契约自由原则适当地予以限制，对显失公平的专利许可交易进行干涉。从适用显失公平原则的构

---

❶ Johnson v. Mobil Oil Corp., 415 F. Supp. 264 (E. D. Mich. 1976).

成要件来看❶，一些技术标准化下专利许可交易中存在的权利滥用行为是可能构成其要件要求的：(1) 专利许可人与被许可人之间的给付明显不成比例。2004年6月，无锡东强数码科技有限公司受到6C专利联盟和4C专利集团收取高额专利费的影响，上半年，每出口一台DVD机就要分别缴纳约12美元的专利费。而当时美国市场上的DVD零售价仅30~40美元，以无锡东强为代表的国内DVD生产厂商基本无利可图。❷ (2) 明显不成比例的给付是源于专利许可人对被许可人不对等交易地位的利用。技术标准化下，专利许可人借助标准的强制力，获得了许可交易中绝对的议价能力，占据了许可交易中的强势地位，具体而言，一旦当标准成为某个产业中的通行标准，就意味着凡是要进入该产业就必须获得专利权人的许可授权，很多标准必要专利权人正是凭借专利被许可人的这一弱点，实施对于标准使用人的专利劫持，而专利被许可人通常也是顾忌专利侵权诉讼而被迫接受明显不公平的合同条款。如4C专利联盟在对我国DVD企业进行专利联合许可中捆绑了很多不必要的专利，通过美国专利局的审查，飞利浦等专利联盟在与国内企业签订的协议中共有近3000项专利，而在普通DVD里有用的不到10%。❸ 纵览目前世界各国对于技术标准化下专利许可的有关判例，虽然鲜有适用显失公平原则的先例，但是从显失公平原则的设立初衷以及构成要求来看，显失公平原则在技术标准化下的专利许可交易中是存在一定适用空间的。

---

❶ 目前学界关于显失公平原则的构成要件存在"单一要件说"和"双重要件说"的区分。"单一要件说"认为显失公平的构成并不要求主观要件，仅需要满足合同双方的利益失衡即可。参见：崔建远. 合同法 [M]. 北京：法律出版社，2007：109. "双重要件说"则主张显失公平的构成不仅需要客观要件，还需要主观要件即一方利用优势或另一方的轻率或无经验之故意。参见：王利明. 合同法研究（第1卷）[M]. 北京：中国人民大学出版社，2002：697. 笔者比较赞同"双重要件说"，因为显失公平原则的实质是对契约自由原则的一种限制，如果不要求主观要件，只要求客观要件的满足即可适用显失公平原则，进而推翻契约的效力，无疑将不利于市场交易的安全和正常秩序的维护，只会偏离显失公平原则设立的初衷；再则，从世界各国的关于显失公平原则的立法例来看，主观和客观条件的同时成就也是一种立法趋势。

❷ 王先林. 知识产权滥用及其法律规制 [M]. 北京：中国法制出版社，2008：161.

❸ 王先林. 知识产权滥用及其法律规制 [M]. 北京：中国法制出版社，2008：162.

目前我国《民法典》将订立时显失公平的合同归类于可由当事人向法院主张变更或撤销的合同。从目前的立法来看，我国《民法典》对于显失公平的认定更为注重的是结果，即合同双方在权利义务分配上的失衡。我国《民法典》中所强调的显失公平结果类似于美国显失公平制度中的实质意义（对于另一方当事人过分有利）。对于显失公平结果的注重可能会带来司法实践中公权对于私权的过分干预，导致此项制度与市场规律以及竞争的要求相冲突。在市场经济体制下，价格与价值相背离有可能源自人为的外部扭曲，或者价值规律的本然体现，罔顾对于价格与价值偏离原因的考察会导致现实中对于显失公平的泛化。此外，所谓市场竞争就是指市场主体为了自己的经济利益而对市场资源与空间的争夺，通过市场竞争可以带来资源的高效运用。只要市场主体竞争的机会以及地位是平等的，并且在竞争中的行为在法律的框架之内，那么其在竞争中获得的利益就是合法的。由于每个市场主体的条件禀赋不同，因此，在竞争中获得的利益是不可能相同的，优胜劣汰可以说是竞争的必然。❶ 如果将显失公平的认定泛化，只要是交易双方的利益存在显著的失衡就仍被认定为显失公平合同而予以撤销，势必不利于交易的安全，并且还会有损市场经济的基础。因此，有必要结合国外立法经验，从实质意义和程序意义两个方面提高我国显失公平构成的门槛。

二、禁止反言原则

禁止反言原则（Equitable Estoppel Doctrine）是英美法系国家契约法的基本原则之一，其内涵用一句话形容即"My word is my bond"。根据《美国法律整编契约法》第二次汇编的第 90 条第 1 项对禁止反言原则的概括为："允诺人对其允诺所引致允诺相对人或第三人的作为或不作为是合理可预见，且只有履行其允诺才可避免不公平的结果产生时，该允诺具有拘

---

❶ 彭真明，葛同山. 论合同显失公平原则［J］. 法学评论，1999（1）：67.

束力。其违反允诺的救济方式，以达到公平为限。"具体而言，所谓禁止反言是指行为人以其陈述、作为违反义务之不作为、沉默，使相对的另一方相信，依照行为人之陈述、作为或违反义务之不作为、沉默，相对人的行为已被行为人所认可，相当于获得允诺而使相对人产生信赖，此后就不能允许行为人在法院诉讼中对其先前的陈述、作为或违反义务的不作为或沉默表示反悔，即便其可能因此遭受损失或不公平。❶禁止反言原则通常被使用于对侵权诉讼的抗辩之中，即侵权人往往用禁止反言原则对抗权利人提出的侵权指控，一旦被法院认可即可产生阻却权利人提出侵权救济的效果，正因如此，禁止反言原则也被称为禁止反言抗辩。

根据美国成文立法以及司法判例，禁止反言抗辩的成立通常主要考察以下三个方面的因素❷：（1）允诺的存在。构成禁止反言的首要条件是契约一方的作为、不作为或陈述（或者其组合），并因此使得另一方安心行事。对于专利案件，主要是指专利权人通过其误导性行为，使得被指控的侵权人合理地推断出专利权人将不准备对被指控的侵权人提出主张实现其专利权。因此，一般来说，如果原告只是等待，而未从事其他任何行为，则并不存在可以使被告产生合理信赖的对象。但是在某些情况之下，延迟的不作为行为同样能够起到证明禁止反言的作用。如原告强硬主张了其权利或者威胁强制实施其权利，但是接着在很长时间内，专利权人没有任何作为，以至于让被告合理地认为原告认为专利权人已经默认了被告的侵权行为，甚至完全放弃了权利，在此情况下，原告的延迟的不作为行为是可以起到支持禁止反言抗辩效果的。（2）因允诺产生信赖。信赖是禁止反言原则最重要的构成要件。禁止反言原则的关键在于被告因为原告的作为、不作为或陈述等行为产生了合理的信赖，并由此产生损害。要构成禁止反

---

❶ Lon L. Fuller, Melvin Aron Eisenberg. Basic Contract Law: American Casebook Series [M]. 5th Ed. St. Paul: West Academic Publishing, 2013: 26-31.

❷ 抗辩的成立并非完全基于特定要件的成就，而是须以衡平与公平为标准对案件的全部事实和情形进行检验判定。即使在表明所有要件以后，对该抗辩所做的判决仍依赖于法院根据自由裁量权的正当行使。

言的信赖要注意两个方面的内容：首先，被告信赖的产生必须要基于原告的允诺，非经原告作为、不作为或陈述等行为不能构成合理信赖。例如，被告基于自己对于他人专利无效，或行为不构成侵权的判断，进而实施的专利权侵权行为，在此情况之下，就不能构成对专利权人的信赖。其次，被告信赖的产生必须是合理的。被告的信赖必须依据原告允诺而作合理的事实推定，如对于原告侵权行为的主张或者许可的要求，被告不能建立起原告已经放弃权利的信赖。(3) 因信赖导致损害。禁止反言抗辩的损害是指如果罔顾被告因原告而为允诺而产生的信赖，对原告主张的请求给予救济，就会给被告带来损失。因信赖而导致的损害必须是真实的，如果被告在某一特定的不作为期间从事的是非侵权性销售，就不会存在可导致损害的信赖。此外，以禁止反言作为抗辩理由的损害可以是证据上的或者经济上的。在侵权行为有关的范围内，被告业务的增长或者业务即使无增长也一直在持续都可能表明存在有害信赖。❶

在一定条件的成就下，禁止反言抗辩对于标准必要专利权人的专利信息披露不当行为的限制是存在一定适用空间的，❷ 并且，禁止反言抗辩在处理标准必要专利权人对于专利信息披露不当行为方面还具有以下几个方面的优势。(1) 禁止反言抗辩不需要积极的误导表示，在某些具有表达义务的情况之下，即使权利人保持沉默也可以成立误导。对于在标准制定过程中对于拥有的专利保持沉默是否可以直接构成禁止反言原则的允诺行为，学者们对此存在有不同的观点。有学者引据 Stambler v. Diebold 案的判决，认为不用考虑标准化组织的章程对于披露义务的规范要求，单纯地保持沉默就是一个误导他人信赖的不正当行为。❸ 而有学者认为主张禁止反言抗辩之前，应当首先确定一个重要的前提，就是成立一个误导行为之前

---

❶ Martin J. Adelman, Randall R. Rader, John R. Thomas. Cases and Materials on Patent Law [M]. 3rd Edition. New York: A Thomason Reuters Business, 2001: 821.
❷ Janice M. Mueller. Patenting Industry Standards [J]. J. Marshall L. Rev., 2001 (34): 908.
❸ David Alban. Rambus v. Infineon: Patent Disclosures in Standard-setting Organizations [J]. Berkeley Tech. L. J., 2004 (19): 317.

必须要有一个导致第三人误导的基础,也就是一个披露义务的违反行为,即要有一个具体的披露义务为每个参加的会员所理解并且为之承诺,只有这样才能成为禁止反言抗辩成立的基础。❶ 换言之,只有存在标准化组织要求会员针对所属专利披露义务的情况之下,权利人的保持沉默才可以成立误导。(2)禁止反言抗辩不需要误导的故意(Intent to mislead)。专利权人的相关行为已经合理地构成一种干扰,而这一干扰使得专利权人无法执行专利权。因此,专利权人未披露的作为是非故意的或者仅仅是疏忽,而且并非有计划地对标准化组织进行误导的行为在某些情况下同样能构成禁止反言抗辩。(3)禁止反言抗辩是一种完全抗辩。与契约法的其他救济措施不同,禁止反言抗辩由于专利权人违反披露义务的行为,使得标准制定组织的会员以及标准实施者相信在该标准上没有专利问题或将来不会有专利权被主张,一旦抗辩成立就可以让标准使用人免于遭受到侵权赔偿或禁止令等处罚。虽然禁止反言原则在限制专利信息披露不当行为方面具有上述优点,但是禁止反言抗辩适用专利信息披露不当也存在一定的问题,如对于非会员来说,可能无法主张适用禁止反言原则,因为禁止反言原则依据的是被告对专利权人的一种信赖,该信赖发生于被告对权利人声明或有义务表达或沉默的合理推断,以使其使用了权利人潜在的专利技术。虽然在美国存在一些案件将禁止反言抗辩适用到对市场的声明而非仅限于对被控侵权者的声明上,但是对于非会员来说,信赖的证明总的来说仍是非常困难的。因为非会员必须要证明他们已经合理地信赖专利权人的沉默是一种专利权人已经同意不会去执行其专利权的意思表示。一般而言,要以专利权人在市场上的沉默来主张对专利权人的信赖是非常困难的,因为市场上的使用者可能根本不知道有专利权的存在,因此也不可能对专利权人的

---

❶ Robert M. Webb. There is a Better Way: It's Time to Overhaul the Model for Participation in Private Standard-setting [J]. J. Intell. Prop. L., 2004 (12): 181.

沉默产生信赖。[1]

在违反专利信息披露不当行为之上适用禁止反言抗辩的典型案例是 Stambler v. Diebold 案。该案原告莱昂·施坦布勒（Leon Stambler）是一位发明施坦布勒卡验证系统的电子工程师，这个系统可以广泛运用于银行的 ATM 机之上。施坦布勒专利于 1974 年 1 月就被发布。在专利权发布的当月内，原告就写信给该案的被告迪堡（Diebold）公司，询问其是否对获得有原告制造使用在 ATM 机上的专利许可感兴趣。1974 年 8 月，在被告给原告的回信中，被告表明对获得原告专利的许可并无兴趣。直到 1985 年该案提交法庭，被告再无收到任何原告的联系或通告。1985 年 8 月，原告将被告诉至法院，主张被告实施专利侵权行为，并请求法院判令被告赔偿损失以及为防止未来侵权的永久禁令，而被告抗辩称原告在 1974~1985 年均未做出过追究侵权行为的任何举动，相反，在这 11 年间，被告为拓展 ATM 机的生产、研究以及销售，投入了相当巨大的资金，据此被告主张原告是在等待时机，待 ATM 机市场成为 10 亿级的市场规模后再发动专利诉讼，原告的不作为行为已经让其建立了诉争的专利权不会强制执行，并且原告将不予追究专利权侵权责任的信赖。基于此，被告主张禁止反言抗辩来驳回原告的诉请。该案非常关键的一个争议点就在于被告迪堡公司的禁止反言抗辩是否能够成立。对此被告必须证明基于原告的误导行为已经建立起专利权不会得到强制执行的信赖，并且依据原告的误导行为致使被告产生了损害。一般而言，单纯的沉默是不会成为充分的禁止反言抗辩依据的。然而如果存在故意的误导沉默，禁止反言抗辩是可能成立的。在该案中，所有证据表明原告的沉默是一种故意的误导。该案起诉的 10 年前，原告就已经知道 Thrift/MINTS 标准侵犯了其专利权。然后在 20 世纪 70 年代中期，原告在其指称标准侵害其专利权后并且加入美国国家标准委员会（ANSI），在 1975 年原告就相信被告侵害其专利，但是原告并没有起诉被

---

[1] Mark A. Lemley. Intellectual Property Rights and Standard - Setting Organizations [J]. Cal. L. Rev., 2002 (90)：1907.

告，直到 10 年后才提起诉讼。法院认为原告有义务声明，而其保持沉默已肯定是一种误导。当整个产业都开始实施标准时，原告不应保持沉默，然后在整个产业都认为标准是开放性规范后，才主张其专利权。因为原告的沉默能被合理地理解为是原告将会放弃其提起专利诉讼的权利。因此最终法院驳回了原告赔偿损失以及永久禁令的诉请。❶ 虽然有人批评 Stambler 案的法院适用沉默要件于禁止反言抗辩中过于草率，但是该案确实使得专利权人如果违反标准制定组织的明示义务，可能导致其在后续要执行其专利权时，招致侵权人禁止反言的抗辩。

从我国目前的立法来看，虽然没有类似于普通法国家将禁止反言原则明确规定为法律的基本原则，但实际上在我国的立法中有着与禁止反言原则相同法律效果的立法，如《民法典》第 7 条关于诚实信用基本原则的规定，虽然适用方式上与禁止反言原则有所差异，但是都是作为平衡民事主体在民事活动中利益的工具，在保持当事人之间以及当事人与社会的利益关系稳定和谐方面均有着重要的作用；❷ 《民法典》第 490 条、❸ 第 500 条、❹ 第 658 条❺之规定其实也是为诚实信用原则在合同法中的适用提供了空间，并且在赠与合同中还予以了明确；在《最高人民法院关于审理侵犯专利权纠纷案件应用法律若干问题的解释》第 6 条❻还直接将禁止反言原则❼适用到了专利权的申请、授权以及无效宣告程序，将专利权申请、

---

❶ Leon Stambler v. Diebold, Inc., 1988 WL 95479 (U. S. P. Q. 2d 1709).

❷ 徐国栋. 民法基本原则解释——以诚实信用原则的法理分析为中心 [M]. 北京：中国政法大学出版社，2004：72.

❸ 《民法典》第 490 条第 2 款规定："法律、行政法规规定或者当事人约定合同应当采用书面形式订立，当事人未采用书面形式但是一方已经履行主要义务，对方接受时，该合同成立。"

❹ 《民法典》第 500 条第 2 款规定："当事人在订立合同过程中有下列情形之一，造成对方损失的，应当承担赔偿责任：（二）故意隐瞒与订立合同有关的重要事实或者提供虚假情况；……"

❺ 《民法典》第 658 条第 1 款规定："赠与人在赠与财产的权利转移之前可以撤销赠与。"

❻ 《最高人民法院关于审理侵犯专利权纠纷案件应用法律若干问题的解释》第 6 条规定："专利申请人、专利权人在专利授权或者无效宣告程序中，通过对权利要求、说明书的修改或者意见陈述而放弃的技术方案，权利人在侵犯专利权纠纷案件中又将其纳入专利权保护范围的，人民法院不予支持。"

❼ 我国将普通法国家的禁止反言原则翻译为禁止反悔原则，二者的内涵一致。

授权、无效宣告程序中相关人的反悔行为视为无效。正是因为我国立法在以诚信原则统摄下的法律规范能够一定程度上起到与禁止反言原则相同的法律效果，因此很多学者对于禁止反言原则在我国的引入持保留态度。但是笔者认为，将禁止反言作为诚实信用原则的下位规则而引入是具有制度价值的。首先，诚实信用原则作为民法的基本原则，由于其适用法律关系的广泛性，决定了原则本身的模糊性和不确定性，因此法官在适用诚实信用原则时难免会带有一种认知上的任意性。如果将禁止反言原则作为诚实信用原则的下位阶的规则引入立法，由于禁止反言规则的相对确定，无论是对于当事人行为的指引还是作为法官裁判的依据，均能更好、更有效地减少法律适用中的不确定性，以实现交易安全和效率的目标。其次，我国《民法典》中的先合同义务，即缔约过失责任在操作性、内容的完善程度方面一直为人们所诟病，引入禁止反言原则可以与缔约过失责任形成配合，完善我国的合同法律责任制度。❶ 最后，标准必要专利权的滥用问题已经对传统专利权行使制度提出了严峻的挑战。在专利权行使制度因适用困境对权利滥用行为限制乏力的情况之下，基于上文所述禁止反言原则在解决标准必要专利权滥用问题的优势，建立禁止反言原则还有着急切的现实需要。综合以上因素，我国合同法应建立禁止反言原则。

三、默示许可

默示许可（Implied License）源于 De Forest 无线电话公司案。在该案中，美国电报公司作为专利的被许可人，同意不干预在战时为联邦政府制造电子三极管。该公司后来还向政府和政府制造商提供了图纸和技术帮助。根据以上情况，美国最高法院认定政府已经获得了原告的默示许可，包括对电子三极管的制造，以及由合众国对其进行使用。在该案中美国最

---

❶ 田友方."允诺禁反言"原则论［J］.西安政治学院学报，1999（3）：25.

高法院对默示许可做出了阐释:"并非只有正式的许可授权才能达到许可使用的目的。专利权人使用的任何语言或者由其向其他人实施的行为,如果他人可以由此合理地推断出专利权人已经同意使用其专利,进行制造、使用或者销售,并且他人依据此也实施了行为,则可以构成一个许可,并且可以在侵权诉讼中构成一种抗辩,而至于构成的许可是免费抑或是需要支付合理的费用则需要综合权衡当时的情形。但是当事人之间的关系至此应当被理解为是合同关系,而不是对专利权人的侵权行为。"❶ 换言之,默示许可是因为专利权人的行为使得被告产生专利权人不会执行专利权的信赖基础,从而拟制一个专利权人对他方实施其专利的许可。因此,默示许可与禁止反言相似同样是一种对于侵权诉讼的抗辩。但是默示许可与禁止反言抗辩之间存在差别,美国法院在审理 Wang Laboratories v. Mitsubishi 案时对二者进行了区分:禁止反言着重于一个专利权人有对他方存在一个误导行为,他方因此得到了一个信赖基础认为专利权人不会对他主张专利权,而默示许可则着重寻求一个拟制专利权人对他方实施其专利的肯定、同意与准许他方进行制造、使用或销售等行为。❷

默示许可是以一个理性人作为标准,根据各种情况得出的,包括当事人的行为、可适用的书面协议或信件中的条款或内容、当事人的合理期待、公正与平等的指示以及知识产权制度赖以建立的各种政策。因此想要在诉讼结束前肯定地判定是否存在默示许可是一件非常困难的事情。❸ 根据美国目前的判例,有关默示许可的大部分案件都涉及专利许可,如非主

---

❶ John W. Schlicher. Licensing Intellectual Property: Legal, Business, and Market Dynamics [M]. New York: John Wiley & Sons, Inc, 1996: 340-341.
❷ Wang Laboratories Inc. v. Mitsubishi Electronics America Inc., 103 F.3d 1571 (Fed. Cir. 1997).
❸ [美] Jay Dratler, Jr. 知识产权许可(上)[M]. 王春燕,等译. 北京:清华大学出版社,2003: 185.

要构件的销售、在专利方法中使用购买的商品、授权改进、事后取得专利等,❶ 其中事后取得专利是发生默示许可争议最常见的原因。事后取得专利主要是指专利权人许可他人使用该专利制造特定的产品,后来其又取得了覆盖同一产品的一项或多项专利,该专利权人可能会对新取得的专利提出主张,从而限制专利被许可人的行为或者索要额外的许可费。对于事后取得专利能否形成默示许可主要考察事后取得专利的可预见性以及对许可对象的说明两个方面。首先,事后取得专利的可预见性。一个经过充分协商的许可合同,合同双方必然已经对被许可实施的行为做出了具体的约定。如果当事人在协议成立之前就已经考虑到事后取得的专利,那么作为理性人就不会以事后取得的专利再寻求禁令救济或要求额外的对价。因此,对于这种被许可人不可预见的情形,美国大多数法院都是支持被许可人对事后取得专利享有默示许可,从而否认专利许可人对于事后取得专利权获得救济。因为如果放任专利权人对事后取得专利的救济,就会增加许可交易的成本,被许可人可能会在交易之前被迫扩大专利检索的范围,以防止受到事后专利侵权攻击。但是如果被许可人在订立合同时对专利权人事后取得的专利是明知的状态,并且在合同之中已经明确排除了默示许可,那么被许可人的默示许可抗辩就不应被支持。因为既然许可交易双方在合同中明确地排除了默示许可就意味着他就可以合理地估算并接受专利权人事后取得专利所产生的风险,如果没有特殊的情况,法院应当遵守私人交易的安排,而不应介入双方的风险与利益分配之中。其次,许可对象的说明。许可协议的对象如果是采用功能性的描述而非采用列举性的方式加以确定的,更容易产生默示许可。因为列举性的描述相较于功能性的描

---

❶ 非主要构件的销售是指该产品本身虽然并非专利产品,但是专利制造中必须使用的产品,这种情况下如果被销售的构件不存在任何非侵权用途并且销售的情况也清楚地显示,那么就可以推定专利权人已经默示同意授权该专利制造方法。方法发明的专利许可并不必然意味着对另一种专利也授予许可,在专利方法中使用购买的商品是指针对某一商品进行非限制性的授权销售,且该商品只能用以实施某种有专利的方法,则可能产生默示许可,可以使用该被销售的商品的实施方法专利。参见:[美] Jay Dratler, Jr. 知识产权许可(上)[M]. 王春燕,等译. 北京:清华大学出版社,2003:192–200.

述的范围更为狭窄，正因如此，这也是许可协议中采用商业术语而不是用律师术语对许可对象进行说明的原因。❶

根据上文所述，禁止反言抗辩是具有对于专利信息披露不当行为进行限制功能的，但是对于标准制定过程中专利权人已经披露了专利信息并且允诺将以合理且非歧视的条件进行授权，在标准实施过程中专利权人却拒绝以合理且非歧视的条件进行许可的行为是无能为力的。因为合理且无歧视的条件是非常难检验的，禁止反言的信赖基础在现实中难以建立。默示许可抗辩却可以解决这一问题。在默示许可的理论框架下，如果专利权人同意授权其标准专利权且以合理无歧视的条件授权，他人就会认为只要付出合理的权利许可使用费就可以使用该专利权。虽然没有明文的授权合同形式的存在，但是通过专利权人的行为已经足够合理地推定一种默示授权条件的成立。总的来说，将默示许可理论适用到违反合理且非歧视许可承诺上具有以下几个方面的优点。（1）可以确保所有标准的使用人都可以通过授权实施标准，即使他们本身可能无法针对专利权人违反契约提出诉讼。这应该是标准制定组织政策所希望达到的效果。（2）可以使得标准制定组织有办法解决该类争议，减少争议数量。标准制定组织的规则也许可以尝试制定以标准的合理授权的许可费计算方式或数额，这样就可以减少法院裁定权利金的纠纷。（3）默示许可可以降低专利权人成为机会主义者的风险。作为"理性经济人"，由于可以凭借向使用者要求高额的许可费来阻止竞争者的使用，因此，即使专利权人先前同意按照合理且无歧视的许可条件授权，专利权人也是存在利益驱动主张专利侵权救济的。专利权人的合理且非歧视许可承诺如果对于标准使用者可以形成默示许可授权，就可以防止这一类的机会主义者出现，也可以使得法院不需要再依据反垄

---

❶ ［美］Jay Dratler, Jr. 知识产权许可（上）［M］. 王春燕，等译. 北京：清华大学出版社，2003：204－208.

断法来处理这类问题。[1]

在违反 FRAND 许可原则情况下适用默示许可的典型案例是王安公司诉三菱（Mitsubishi）电子公司专利侵权案。该案诉争的专利均是有关记忆体模块组的专利技术，该记忆体模块组称为"Single In – line Memory Modules"（SIMM）。王安公司专利的发明人詹姆斯·克莱顿（James Clayton），于 1982 年加入该案原告王安公司，当时的电脑记忆体元件体积大、价格高，并且难以升级。1983 年克莱顿开发出了 SIMM，该设计可以不占主机空间，还具有成本低以及置换容易以便升级扩充记忆体容量等优点。1986 年王安公司对 SIMM 成功获得专利申请，并于 1987 年 4 月公告。随后，王安公司又于 1988 年取得了另一个连续专利权。王安公司的工程师自 1983 年 6 月开始就向电脑产业界的成员介绍 SIMM 的设计，宣称该种记忆体的新包装设计应该会被产业界接受并成为一种标准，并且王安公司自己不会替自己的电脑产品生产 SIMM 模块组，而是鼓励其他制造商去制造，王安公司再向这些制造商购买 SIMM 用在王安的电脑产品上。王安公司将不会在 SIMM 上主张专利权。与此同时，王安公司也将其 SIMM 设计介绍给了 JEDEC 的标准制定组织，并希望可以制定 JEDEC 适用 SIMM 为记忆体模块组标准。但是王安公司一直没有向 JEDEC 说明其致力于取得 SIMM 的专利权。同时多家制造商与王安公司合作开始大量生产和推广 SIMM 模块组。该案中的被告三菱电子公司第一次在 1983 年 12 月与王安公司讨论 SIMM 模块组，王安公司提供了详细的图稿和资料给被告，并持续要求被告生产制造 SIMM 模块组。1985 年被告开始生产 256K 记忆体晶片后，决定组装 SIMM 模块组，并卖给包括王安公司在内的客户。不同于对待其他一般客户，被告三菱公司并未向王安公司收取任何工程费用。在被告使用 SIMM 技术过程中，王安公司从未告诉其已就 SIMM 技术申请专利并取得专利权或者任何意图主张专利权收取许可费的事情。直到 1989 年 12 月，王安公

---

[1] Mark A. Lemley. Intellectual Property Rights and Standard – Setting Organizations [J]. Cal. L. Rev., 2002 (90): 1911.

司才以信件形式通知三菱公司,指控其所生产的 SIMM 产品可能侵害其专利权,应当取得王安的专利许可授权。王安公司最后在 1992 年 6 月向东弗吉尼亚地方法院起诉三菱公司侵害其 SIMM 的专利权,而三菱公司则提出了几个有力的抗辩,包括抗辩王安公司的行为已经导致默示许可授权。在陪审团发现默示许可存在,地方法院据此做出默示许可抗辩对策判决之后,王安公司再上诉时试图通过在默示许可理论使用问题上推翻地方法院的判决,而上诉法院对地方法院的判决作了进一步的确认,其认为默示许可的获得,应当考虑以下几个方面的问题:(1) 王安公司与三菱公司须有一定的商业关系;(2) 基于该商业关系,王安公司赋予了三菱公司一种权利去使用 SIMM 技术;(3) 对于前述权利的赋予,王安公司已取得有价值的约因;(4) 王安公司否认对于三菱公司有默示许可的说法;(5) 王安公司的声明以及行为构成一种王安公司已同意授权三菱公司制造、使用或销售的印象,包括销售给其他消费者。由于三菱公司已经证明在过去长达 6 年的时间内,其已经合理推论合理获得王安公司同意去生产制造和销售涉及王安的专利产品。记录也显示王安公司曾经试图要求三菱公司加入 SIMM 的市场,在该情况下王安公司提供设计、建议以及样品给三菱公司,并且最后也向三菱公司购买 SIMM 产品。因此上诉法院判定三菱公司已经正当地取得了使用王安公司专利的权利。调查发现王安公司已经赋予三菱公司一种使用 SIMM 发明的权利,而三菱公司也提供了具有价值的约因给王安公司,这些事实足以支持王安公司的行为已经构成授权。最终上诉法院确认了地方法院的判决,确认三菱公司对于王安公司的默示许可抗辩是成立的。[1]

通过上文所述可知,默示许可制度在美国的司法实践中已经有着非常悠久的历史,但是在我国只存在于少数的司法实践之中。如 2008 年 7 月,最高人民法院对于辽宁省高级人民法院关于季某、刘某与朝阳市兴诺建筑

---

[1] Wang Laboratories Inc. v. Mitsubishi Electronics America Inc., 103 F. 3d 1571 (Fed. Cir. 1997).

工程有限公司专利侵权纠纷案的复函实际承认了在标准中专利默示许可的合法存在。在该案中，原告季某、刘某专门代理专利权人向涉嫌实施专利侵权行为人提起专利侵权诉讼，由于涉案专利技术已经被纳入了建设部发布的《复合载体夯扩桩设计规程》行业标准，而被告朝阳市兴诺建筑工程有限公司按照该行业标准实施了涉案专利技术，因此，原告向法院主张被告专利侵权，应停止侵权并且赔偿损失。针对这一棘手问题，最高人民法院在《最高人民法院关于朝阳兴诺公司按照建设部办法的行业标准〈复合载体夯扩桩设计规程〉设计、施工而事实标准中专利的行为是否构成侵权专利权问题的函》（以下简称《复函》）中认为：由于目前我国标准化制定机关尚未建立起标准中专利信息的披露以及使用制度，专利权人将其专利纳入国家、行业或者地方标准之中就意味着其允许他人实施标准的同时实施该专利技术，因此他人实施专利技术的行为不应被视为专利侵权行为，但是专利权人可以要求实施支付一定的许可使用费，其使用费的标准应当明显低于市场一般许可的标准，如果在标准化活动中，专利权人声明放弃专利许可使用费的，其放弃声明对于专利权人具有约束力。❶ 2009年最高人民法院起草的《最高人民法院关于设立侵犯专利权纠纷案件应用法律若干问题的解释（修改稿）》（以下简称《修改稿》）也曾依照《复函》的观点尝试对标准中的专利权冲突的审判问题作出规范，该《修改稿》第18条规定：如果专利权人主动将其专利技术纳入国家标准、行业标准或地方标准中，或者标准制定组织告知其专利纳入标准后专利权人未提出异议的，标准制定组织也未明示该标准含有专利的，被控侵权人以实施标准为由提出侵权抗辩的，法院可以认定专利权人已经对他人实施专利进行了许可。专利权人仍可向法院主张标准使用人的专利权使用费，但是其声明放

---

❶ 《最高人民法院关于朝阳兴诺公司按照建设部办法的行业标准〈复合载体夯扩桩设计规程〉设计、施工而事实标准中专利的行为是否构成侵权专利权问题的函》（［2008］民三他字第4号）。

弃使用费或者故意隐瞒专利的除外。❶ 但是在 2010 年最高人民法院发布的《关于审理侵犯专利权纠纷案件应用法律若干问题的解释》中删除了《修改稿》第 18 条的内容。在 2014 年 9 月发布的《最高人民法院关于审理专利纠纷案件应用法律若干问题解释（二）（公开征求意见稿）》（以下简称《征求意见稿》）中，对于标准中专利侵权问题再次被纳入其中，并且对待相关问题的观点相较于以前有了非常明显的转变。该《征求意见稿》第 27 条规定：在非强制性标准、行业标准以及地方标准中，被控专利侵权人以实施标准而无须专利权人许可为由抗辩侵权不成立的，法院一般应不予支持。但是，如果专利权人违反公平、合理且非歧视许可原则，针对标准必要专利与被控侵权人恶意磋商，被控侵权人主张继续使用涉案专利技术的，法院一般应予以支持。标准必要专利的许可使用费应当由专利权人和被控侵权人协商确定，经协商无法达成一致的人民法院应当依据公平、合理且非歧视原则，结合专利的创新程度以及在标准中的作用、标准的性质、实施范围等因素，确定许可费数额。因此，从目前我国关于默示许可的立法现状来看，仅能在《民法典》第 469 条第 1 款❷以及《专利法》第 12 条❸中找到默示许可适用的空间，但是并无相关配套制度为司法实践中专利默示许可的适用提供更具体的指引，如默示许可的类型、范围、时间、期限、对价等具体问题均无法在立法中找到依据。这无疑极大限制了默示许可制度对标准必要专利权滥用规制中可能发挥的作用。

---

❶ 《关于征求对最高人民法院关于审理侵犯专利权纠纷案件应用法律若干问题的解释（修改稿）修改意见的函》（法民三［2009］7 号）。

❷ 《民法典》第 469 条第 1 款规定："当事人订立合同，可以采用书面形式、口头形式或者其他形式。"

❸ 《专利法》第 12 条规定："任何单位或者个人实施他人专利的，应当与专利权人订立实施许可合同，向专利权人支付专利使用费。被许可人无权允许合同规定以外的任何单位或者个人实施该专利。"

第二节　标准必要专利权滥用的专利法限制制度

专利制度的目的是国家通过给予发明人以"垄断利润激励"的方式促进科学技术的进步，❶ 如《美国宪法》第 1 条第 8 款就明确指出："为促进科学和实用技艺的进步，在一定时间内给予作者和发明人排他性权利，以保护其作品和发明。"为了平衡专利权人与国家和社会之间的利益，使专利能够造福人类，各国专利法都不同程度规定了专利权的限制制度。在技术标准化下，随着专利权与标准的交会，借助标准的强制力使得专利权威力得以扩张，传统专利许可交易中交易双方相对均衡的格局被打破，专利权人完全可能凭借优势的市场地位对标准使用人甚至消费者利益实施侵害，因此，对标准必要专利权人行为进行有效的限制是技术标准下专利许可中的一个重要议题。通过各国的立法和司法实践，专利权限制制度中的专利权滥用原则、专利强制许可以及永久禁令限制都可为技术标准化下的专利许可提供问题解决的制度资源。

一、专利权滥用

孟德斯鸠曾说："一切有权力的人都容易滥用权力，这是一条万古不易的经验。"❷ 权力滥用概念最早只存在于法观念之中，之后逐渐在司法判例中被解释和运用，并最终成为成文法的规则。专利权滥用（Patent Misuse）是指专利权人以自己拥有的专利权作为杠杆，要求他人在获得专利许可的同时购买或使用非专利产品，从而获得专利权以外的市场利益。如强制性的捆绑许可，发放一项许可的同时，要求被许可人购买若干其他专

---

❶ [美] J.M. 穆勒. 专利法 [M]. 3 版. 沈超, 李华, 吴晓辉, 等译. 北京: 知识产权出版社, 2013: 27.

❷ [法] 孟德斯鸠. 论法的精神 [M]. 孙立坚, 孙丕强, 樊瑞庆, 译. 西安: 陕西人民出版社, 2001: 11.

利。专利权滥用是一种衡平抗辩,来源于美国衡平法的"不洁之手"原则,根据这一原则,专利权人只能在专利权的权利范围内获得利益,不能依据自己的专利权进行超越法定范围的利用。被控侵权人也可以利用专利权滥用抗辩有效阻止专利权人扩大利益范围。❶ 从专利权滥用理论的内涵以及作用来看,其与反垄断理论存在非常复杂的关系:一方面,二者经常发生适用上的重合,行使专利权构成的垄断行为往往同时也是专利权滥用行为;另一方面,专利权滥用与垄断行为有着较大的区别。在诉讼程序方面,专利权滥用是作为对专利侵权主张的积极抗辩,而违反反垄断法则通常是被控侵权方的一种反诉理由。此外,从理论基础而言,专利权滥用和反垄断理论的制度基础是存在差别的,专利权滥用主要关注专利权人行使权利的行为是否逾越了法定的权利范围,从而不正当地扩张了权利效力,而反垄断理论的制度基础则侧重行为对市场竞争造成的影响。再则,专利权滥用行为的恶性程度不及违反反垄断法的垄断行为,很多行为够不上违反反垄断法的标准,却能构成滥用,二者所招致的惩罚也是不同的,专利权滥用的法律效果原则上并不是宣告专利权人的专利权无效,只是法院可以拒绝执行该等专利权原本的法律效果,即专利权人因为具有可非难的行为而无法请求法院判决对方侵害专利权的损害赔偿。但是如果违反反垄断法则有可能被判罚三倍的损害赔偿金。❷

专利权滥用的代表性案件是 Morton Salt Co. v. G. S. Suppiger Co 案。在该案中,涉案专利技术是一种用于将盐片沉淀至罐装物品中,以便于对加入到每个罐头中的盐量进行控制。专利权人和被控侵权人都生产盐片沉淀机器和盐片。专利权人并未出售专利机器,而是附条件地出租,要求承租人仅从其处购买所使用的盐片。法院因此认为专利权人是通过涵盖沉淀机

---

❶ 李明德. 美国知识产权法 [M]. 2 版. 北京:法律出版社,2014:124 - 125.
❷ Richard Calkins. Patent Law: The Impact of the 1988 Patent Misuse Reform Act and Noerr - Pennington Doctrine on Misuse Defenses and Antitrust Counterclaims [J]. Drake L Rev., 1988 - 1989 (38):187.

器的专利,抑制未赋予专利盐片的销售,是一种搭售(Tying)行为,因此美国联邦最高法院拒绝执行涉案专利。虽然在 Morton Salt 案中专利权人的搭售行为构成专利权滥用,应当受到专利权不能执行的惩罚,但是其并不必然达到违反反垄断法的要求,因为并没有证据表明专利权人的许可行为影响了盐片行业的市场竞争。❶ 在该案中还有一个较为特殊的地方是被控侵权方并非专利许可交易的被许可方,即被控侵权方并不是专利权滥用的直接受害者。根据美国联邦最高法院的观点,专利权滥用的真正受害者是社会公众。尽管看似被告方没有提出专利权滥用抗辩的资格,但仍可基于公共政策拒绝执行该专利权。❷ 目前美国司法实践中对于专利权滥用的判定主要借鉴的是反垄断的分析方法,即对专利权滥用作本身违法以及合理性分析的区分,被美国联邦最高法院确认为本身违法许可行为主要是对过期专利收取许可费、对专利产品的价格捆绑等,而必须依据事实进行合理性分析方法主要是"两步测试法",第一步需要审视行为本身有无不正当的扩张专利权的权利范围或者延展专利权的"垄断"效力。第二步需要审查行为是否在相关市场中产生了反竞争的效果,虽然不必达到反托拉斯法所要求的程度。对于第二步,美国联邦巡回法院将其解释为:"为了证明许可交易中的滥用抗辩成立必须通过事实证明许可总体效果是对合理界定下的相关市场是存在非法的限制竞争效果的。"❸ 例如,在 Mallinckrodt v. Medipart 案中,法院就运用合理原则确认了一份许可合同的效力,在该契约中,专利权人规定医疗器械的购买者只能一次性地使用器械。其实,现行法似乎将专利滥用仅限制在两种情形,即利用因专利而生的市场力量在未获得专利授权的领域抑制竞争以及将专利期限延长至法定期限之外。❹

---

❶ Donald S. Chisum. Chisum on Patents (Volume 6) [M]. San Francisco: Matthew Bender, 1998: 429.

❷ [美] J. M. 穆勒. 专利法 [M]. 3 版. 沈超, 李华, 关晓辉, 等译. 北京: 知识产权出版社, 2013: 417.

❸ [美] Martin J. Adelman, Randall R. Rader, Gordon P. Klancnik. 美国专利法 [M]. 郑胜利, 刘江彬, 译. 北京: 知识产权出版社, 2001: 209.

❹ [美] Martin J. Adelman, Randall R. Rader, Gordon P. Klancnik. 美国专利法 [M]. 郑胜利, 刘江彬, 译. 北京: 知识产权出版社, 2011: 208 - 209.

如同其他衡平抗辩一样，专利滥用很大程度上依赖于案件事实，条文及先例严格地限制了其适用，专利权滥用往往仅适用于少数、特别的情况。在实务中，只有专利权人做出的范围很窄的特定做法或行为才能作为专利权滥用的基础。特别是在近几十年的美国司法实践中，专利权滥用抗辩的适用范围有着逐渐缩小的趋势。在1952年美国国会颁布的《美国专利法》第271条d款第（1）~（3）项中规定了三种不属于专利权滥用的行为：（1）因他人实施未经专利权人同意的帮助侵权行为而使专利权人获得利益的；（2）想要强迫对方接受专利授权否则将面临专利侵权或辅助侵权诉讼的；（3）专门借助专利诉讼行为来执行其专利权的行使。1952年专利法关于专利权滥用例外的规定为专利权人提供了针对抗辩的安全港。在1988年美国国会修订专利法时，又在以上三条专利权滥用安全港的基础上，加入了（4）和（5）两项：（4）拒绝授权或拒绝以任何形式使对方实施自己专利的；（5）附加许可专利权的条件或需购买其他专利以销售其专利产品，或需购买不同产品以销售专利产品的，但专利权人在相关产品市场具有相当销售能力的不在此限，自此，《美国专利法》列出了5种不构成专利滥用的行为安全港或例外。

技术标准化环境下，标准必要专利权人在专利许可交易过程中对于标准使用人从事的一些不正当行为其实很大程度是与专利权滥用行为相吻合的，但是目前很少有法院将专利权滥用抗辩适用到技术标准化下的专利许可之中，究其原因，应该是多方面的。其一，对于专利权滥用的本身违法原则情况，技术标准化下的专利许可较少涉及，而以合理性原则为审查要件的专利权滥用标准，在现实中又较难证明。大部分学者通过分析认为要检视行为有无扩展了专利权的权利范围本身是非常空洞的，专利权权利范围扩展在现实中也是很难被界定的。通过目前关于专利权滥用的一些先例判决来看，对于技术标准化专利许可交易中的被许可方并无多大助益。因为，在这些案件中，专利权人的滥用行为往往都是通过隐藏专利让标准化组织采纳专利技术进入标准而实现的，而这些行为很难界定为扩大专利权的权利范围。此外,被诉的侵权人仍需证明第二个因素是专利权的权利范围扩张具有对相关市场的反竞争效果。在司法实践中,对于市场反竞争效果的判定通常包含复杂的反垄断分析,比如对相关市场的界定等,要证明专利权人行为对市场反竞争效果成立对于被控侵权人来说无疑是非常困难的。[1] 其二,1988年《美国专利法》的专利权滥用改革对专利权滥用抗辩的限制对法院起到了立法指引的作用。1988年修订的《美国专利法》将搭售、拒绝许可两种在技术标准化下的专利许可交易中常见的可能损害被许可人利益的行为类型纳入专利权滥用的安全港之中,没有特殊的情况,法院是不会挑战成文法权威的。

然而,通过对专利权滥用抗辩的功能以及内涵来看,专利权滥用对于标准必要专利权滥用规制仍是具有适用空间的。专利权滥用是一个具有非定型化(Amorphous)特征的原则,通常被当作除反垄断法之外限制专利权滥用行为的有效方法。专利权滥用抗辩具有与反垄断理论错位配合的意义。专利权滥用主要聚焦于专利权人不正当地将权利范围扩张到专利权之外的行为,而反垄断措施主要侧重于对于市场竞争产生影响的行为。此外,专利权滥用对于公共利益的关注是可以超越反垄断法聚焦市场竞争的局限的,即使是非直接利益受损人都可以主张专利权滥用,因此,专利权滥用对于限制技术标准化下专利权人的权利滥用行为也许是最有效的工具。很多学者对于以《美国专利法》第271条d款作为将专利权滥用原则排除适用技术标准化背景下的专利权滥用行为的理据是存在非常大异议的。如CSU v. Xerox案就是一个典型例子,该案的原告CSU是一个独立的复印机服务组织,由于Xerox拒绝许可或销售其拥有专利技术的替代配件,因此CSU向法院起诉Xerox违反反垄断法,并且同时向法院主张Xerox的行为构成专利权滥用行为。美国联邦巡回法院认为CSU无法证明Xerox的行为具有反竞争的效果,并且也没有非法地扩展专利权的权利范围,因此

---

[1] Michael G. Cowie, Joseph P. Lavelle. Patents Covering Industry Standards: the Risks to Enforceability Due to Conduct Before Standard-Setting Organizations [J]. AIPLA Q. J., 2002 (30): 114.

做出 Xerox 的行为没有超越专利权滥用和反垄断界限的结论。❶ 在该案中，美国联邦巡回法院实际是将专利权滥用完全放入了违反反垄断分析模型之中。法院做出 Xerox 没有专利权滥用的依据是没有发现垄断，这无疑是混淆了专利权滥用与反垄断理论之间的基础差异的。美国联邦贸易委员会主席皮托夫斯基（Pitofsky）就尖锐地批评了联邦巡回法院的这一判决，认为判决无异于是赋予了知识产权人不正当的力量。皮托夫斯基认为《美国专利法》对拒绝许可设置的专利权滥用安全港不能理解得过于宽泛，不论拒绝许可产生于何种背景或者具有何种对市场反竞争的效果都能让其进入安全港之中。此外，在《美国专利法》第 271 条 d 款的前言中，美国国会其实已经基于公共政策方面的考量，对新发生的问题排除拒绝许可的专利权滥用安全港适用预留了制度的空间。技术标准化下的专利许可交易中拒绝许可没有披露的标准必要专利权的行为就应该属于这种类型。法院应该仔细考察在专利权人的拒绝许可标准必要专利的行为中，专利权人有无向标准化组织披露专利的故意，并以此扩张了其专利权的范围和效力，产生反竞争的效果，如果能够满足以上条件就应当被视作典型的专利权滥用行为。❷

长期以来，我国的《专利法》中并无专利权滥用限制制度的规定，仅在 2020 年的第四次修订中原则性规定了专利权滥用内容。❸ 立法者主要基于以下两个方面因素的考虑：第一，专利权滥用主要是反垄断法的规制对象，如果在《专利法》中规定专利权滥用原则有越俎代庖之嫌；第二，我国《民法典》中已有禁止权利滥用原则的规定❹，作为民法基本原则已经可以覆盖专利权滥用行为，另行在《专利法》中再规定专利权滥用原则实

---

❶ CSU, L. L. C. v. Xerox Corp., 203 F. 3d 1322, 1324 (Fed. Cir. 2000).

❷ Janice M. Mueller. Patenting Industry Standards [J]. J. Marshall L. Rev., 2001 (34): 911 – 914.

❸ 《专利法》第 20 条规定："申请专利和行使专利权应当遵循诚实信用原则。不得滥用专利权损害公共利益或者他人合法权益。滥用专利权，排除或者限制竞争，构成垄断行为的，依照《中华人民共和国反垄断法》处理。"

❹ 《民法典》第 8 条规定："民事主体从事民事活动，不得违反法律，不得违背公序良俗。"

无必要。但是以上两个原因都存在一定的问题。首先，各国反垄断法意义上的垄断主要可以表现为两个状态：一是垄断状态，二是垄断行为。垄断状态是指经济高度集中的一种状态，而垄断行为则指处于垄断状态下的经营者从事了排除或限制竞争的行为。单纯的垄断状态并不能成为反垄断法的规制对象，只有满足了垄断行为的标准才能受到反垄断法的规制。专利权滥用行为与垄断行为之间并不能画等号，滥用行为与垄断行为的关系是包容但不等同的关系，很多滥用行为并不能成为垄断行为，如技术标准化下，专利权人对于标准必要专利的不实施行为在很多情况之下并不能构成反垄断法意义上的垄断行为，但是由于会造成一定公共利益的损害，标准使用人利益的损失而成为权利滥用行为应当受到法律的规制，因此对于专利权滥用行为的规范不能仅靠反垄断法，还需要专利法从私法层面的配合。其次，虽然民法有关于禁止权利滥用原则的规定，但是禁止权利滥用作为民法的基本原则，其内涵与外延均不确定，很难落实和适用到个案之中。因此，我国《专利法》中对于专利权滥用原则规定的缺失，会导致现实中对某些专利权滥用行为规制的空白，应当对《专利法》作出相应的修订。

二、专利强制许可

专利强制许可（Compulsory License）与专利权人的自愿许可相对，是指由法律或立法机关强制实施的非自愿性许可。专利强制许可有广义和狭义的划分，广义而言，只要是未经专利权人同意对专利技术进行的使用就是专利强制许可，因此，广义的专利强制许可涵盖默示许可、反垄断法救济以及禁止令限制等。狭义的专利强制许可仅仅是指根据法令或条例而设立的专利非自愿许可。本书所指称的专利强制许可仅指狭义的专利强制许可，而默示许可、反垄断法救济、禁止令限制等其他广义上的专利强制许可将分别在其他部分予以详述。

专利强制许可制度在一些国家如日本、德国的专利立法之中非常普遍。《德国专利法》第 24 条就对专利强制许可做出了规定。根据《德国专利法》第 24 条的规定，所谓强制许可是指由专利法院在具体个案中授予的经营性实用发明的非独占权。强制许可是宪法规定的财产所有权的社会责任的体现。在德国适用强制许可主要存在于以下三种情况：（1）公共利益的强制许可。如果存在涉及公共利益的情况，许可请求人在合理的期限内以合理的商业条件努力请求专利权人许可使用发明，但专利权人未予同意的，可以授予强制许可。（2）从属专利的强制许可。一项在后专利的发明比在先专利的发明具有显著经济意义的重大技术进步的，其实施又有赖于在先专利的发明实施的，专利法院可以授予实施在先专利的发明的强制许可。（3）为防止滥用的强制许可。许可请求人在合理的期限内以合理的商业条件努力请求专利权人许可使用发明，但专利权人未予同意，而专利权人没有或没有主要在国内实施已获得专利的发明的，为保障专利产品在国内市场的充分供应，专利法院可以授予强制许可。❶《德国专利法》在规定专利强制许可适用情况的同时，还规定了对专利强制许可的限制。根据《德国专利法》第 24 条第 6 款，在授予专利之后，才能授予该专利的强制许可。强制许可可以受限制地授予并依赖于某些条件。使用的范围与期限受限于许可的目的。作为授予强制许可基础情形如果消失并再也不可能出现的，专利权人可以请求收回强制许可。专利强制许可被授予后，许可请求人即可获得非独占使用发明的权利，专利权人仍享有对强制许可人的合理经济价值的补偿权。双方不能就补偿数额达成一致的，由专利法院在强制许可程序中确定，法院对于补偿数额的确定既要考虑专利权人的损失，也要考虑到许可请求人的支付能力。❷

日本将专利强制许可称为专利裁定实施。《日本专利法》对于专利裁定实施主要规定了以下三种情况：（1）专利利用关系中的裁定实施。当专

---

❶ 十二国专利法 [M].《十二国专利法》翻译组，译. 北京：清华大学出版社，2013：132 - 133.

❷ 范长军. 德国专利法研究 [M]. 北京：科学出版社，2010：101 - 102.

利权人的发明专利实施行为与其他人的专利权的保护范围相抵触时,如果商业上实施该发明专利,会侵害到其他人的这些权利。在这种情况下,专利权人可以就普通实施权的许可向权利的持有人提出协商,当协商不成或协议不可能时,可以向特许厅长官提出申请请求裁定实施。(2)不实施状态下的裁定实施。当发明专利持续 3 年以上未得到适当实施的(从提出专利申请日起未满 4 年者除外),试图实施该发明专利的人可以向专利权人就该发明专利的实施问题进行协商,协商不成或不能达成协议时,可以请求特许厅长官对此做出裁定。(3)为公共利益的裁定实施。当为公共利益(与国民生命、健康等相关或涉及产业整体利益)实施发明专利为必要时,试图实施该发明专利的人可以就该发明专利的实施许可向专利权人提起协商,协商不成或者不能达成协议时,可以请求通商大臣对此做出裁定。日本的专利裁定实施同样也并非无偿,在裁定过程中由相关部门一并裁定对价额、对价的支付方法以及支付时间。[1]

在美国,对待专利强制许可的态度上,最能体现其对于自由市场的崇尚和笃信。在《美国专利法》中并不存在诸如许多其他国家法律中关于专利强制许可的一般性法定条款。美国学界以及实务界普遍认为专利强制许可会削弱专利体系对于创造新技术以及鼓励新技术公开的功能和作用。专利强制许可对专利权人对权利独占性的削弱会降低专利的价值。创新的回报减少了,投资人对于创新的投入就会相应减少。这无疑会损害专利系统的功能。此外,还有很多人认为专利强制许可会削弱产品的竞争。为争夺市场的控制权,生产者会相互竞争生产出市场最好的产品。这一竞争过程会有利于新产品的生产,最终使得公众获利。如果竞争者被强迫许可发明专利,无疑创造新发明的激励就会降低。并且,如果专利强制许可存在,竞争者就会依赖于专利强制许可获得对专利技术的使用,而不是创新,由

---

[1] [日]田村善之. 日本知识产权法 [M]. 周超,李雨峰,李希同,译. 北京:知识产权出版社,2011:340 – 343.

此就会产生创新的惰性。❶ 正是基于以上认同，在美国适用专利强制许可仅存在于以下三种例外情况：第一，被证明为反托拉斯法违法行为的情况，尽管如此，法院也会极力为专利权人提供合理的许可费率；第二，在原子武器特别是核材料或者原子能禁止授予专利，但仍会通过行政行为给予正当补偿；第三，《美国空气净化法》中对于某些有利于控制污染的发明规定了强制许可，但仅仅是为了避免反竞争的效果。

如上文所述，在一些国家的专利法中虽然规定了专利强制许可，但是对于强制许可的适用案例也是非常少的，如自1945年以来，德国仅授予了两例专利强制许可，主要的原因是：第一，对一项专利技术进行成功的商业化利用，除了专利技术本身，还需要与专利技术相配套的非专利技术。专利强制许可制度只能解决专利技术的使用问题，而对于非专利技术无能为力，因此专利强制许可在许可证贸易中缺少一定程度的可行性。第二，通过各国立法例，专利强制许可并非无偿许可，其许可补偿费大多由法院或者行政机关根据特定情况做出判定，但是行政机关或者法院做出合理的市场定价的能力是存在疑问的，因此专利强制许可往往发挥的只是精神上的威胁和强制力，刺激私人之间交易意愿的作用。❷

尽管专利强制许可制度的适用存在较大的限制，但是对于处理技术标准化下的专利许可问题是具有意义的，特别是在防止重要发明的抵触（Blocking）方面。如今，技术标准化活动较为频繁地发生在计算机软件、信息通信、生物医药等领域，这些领域同时也是专利授权的集中区，大量专利的出现无疑会导致抵触和依存专利的出现，如在一个涉及抵触专利的例子中，该抵触专利涉及的公共密匙加密（Public Key Encryption）技术由斯坦福大学发明并申请专利，并且许可给了Cylink公司。不久之后，麻省

---

❶ Leroy Whitaker. Compulsory Licensing – Another Mail in the Coffin [J]. Am. Pat. L. Ass' N Q. J., 1974 (2): 161.

❷ [美] Jay Dratler, Jr. 知识产权许可（上）[M]. 王春燕，等译. 北京：清华大学出版社，2003：175.

理工学院的研发团队发明操作密匙的算法,并申请了专利,将权利许可给了 RSA 公司。麻省理工学院发明的这一算法非常成功,不久之后就成了该领域的技术标准。Cylink 公司声称使用 RSA 公司的算法会依存于其专利的利用,而 RSA 公司没有向其申请许可并且也不让 Cylink 公司与其合作一起合作开发这一算法,Cylink 公司的专利就构成了对 RSA 专利的抵触。[1] 在双方都可以获利的情况下,原始发明人与改进人之间通常都会达成交叉许可协议,但是由于交易双方市场风险不确定性带来的交易失败更为常见,这种不确定性主要表现为:(1)发明价值的不确定。原始发明人或者改进发明人都有低估彼此发明价值的可能,双方都会对对方的价值评定产生怀疑。(2)发明市场前景的不确定。当一个新技术刚刚出现,在开始阶段很难对发明的前景做出预测。正是基于以上原因,原始专利权人通常会为了获得相对于从属专利权人的议价优势而推迟许可交易的达成,等待从属专利取得较大的商业成功后,再实施专利劫持行为。这一劫持问题特别常见于原始专利对于改进专利价值贡献较小的情况之下。因为原始专利权人可能以损失较小的延迟利益,而从改进专利权人处获得较大的收益。抵触专利问题会对技术标准化活动产生严重的阻滞作用,例如,当专利技术是标准制定的必要技术时,如果标准必要专利权人拒绝许可,标准化的整个进程就会因为标准技术方案的难以达成而被搁置。利用专利强制许可制度可以通过法定的强制许可威慑,一方面迫使改进者与原始权利人达成交叉许可协议,即如果原始专利权人拒绝达成协议,改进者将会试图获得专利强制许可,以推动标准的制定进程;另一方面还可以防止标准实施过程中原始权利人对于改进者的专利突袭或劫持行为。此外,在涉及公共健康和环境等公共利益方面的技术标准化活动中,各国的专利强制许可制度基本都有对于涉及公共利益的适用类型,因此,在此方面,专利强制许可具有其他制度限制工具没有的优势。虽然很多人对于专利强制许可适用中法院确

---

[1] Robert P. Merges. Intellectual Property Rights and Bargaining Breakdown: The Case of Blocking Patents [J]. TENN. L. REV., 1994 (62): 75.

定合适许可费率能力存在疑虑,但是笔者认为这一疑虑忽视了在大多数案件中,专利强制许可仅仅是作为迫使交易双方达成许可费率合意的一种威慑,并且,法院在专利侵权案件中也会有一定的许可费率确定经验。

在我国,《反垄断法》对于滥用专利权、排除、限制竞争行为仅仅给予行政处罚或者让行为人承担民事责任,在一些情况之下,《反垄断法》的规制手段是不足以消除对竞争和消费者不利影响的,如专利权人在专利池中通过拒绝许可让其他的竞争者难以进入相关市场的情况下,对于专利权人的行政处罚并不能实质解决竞争者进入问题,只有通过专利强制许可才能恢复市场竞争的公平状态,为解决《反垄断法》规制手段乏力的问题,我国《专利法》的第三次修改案中特别增加了对于专利权行使过程中垄断行为的强制许可。❶ 根据《专利法》第 53 条规定,如果专利权人行使专利权的行为被依法认定为垄断行为,为消除或者减少该行为对竞争产生的不利影响,国务院专利行政部门根据具备实施条件的单位或者个人的申请,可以给予实施发明专利或者实用新型专利的强制许可。❷ 我国《专利法》在 2008 年的第三次修改中对于专利强制许可增加了因构成垄断行为而给予强制许可的情形,该条修法的主要目的在于配合《反垄断法》中对搭售、拒绝许可等垄断行为的规制,以更好地消除和减少垄断行为对于市场竞争的不利影响。虽然说新增垄断行为的强制许可,将《专利法》与《反垄断法》对接是一个非常大的立法进步,但是,从我国《专利法》对于垄断行为适用专利强制许可的具体规范来看,还存在一些配套适用政策的疏漏,如在专利权行使行为在被人民法院或行政部门认定为垄断行为后,是否还需要继续履行向国务院专利行政管理部门申请的程序。此外,

---

❶ 尹新天. 中国专利法详解(缩编版)[M]. 北京:知识产权出版社,2012:394.

❷ 《专利法》第 53 条规定:"有下列情形之一的,国务院专利行政部门根据具备实施条件的单位或者个人的申请,可以给予实施发明专利或者实用新型专利的强制许可:(一)专利权人自专利权被授予之日起满三年,且自提出专利申请之日起满四年,无正当理由未实施或者未充分实施其专利的;(二)专利权人行使专利权的行为被依法认定为垄断行为,为消除或者减少该行为对竞争产生的不利影响的。"

专利强制许可生效时间、专利强制许可的转让、专利强制许可的使用费确定等问题均没有在立法中予以涉及，也正是这些专利强制许可配套政策的缺失导致了截至 2021 年，我国专利强制许可的实施案件数为零。

三、禁令救济的限制

禁止令包括临时禁令（Preliminary Injunction）和永久禁令（Permanent Injunction）。临时禁令是指在诉讼的初始阶段，经权利人请求，法院通过原告在案件中胜诉的可能性、损害后果、拒绝给予禁止令救济对原告造成无可挽回的损害以及公共利益等因素的衡量，发布的给予被控侵权人禁止侵权行为的指令，临时禁令的效力一般持续到案件审理的终结。永久禁令是指法院通过案件的审理查明知识产权侵权行为的存在，禁止侵权行为人从事危害权利人利益行为的指令，由于该禁令是在案件审理后给予，被假定为意志具有法律效力，直至其被变更为止，因此被称为永久禁令。"专有性是专利制度的生命"，专利制度促进创新功能的实现有赖于专利权人通过有限期限内对发明专有利用回收创新的投入得到激励，而禁令救济是保护专利权专有性的有力武器。特别是在美国，一般认为，以损害赔偿替代禁止令救济的做法会淡化专利权的专有性，是一种变相的强制许可，因此这一做法往往不会得到美国法院的采纳。一般来说，只要是专利侵权行为被证实，禁令救济通常都会获得。虽然根据衡平法的传统原则对于无可挽回的损害才会给予禁止令救济，但是美国联邦巡回上诉法院的标准会要求被告承担禁令救济有害的证明责任，而不是目前法律要求原告举证证明禁令救济不具有有害性的证明责任，因此法院对于永久禁令的发布往往会偏向于专利权人一方。❶

---

❶ 根据道格拉斯·莱科克（Douglas Laycock）教授对 1400 个在不同领域的法律中给予或拒绝给予永久禁令判决的研究显示，法院并未实际将"无可挽回损失"的标准准确地运用到永久禁令的发布上，法院往往会根据当时的情形认为永久禁令看起来比其他救济方式合适时，就随时给予这种救济。参见：Laycock. The Death of the Irreparable Injury Rule [J]. Harv. L. Rev., 1990 (103): 687.

在美国，对于永久禁令限制具有标志性意义的案件是 MercExchange v. eBay 案。托马斯·伍尔斯顿（Thomas Woolston）是一位电子工程师，同时也是一位发明人，他所发明的关于网上交易技术于 1995 年申请了第一个专利。伍尔斯顿的目标在于依托其发明构建一个市场交易系统，他创立了 MercExchange 公司，并将自己的三个专利［专利号分别为 U. S. Pat 5，845，265（265 号专利）、U. S. Pat 6，085，176（176 号专利）以及 U. S. Pat 6，202，051（051 号专利）］转让给了 MercExchange 公司。MercExchange 公司意图将该项专利许可给 eBay 及 Half. com，但是未能成功达成协议，被告反而向美国专利商标局提出该商业方法专利权无效请求。MercExchange 公司向地区法院提起了对于 eBay 以及 Half. com（Half. com 是 eBay 的全资子公司）的专利侵权诉讼，其中 eBay 故意侵犯了 176 号专利、051 号专利和 265 号专利，Half. com 故意侵犯了 176 号专利和 265 号专利。eBay 是世界上最著名的电子商务网站，其网站拥有 4.5 万个商品类别，全球 25.4 万个在线商店以及 1.8 亿注册用户，其通过网上交易以及广告费获得收益，Half. com 的业务与 eBay 相似。经过复杂的诉讼，法院认定原告的专利权有效，同时认定 eBay 及其旗下 Half. com 分别对 265 号以及 176 号专利故意侵权（willful infringement）成立，eBay 侵权行为成立并应对其损害进行赔偿。一审法院在认定被告构成侵权、责令赔偿原告 1450 万美元，但同时出乎意料地驳回了原告永久性禁令（Permanent Injunction）请求。地区法院是以发布禁令救济的"四要素测试法"❶ 对该案中原告的永久禁令请求做出判决。地区法院认为如果不发布永久禁令并不会让原告承受不可修复的损失，损害赔偿已经足够补偿原告的损失，并且如果发布永久禁令会让公共利益受到损害，最后，通过当事双方困难的权衡后，也倾向于被告这一方，据此，地方法院驳回了原告对于永久禁令的诉请。

---

❶ 关于发布永久禁令的"四要素测试法"是指：（1）如果禁令不发布，原告是否会遭受不可恢复的损失；（2）原告是否还有其他更合适的救济方式；（3）发布禁令是否会对公共利益造成损害；（4）权衡原被告困难后，天平是否倾向于原告。

原告 MercExchange 公司对地区法院的判决结果非常不满,上诉至美国联邦巡回上诉法院,其诉讼请求在二审法院得到了全面支持。美国联邦巡回上诉法院依据"除了有例外情况的存在,法院应发布永久禁令作为侵权救济方法"的永久禁令适用的一般原则作出二审判决,维持一审法院对侵权指控成立的认定和确定的损害赔偿数额,但推翻了地方法院不颁发永久禁令的判决。美国联邦巡回上诉法院认为地区法院并没有提供令人信服的理据让人相信案件能够成为使用拒绝禁令救济的例外,对于商业方法专利的普遍关注并不能够成为去除永久禁令救济的理由,对于永久禁令的限制只能限制在极端例外的情况之下,因此,该案仍应遵循一般原则,授予原告对于其专利权的永久禁令救济。

2005 年,eBay 不满二审判决,认为美国联邦巡回上诉法院的判决是不正当的,同时认为联邦上诉法院的判决,不仅关系到自己,而且关系到对专利侵权禁令的政策理解,关系到专利保护与产业发展合理关系,因此,向美国联邦最高法院提起上诉,同时提出目前法院在做出侵权裁决后即签发禁令的现行做法不合理,要求法院改变现有惯例。2005 年 11 月 28 日,美国联邦最高法院受理 eBay 的调卷令请求,签发调卷令。2006 年 5 月 15 日,美国联邦最高法院宣布不支持联邦上诉法院此前对 eBay 发出专利永久禁令的判决。最高法院认为无论是地区法院还是联邦巡回上诉法院关于永久禁令的判决都没有准确地理解"四要素测试法"。地区法院运用了"四要素测试法"对是否发布永久禁令进行了效验,而其认为原告虽然拥有专利权,但是因为没有实际实施专利从而就不会遭受不可修复的损失,进而不能被禁令救济,这种观点是对"四要素测试法"的扩张性解释,不适当地扩大了永久禁令救济的范围。联邦巡回上诉法院从归结永久禁令适用的一般原则出发,认为只有特殊情况下才能适用对于永久禁令的限制,其错误是与地区法院相反,对于永久禁令措施限制的适用解释得过于狭窄,同样是不准确的。因此,美国联邦最高法院在分析地区法院和联邦巡回上诉法院错误后，作出了拒绝给予 MercExchange 永久禁令救济的终审判决。❶ 2006 年，美国联邦最高法院的 eBay v. MercExchange 案发生后，改变了联邦巡回上诉法院对于发布永久禁令一贯的偏向。至此，专利侵权案件中的永久禁令变得越来越难获得，法院更加倾向于给予专利权人后续使用费（Ongoing Royalties）的侵权救济方式，这一方式其实与强制许可具有等同的效果。通过科伦（Chien）教授以及莱姆利教授的研究成果显示，专利侵权案件中大约 95% 的被诉企业被法院颁发永久禁令，但是在 eBay 案后，这一比例下滑到 75%。❷

在技术标准化背景之下，禁令救济在"四要素测试法"的验证之下将会更难获得：首先，在 eBay 案中，肯尼迪（Kennedy）法官认为如果发明专利是知识产品中的一个构件，那么发布永久禁令就是不合适的，因为对一个构件永久禁令意味着整个产品制造、销售都会受到影响。在技术标准化环境下，很多标准产品都是由成百上千个标准必要专利技术组合而成，某一个专利技术的永久禁令往往会阻碍标准的推广和使用，甚至有可能损及消费者利益。因此，通常会对涉及标准必要专利权的永久禁令都会非常慎重。其次，大部分标准化组织都要求进入标准的专利权人作出 FRAND 许可的承诺，很多学者认为 FRAND 的许可承诺实际是与永久禁令救济是相冲突的，因为在 FRAND 许可承诺下，专利权人唯一能够向法院主张的是标准必要专利技术使用人给予合理的许可费率，美国关于技术标准化下专利许可的司法实践也证实了通过永久禁令限制解决专利权进入标准产生专利许可问题的这一趋势。

2013 年 1 月，FTC（Federal Trade Committee）发起了对谷歌反垄断调查，该调查主要基于谷歌与摩托罗拉移动对于以 FRAND 基础许可其标准

---

❶ MercExchange, L. L. C. v. eBay, Inc., 500 F. Supp. 2d, (E. D. Va. 2007), rev'd, 401 F. 3d (Fed. Cir. 2005), vacated, 126 S. Ct. (2006).

❷ Colleen V. Chien, Mark A. Lemley. Patent Holdup, the ITC, and the Public Interest [J]. Cornell L. Rev., 2012 (1): 49.

必要专利承诺的违反，其行为涉嫌产生反竞争效果，违反联邦贸易委员会法案第 5 条之规定。谷歌选择接受 FTC 的处理方案，该方案要求谷歌收回其在世界范围内对于 RAND 承诺的标准必要专利关于禁令救济的请求，并且以 RAND 原则将标准必要专利许可给任何申请许可的公司。FTC 对于谷歌的解决方案的影响并不限于谷歌公司，而是整个标准化领域。FTC 通过向整个标准化领域传递为了美国产业以及公共利益，对于标准必要专利的许可必须受到严格管控的信息来施展其规范的效力。FTC 严格管控的表现之一就在于对于标准必要专利许可案件中禁令救济的限制。❶ FTC 对谷歌谷歌禁令救济的限制是具有示范作用的：首先，对于被许可人来说，自 eBay 案之后，因为法院不再主动地寻求禁令救济以及其他排他救济，反垄断机构对于禁令救济的官方立场将帮助充实被许可人在诉讼中对于专利权人侵权诉讼抗辩的理据；其次，FTC 对于谷歌的处理方式具有一种标示作用，减少专利权人提起禁令救济案件的数量，从而减少潜在被许可人的诉讼成本；最后，FTC 对于谷歌的处理结果还能让标准使用人无顾忌地对标准进行实施，因为他们已经非常清楚无论如何他们终究会获得许可，无论是强制或是其他。

FTC 对于谷歌处理结果的示范作用直接体现到了 Microsoft v. Motorola 案中。摩托罗拉移动是一家专业制造移动手机和平板电脑的公司，其移动手机和平板电脑都会使用谷歌的安卓操作系统。2012 年 6 月，谷歌公司收购了摩托罗拉移动，同时包括其公司相当的专利组合。在过去几年中，摩托罗拉移动的对于标准必要专利的合理且非歧视许可招致了广泛的批评，如微软和苹果公司，导致了长时间和高花费的专利诉讼。该公司的许可实践同样引起了 FTC 的关注。微软诉摩托罗拉移动就是其中一例。微软与摩托罗拉移动的争议是关于摩托罗拉移动拥有的 IEEE 802.11 无线局域网和 ITU H.264 高级音频解码技术标准的必要专利。在标准制定过程中，摩托

---

❶ Federal Trade Commission. Public Comments and Related Filings [EB/OL]. [2021-12-15]. http://ftc.gov/os/caselist/1210120/130724googlemotoralado.pdf.

罗拉移动均分别向 IEEE 和 ITU 承诺会以 RAND 条件进行许可。2010 年 11 月，摩托罗拉移动就该标准必要专利向微软提供了一份回授许可协议（Grantback License），许可费率设定为 2.25%，计算标准为终端产品的销售价格而不是组成软件。通过这一计算方式，微软需要每年向摩托罗拉移动支付 10 亿美元的许可费。微软认为摩托罗拉移动对于许可费率的设定是不符合合理许可承诺的，因此以违反合同和禁止反言原则为理据将摩托罗拉移动诉至法院。微软请求法院确认该专利受到摩托罗拉移动 RAND 许可的覆盖，并请求法院就诉争专利确定合理且非歧视的许可费。摩托罗拉移动提出反诉，主张自己并未违反 RAND 义务，并且由于微软在起诉之前并未向其进行专利许可申请和协商，因此其不再享受 RAND 承诺的利益。该案一个极具争议的问题就是对于负担 RAND 许可承诺的标准必要专利授予永久禁令是否合适。这一问题被法院予以了否定，法院认为 RAND 许可是微软使用标准必要专利的合理救济方式。该案中罗巴尔（Robart）法官的处理方式与 FTC 对于类似问题的处理也是不谋而合的。❶

在我国立法中与禁令救济类似的是停止侵害救济。目前我国《专利法》中并没有对停止侵害民事责任的限制作出任何具体的规定。根据我国《专利法》第 72 条的规定，只要权利人或利害关系人有证据证明他人正在实施侵权行为，并且如不及时停止侵权会造成难以弥补损失的，可以向法院申请侵权人采取停止侵权的措施。法院在确认侵权人侵权事实成立的情况下，通常会按照原告的诉请，判决侵权人停止侵权。❷ 而如果让标准必要专利权人不受任何限制地获得禁令救济，会导致以下问题的产生：（1）技术标准的实施受到阻碍，标准制定的目的落空。专利权与标准的冲突已经

---

❶ Microsoft Corp. v. Motorola, Inc., No. C10-1823JLR, 2012 WL 599202（W. D. Wash. Nov. 30, 2012）.

❷ 《专利法》第 72 条规定："专利权人或者利害关系人有证据证明他人正在实施或者即将实施侵犯专利权、妨碍其实现权利的行为，如不及时制止将会使其合法权益受到难以弥补的损害的，可以在起诉前依法向人民法院申请采取财产保全、责令作出一定行为或者禁止作出一定行为的措施。"

是标准化活动不可回避的问题,因为专利权的私权属性并不会因为进入标准而得以改变,一旦当专利权进入标准成为必要专利技术,如果标准必要专利权人利用停止侵害救济禁止和排斥标准使用人使用标准必要专利技术,标准就不能得以实施,标准制定的目的就会落空。(2) 对公共利益造成损害。标准的实施不仅涉及标准必要专利权人、标准使用人的利益,还会涉及消费者的利益,特别是涉及公共健康、环保等标准的实施,在此类标准中,如果放任标准必要专利权利用停止侵害救济的威慑对标准使用人进行专利劫持或敲诈,无疑会提高消费者购买标准产品的成本。(3) 造成专利许可交易中的不公。必要专利权人可以凭借标准的强制力获得相对于被许可人更好的议价能力,这一能力体现为一旦当被许可人不同意标准必要专利权人的许可条件,专利权人会拒绝许可,阻却被许可人对于标准的使用,而专利权人阻却被许可人使用标准的"利器"就是利用专利权的排他效力,即停止侵害救济。如果不对标准必要专利权人获得停止侵害救济进行限制,势必放任许可交易不平等的局面,不利于专利许可的交易公平。因此我国应当结合他国对于禁令救济的经验,对我国的停止侵权救济作出合理的限制。

第六章　标准必要专利权滥用之反垄断规制制度

标准化制定组织的知识产权政策、合同法以及专利法都能对标准必要专利权滥用起到一定程度的调控和限制作用。但是上述制度资源在适用对象、发起方式、执行力度等问题上均存在不同程度的短板，只能对标准必要专利权滥用问题的解决发挥补充性的作用，不能成为规制标准必要专利权滥用的主要制度依据。为了能够对标准必要专利权滥用行为进行有效规制，需要跳出专利法、合同法等私法的框架限制，以公法作为新的视野和维度，在反垄断法的制度框架内审视标准必要专利权滥用问题。

第一节　标准必要专利权滥用反垄断规制的一般理论

专利自从其产生那一刻就与"垄断"密不可分，专利的实质就是发明人以公开作为对价换取国家对其有限期限"垄断"的认可。虽然专利是一种合法的"垄断"，但是并不意味着这一"垄断"毫无限制，对于权利行使的范围如果超越了法律的边界，特别是对于自由市场的竞争产生了损害，就会受到作为市场自由竞争守护神的反垄断法的规制。在技术标准化环境下，随着专利权与标准的交会，使得在专利许可交易中专利权人滥用权利的可能性更大，损害的利益范围更广，因此，反垄断法可以成为规制专利权人滥用权利行为，解决技术标准化下专利许可问题的有力武器。而厘清专利许可与反垄断法之间的关系，反垄断规制对于专利许可问题解决的意义以及反垄断规制的理论工具等基础理论问题是有效使用这一"武器"的前提和关键。

一、标准必要专利权滥用与反垄断法的关系

知识产权法与反垄断法的关系问题历来就是一个经久不衰、为学界和实务界所关注和争议的话题，而标准必要专利权滥用更是两者之间产生冲突和摩擦的焦点，因此要梳理对于标准必要专利权滥用反垄断规制的制度资源，首先应当廓清标准必要专利权滥用与反垄断法之间的关系。

（一）基础关系：知识产权法与反垄断法的关系

"模仿是最真诚的恭维。"法律禁止未经授权的复制并不是由于复制行为本身是罪恶的，而是由于其违反了某些追求经济活动效率最优化的规则。反垄断也是如此，并不是因为垄断行为本身具有多大的恶性，只是它与有效率的经济安排是背道而驰的。因此，从理论的建构基础来看，知识产权法与反垄断法都建立在功利主义的经济学基础之上。[1] 正是由于知识产权法与反垄断法具有同一的功利的经济学基础，二者都是在通过有益的经济安排实现促进社会福利的目的，特别是在增进消费者福利方面，知识产权法和反垄断法的作用是相互补充的。知识产权法是通过对知识产权的保护来激励创新、提高经济效益以及增进消费者福利。以专利为例，专利保护除了能促进信息的公开和传播外，还可以通过保护创新者或投资者的创新投入的回收，激励其创新的积极性，通过创新可以给市场带来新的技术或者产品。反垄断法是通过对于垄断行为的规制，从而推动市场竞争，促进创新、提高经济效率、增进消费者的福利。创新是市场竞争的外在表现，只有在自由的市场体制中，创新才能获得最大的利益激励，同时创新

---

[1] [美] Jay Dratler, Jr. 知识产权许可（下）[M]. 王春燕，等译. 北京：清华大学出版社，2003：497-498.

也是市场竞争的内在驱动,创新可以丰富市场的技术或产品的种类,从而加速市场的竞争,因此,从这一角度而言,知识产权法与反垄断法在本质上是相辅相成的关系,二者殊途同归。美国 1995 年颁布的《知识产权许可的反垄断指南》就明确指出:知识产权法是通过确认新的有用的产品、有效的方法以及原创作品为财产权,为之提供法律保护,起到鼓励创新以及新技术传播和商业化的作用。如果没有知识产权的保护,模仿者就会为迅速占有创新者或投资者的成果不择手段,其结果就会降低创新的商业价值,挫伤创新者和投资者的积极性,最终也会损害消费者的利益。反垄断法是通过禁止某些对竞争产生危害作用的行为,达到促进创新、增进消费者福利的目的。[1] 2007 年颁布的《反垄断法与知识产权:促进创新和竞争》的前言部分同样指出:经过几十年的司法实践,反垄断机构和法院已经认识到了反垄断法与知识产权法的共同目标,即增进消费者的福利和促进创新。反垄断法是保护市场中的竞争,而知识产权法则是通过保护创新投资确保创新的回报共同的发挥作用,以更低的价格给消费者带来更多的创新。[2]

虽然知识产权法与反垄断法之间具有互补的终极目的,但是由于二者实现目的的手段不一,因此不可避免地导致了二者之间的冲突,这一冲突表现为两个方面:第一,知识产权法是通过授予作者或发明人对知识产品有限期限独占的方式激励创新,因此,发明人或作者凭借合法的独占在竞争中获得优势地位,甚至是垄断地位是合法的,而反垄断法则不允许市场主体因其合法垄断地位而妨害、限制市场竞争;第二,知识产权法对于发明人或作者权利的保护表现为禁止未经授权的复制,而对于反垄断法而

---

[1] U. S. Dep't of Justice & Fed. Trade Comm'n. Antitrust Guidelines for the Licensing of Intellectual Property (1995) [EB/OL]. [2021-12-15]. http://www.justice.gov/atr/public/guidelines/0558.htm.

[2] U. S. Dep't of Justice & Fed. Trade Comm'n, Antitrust Enforcement and Intellectual Property Right: Promoting Innovation and Competition (2007) [EB/OL]. [2021-12-15]. http://www.usdoj.gov/atr/public/hearings/ip/222655.pdf.

言，复制正好是竞争的一种重要形式，特别是对于中小企业，禁止企业的复制行为其实质是对自由竞争的一种削弱，对垄断的一种维护。正是基于知识产权法与反垄断法之间既互补又冲突的关系，对二者关系的协调自20世纪早期以来就成为欧盟和美国司法和立法领域焦点问题。20世纪70年代以来，欧盟和美国新的反垄断法律框架逐渐形成相对稳定的对于二者关系协调的原则和方法。如欧盟反垄断法对于知识产权法的处理方式为：知识产权作为一种私权与其他私权一样，在反垄断法领域适用相同的规则。知识产权虽然具有独占性和排他性，但是拥有知识产权本身并不产生反垄断法上的问题，此外，在一般情况下，知识产权行使权利的行为不会违反欧盟的竞争法，但是欧盟保留限制知识产权行使的干预权，知识产权的行使行为与其他形式的私权一样既不会得到特殊的照顾也不会予以特别的管制，当知识产权的行使成为反垄断法禁止的行为时，就应当禁止其使用。❶

（二）具体表现：标准必要专利权滥用与反垄断法规制

专利法是知识产权法中与反垄断法产生冲突的集中领域，主要原因是：第一，专利权比其他种类的知识产权如著作权、商业秘密，具有更强的排他性，因此专利权构成知识产权领域对市场竞争最大的威胁；第二，专利权保护的目的是通过经济激励以鼓励创新和技术的发展，其他诸如版权、商业秘密等知识产权的保护目的更为多元和复杂。因此，专利权以及作为对专利权行使和利用主要方式的专利许可也受到了来自反垄断法的严格控制。专利许可与反垄断法同样具有既统一亦冲突的关系。通过专利许可的杠杆作用，被许可人可以凭借对被许可技术资源的整合和利用，使其产品或服务覆盖本来不可能进入的地理或产品市场，使得相关市场的竞争更加充分。专利许可对于竞争的促进作用得到了一些国家与专利许可相关法律文本的印证。如欧盟2004年《技术转让指南》中分析了许可协议促进竞争的作用，认为许可协议通过技术的传播可以降低被许可方的生产成

---

❶ 李明德. 欧盟知识产权法 [M]. 北京：法律出版社，2010：525.

本，并且还可以具备生产新的或改进产品的能力创造价值。特别是在存在大量专利的领域，许可可以通过排除许可方主张侵权诉讼的风险换取研发或生产的自由，从而总体上促进竞争。2007年由日本公正交易委员会发布的《知识产权利用的反垄断法指南》的序言部分也指出知识产权可以通过市场的技术交易，使不同的技术进行组合，提升技术的使用效率，形成新的技术或技术关联市场，增加市场竞争主体，从而有利于竞争。❶

专利权行使除了具有促进作用外，在特定环境下，对于竞争还能产生一定负面影响。这一负面影响集中表现在当企业市场支配地位的取得是因为其拥有的专利成为产业标准的必要技术的情形，因为受专利法保护的技术标准能够增强持有该专利权企业的市场领先地位。这种由技术标准产生的市场支配力极易可能被滥用，限制竞争对手进入下游的相关市场之中。在这种情况下，掌握标准技术的企业往往会试图通过"杠杆效应"控制与体系相关技术或改进产品的二级市场。因为当某个具有市场支配地位的企业投入了大量的沉没成本进行技术研发而获得成功，其为了确保从其付出的沉没成本中获取足够的利润，该企业通常会仔细研究如何利用市场的成功，运用"杠杆策略"，开发出利用技术标准优势的商业模式。在这一商业模式中，企业可能会凭借标准必要专利的强大威力，对下游的生产厂商从事价格联合、搭售、拒绝许可等行为，以达到在下游市场中谋取垄断地位的目的。技术标准化下专利许可交易存在的以上行为会产生严重的反竞争效果：首先，由于占据市场支配地位企业对于技术的管控，导致价值链高端的研发活动被限制在上游市场进行，很多下游企业，特别是中小企业，由于无法穿越"专利丛林"，将丧失创新的空间和环境，市场竞争的主体将会减少；其次，在市场支配力所产生保护屏障的作用之下，一些技术较为低端的产品会挤占下游较为高端产品市场的空间，产生"劣币驱逐

---

❶ 知识产权利用的反垄断法指南［J］. 潘志成，王先林，译. 经济法论丛，2008（1）：397-398.

良币"效果。❶ 因此，有必要对标准必要专利权行使的反竞争行为进行反垄断规制。正如日本的《知识产权利用的反垄断法指南》序言部分规定：如果知识产权人拒绝许可其他企业使用技术，或者在许可交易中限制被许可方研发、生产或其他商业行为，就有可能对市场竞争造成损害，此时就需要运用反垄断法对其进行规制，使知识产权限制行为不背离知识产权制度的初衷。❷

二、标准必要专利权滥用反垄断规制的理据

反垄断规制作为公法的规制手段，相对于专利法、合同法等私法限制工具来说，对于标准必要专利权滥用问题的解决，具有弥补规制缺位、注重实质公平以及平衡利益分配三个方面的意义和价值。

（一）弥补规制缺位

虽然合同法、专利法以及标准化组织制定的知识产权政策对标准必要专利权滥用问题的解决作用方面互相补充、各有优势，但是每个制度资源同时存在自身难以克服的问题，这些问题分别表现为：

（1）对于合同法的限制来说，合同本身所具有的特性决定了其在处理标准必要专利权滥用问题上具有以下两个方面的不足：首先，合同具有相对性，即合同关系只存在于特定主体之间，其权利义务也主要是对合同当事人产生约束力，合同当事人无权为他人设定合同义务。因此，违约责任只能由债务人向债权人承担。❸ 合同所具有的相对性抑制了其对于标准必要专利权滥用限制功能的发挥。如以禁止反言理论为例，该理论的生效至少必须以被告对实际信赖专利权认定的允诺作为前提，为了证明对于允诺的信赖，被告至少必须曾经对于允诺知悉。专利权人也需要有理由了解被

---

❶ ［英］史蒂文·D. 安德曼. 知识产权与竞争策略［M］. 梁思思，何侃，译. 北京：电子工业出版社，2012：9.

❷ 知识产权利用的反垄断法指南［J］. 潘志成，王先林，译. 经济法论丛，2008（1）：397 - 398.

❸ 陈小君. 合同法学［M］. 北京：中国政法大学出版社，2002：164.

告将因其允诺而获得相当的利益。只有以上两个条件同时具备,才可能成立一个有效的允诺,但对于以上条件的满足,通常只会局限在标准化组织的会员范围内,对于非会员则似乎很难证明对专利权人的允诺会产生信赖。其次,合同法遵循损害赔偿的填平原则,对于标准制定组织制定的具有惩罚性的损害赔偿规则,合同法并不能适用。例如,ETSI 政策中,入会会员必须依照 FRAND 条件对其他会员进行专利许可。即使是非会员,ETSI 也希望其能以相同要求进行授权,对于拒绝授权的专利,ETSI 会评估该专利是否有其他可行的替代方案,如果没有,最后可能会提交委员会裁决,甚至可能宣告该标准方案无效。还有一些标准化组织会通过订立惩罚办法救济标准化组织成员违反标准制定组织的规章所造成的损失,标准化组织订立的带有惩罚性规则因为合同法禁止惩罚性损害赔偿的原则而无法适用。

(2) 对于专利法的限制而言,由于专利法作为私法,在处理权利与义务、保护与限制的问题上,更偏向于前者,因此在具体的制度设计上专利法制度不可能设计出与制度本质相违背的规制方法,专利法私法限制的局限主要表现在两个方面:首先,专利诉讼启动方式上是一种被动启动,公权力机关一般不会介入私人的纠纷之中;其次,专利法对于标准必要专利权滥用的限制更多只是一种防御性而非进攻性的武器,无论专利权滥用还是永久禁令限制都只是一种对侵权指控的抗辩,即只有当专利权人提起侵权之诉后才可以启动,抗辩的效力也仅限于让专利权不能得到执行,并不能成为被控侵权人的独立诉因。

(3) 标准化组织制定的知识产权政策也如上文所述,由于本身制定的非科学性、适用对象的局限性以及执行过程中的复杂性上具有问题而不能很好地发挥对技术标准化下专利许可规范的作用。

素有"自由企业大宪章"之称的反垄断法属于公法,在反垄断法的框架内,对标准必要专利权滥用,可以采用不同于私法的规制方法,具有以下两个方面的优势:第一,对于标准必要专利权滥用涉嫌垄断行为可以主动介入。如美国司法部反托拉斯局与联邦委员会是执行美国反托拉斯法的两个联邦行政机构,在反托拉斯案件中,美国司法部和联邦贸易委员会通常是作为公诉人向联邦法院提起反托拉斯行政诉讼或者民事诉讼,然后由法院做出刑事或者民事判决。在德国和日本,其反垄断法的行政机构不仅有权对案件进行主动的调查和审理,而且有权像法官那样对案件作出裁决,包括当被告不执行裁决时,行政机构有权对其进行行政制裁。❶ 第二,违反反垄断法可以作为独立的诉因。根据反垄断法,对于涉嫌垄断行为不仅可以提起主动诉讼。在侵权之诉中的被控侵权人还可以以反垄断法为依据提出反诉,或者以反垄断法为根据独立提起诉讼,以此更为有效地保护标准使用人的权益。

(二) 强调实质公平

在私法框架内,参与标准制定的会员被起诉违反其与标准制定组织的合同可以成立,对于因标准必要专利权人执行其专利排他权所造成整个产业或消费者所受到的伤害的损害赔偿却难以计算。再则对于契约损害赔偿的计算原则是一方因对方违约所受损害及预期依约定履行应得的利益。当原先基于标准制定组织间的合同是同意授权时采用合理且无歧视的条件时,一般从业者预期的结果是可基于支付合理的权利金后才有权实施具有专利权的标准。但是专利权人如果违反约定仍然执行其专利权,此时按照合同法的原则,受害的标准使用人只可以请求回复其所应得的利益减去应支付给专利权人的权利许可费数额。但是这样的救济并没有完全弥补因为专利权人违约造成的社会损害以及社会成本增加,最后消费者为增加的费用买单。如果根据专利法的滥用权利抗辩,其结果只是会导致专利权的不可执行,侵权行为得到矫正,而被控侵权人不会得到任何的赔偿金或者其他权利。因此从目前的私法体系来看,更为强调的是形式意义上权利初次分配的公平,对实质公平则较少予以关注,对于因权利滥用行为导致的利

---

❶ 王晓晔. 反垄断法 [M]. 北京: 法律出版社, 2011: 325.

益受损一方是明显不公平的。❶ 然而，在反垄断法框架内，权利人如果通过诉讼手段追究滥用权利人的责任，被控侵权人不仅可以不用再继续支付原告权利许可费，还可以向权利滥用人索要损害赔偿以及律师费，甚至在美国，根据其反垄断法的规定，权利滥用人有可能被判支付三倍的损害赔偿金。❷ 三倍损害赔偿金的主要依据是：很多垄断行为虽然严重损害市场竞争，损害消费者的利益，但是因为其隐蔽性强，找寻证据的成本较高，通过较大额的损害赔偿的设置可以激发私人诉讼，也正是在这种激励之下，美国绝大多数反垄断案件是由私人提起诉讼，而政府提起的公诉只占小部分。因此，从这一方面来说，相对于私法，反垄断法更为注重实质公平。

（三）平衡利益分配

虽然专利法制度本身就存在利益平衡机制的设计，如上文所述权利滥用原则、专利强制许可制度以及永久禁令的限制都是对专利权人权利的限制制度设计，但不可否认的是专利法作为私法主要还是授权性规则。由于"理性经济人"是近代私法的重要理论假设之一，因此，对于理性经济人来说，追逐利益并将其利益最大化是其行为的重要指针，技术标准却承载着技术领域化繁为简，保障人们生活质量的公益作用。当专利权与技术标准发生交会之后，私人利益与公共利益之间的冲突就不可避免了。在私法领域，对于民事纠纷遵循的是"不告不理"原则，并且一般只有利益相关人才具有诉讼主体资格。具体到专利许可交易中，在消费者整体利益受损的情形之下，被控侵权人往往只能对其相关的利益进行主张，消费者的利益并不能得到有效保障。但是，反垄断法的主要目标在于自由竞争市场的维护，通过竞争市场维持优化资源的配置（不受限制的竞争将产生最经济

---

❶ Mark A. Lemley. Intellectual Property Rights and Standard – Setting Organizations [J]. Cal. L. Rev., 2002 (90): 1913.

❷ 张冬. 专利权滥用争议的法律协调——以专利法与反垄断法的关联为视角 [J]. 河北法学, 2009 (6): 132.

的资源配置），提高消费者福利（不受限制的竞争将产生最低价格、最好质量的物质产品），提高社会民主程度（不受限制的竞争有助于创造一个政治民主和社会民主的环境）。❶ 当专利权私益性与技术标准的公益性发生冲突时，反垄断法一方面可以通过对专利权滥用行为的规制，在个人利益与公共利益中作出平衡和调整，避免让专利权人行使权利的行为触碰社会公共利益的底线，以维护有效的市场竞争环境。另一方面反垄断法并非对个人的合法利益毫无顾忌。专利权人凭借技术标准的强制力合法获得市场支配地位本身并不会违反反垄断法，只有当专利权人凭借技术标准获得的市场支配地位而从事限制竞争行为时，才构成非法垄断行为。如微软凭借个人电脑视窗系统在全球事实标准的建立，在世界范围内对 PC 操作系统发放占全球市场 95% 市场份额的许可行为本身并不会违反反垄断法，只是其通过合同及技术限制迫使 PC 制造商预装微软视窗和互联网浏览器，实施将网络浏览器与视窗捆绑搭售，限制其使用竞争对手的产品以及对于视窗系统改进的行为是违反《谢尔曼法》的。❷ 因此，从这一意义上来说，反垄断法对于标准必要专利权滥用的规制并非对专利权人合法利益的限制，只是实现个人利益、组织利益与社会公共利益之间协调和平衡的工具。

三、标准必要专利权滥用反垄断责任构成的要素

反垄断法区别于私法，有其独特的理论分析工具和方法。对于技术标准化下专利许可交易中限制行为进行反垄断分析，首先需要对反垄断分析的基本概念工具进行整理和分析，并做出适应性的解释。

（一）相关市场

根据反垄断法对标准必要专利权滥用行为作出评价首先需要解决的问

---

❶ 王晓晔. 反垄断法 [M]. 北京：法律出版社，2011：28.
❷ 王先林. 知识产权与反垄断法：知识产权滥用的反垄断问题研究 [M]. 北京：法律出版社，2008：4.

题是界定该技术或任何包含该技术的产品进行交易的相关市场，以评估在一个相当长的时期内限制行为对于市场竞争的影响程度。对于相关市场的界定也是整个反垄断法适用中最基础的一项工作。某一市场主体的限制行为对于市场竞争的影响与该市场主体产品的市场占有率是呈正比的关系。市场占有率越大，其行为越可能被反垄断法认定为妨碍市场竞争的垄断行为。反垄断法对于知识产权的适用，最基本的问题就是技术市场的界定问题，因为知识产权不同于传统的商品，不宜适用传统财产权产品市场定义的方式。针对这一问题，美国和欧盟的相关反垄断立法就相关市场对知识产权的适用问题作出过专门的回应。

美国于1995年颁布的《知识产权许可的反垄断指南》（以下简称《反垄断指南》）率先对技术市场和创新市场做出了定义。美国的《反垄断指南》将相关产品市场细分为商品、技术和创新三个市场：（1）商品市场（Goods Markets）。商品市场是指一般具可替代性产品所构成的相关市场，在《反垄断指南》中商品市场专指通过知识产权授权取得的技术，利用该授权技术所生产的中间产品或者终端产品以及实际上其他可替代的商品所构成的相关产品市场。（2）技术市场（Technology Markets）。技术市场是指那些对于特定的技术可以相互替代的知识产权集合，当知识产权与基于该类知识产权所产生的产品在市场上可被分开使用时，美国反垄断法执法部门在评估授权行为对于竞争影响时会先界定技术市场。对于技术市场中竞争效应的界定，反垄断执行机关会考虑到所有相关因素。当市场占有率数据可得的情况下，反垄断执行机关就会将市场占有率的资料纳入评估之中。如果市场占有率资料不可得时，反垄断执行机关会将每一个技术视为具有相同的市场占有率。（3）创新市场（Innovation Markets）。创新市场是由直接关于特定新产品或改良产品所构成的市场，以及包括该研究及开发的近似替代者。《反垄断指南》对于某一行为在创新市场的市场力的有无是由该行为是否可以降低本身的研究开发费用但不会相对地影响其他行为提高研究开发费用决定的。对创新市场作出界定的主要原因是如果许可授权对于开发新产品或改良产品有不利的影响,此时反垄断法执行机关会进行该影响的分析,这种影响可能在相关产品市场或者技术市场没有竞争效应,但是在创新市场具有影响竞争的效应。❶

欧盟在1997年发布的《关于为欧洲共同体竞争法界定相关市场的委员会通知》中对相关市场也从产品市场、地理市场以及时间市场三个方面做出了界定:(1)产品市场。在产品市场中,评判一个产品是否具有互换性,主要从需求替代性以及供给替代性两方面进行考察。❷ 所谓需求替代性是从消费者的角度进行观察,即不同的产品之间具有相同或者类似的功能、特性或用途,可以满足自己的同样需求,而有互换性。不同产品具有互换性主要在于其能否满足某种需求。这种需求由两个方面的因素决定。第一,等同功能。等同功能存在于主观等同和客观等同之中,主观等同是指产品生产者设计、制造产品的动机和目的等同。主观等同一般与产品的特性有关。客观功能则是从消费者角度来衡量,指消费者认为该产品具有的功能和用途能够满足自己的需求。具有不同特性的产品如果能满足消费者同一种需要,就会被认为近似功能。第二,价格与需求的交叉弹性。价格与需求弹性被消费者认为具有替代性产品的竞争除了在功能上之外,主要还有价格的竞争。在一个相关的产品市场,如果某一产品价格的提升会使消费者转而去购买另一产品,使原来产品价格的上涨变得无利可图,那么这两种产品就被称为完全替代品。供给替代性主要是指一个不销售某种产品的企业,如果在不需要较大的投入进行改造或调整其生产设施,就可以短期内具备生产和销售某种产品的能力,这个企业就可被视为这种产品的供给替代。供给替代性主要是从未来可能投入市场的竞争产品分析和判断产品市场。欧盟委员会和法院通常将供给替代性作为认定相关产品市场

---

❶ U. S. Dep't of Justice & Fed. Trade Comm'n. Antitrust Guidelines for the Licensing of Intellectual Property(1995)[EB/OL].[2021-12-15]. http://www.justice.gov/atr/public/guidelines/0558.htm.

❷ 李明德. 欧盟知识产权法[M]. 北京:法律出版社,2010:582.

的辅助手段。(2)地理市场。欧盟委员会对于地理市场的界定为一定地理区域,在这个区域内,有关的供应产品或提供服务的企业处于相同的竞争条件。在分析地理市场时,通常应当关注以下因素:地域性分销中有关产品的市场配额、地域性分销中有关产品的市场价格、主要供应商的居所地、运输方式、产品进出口贸易情况、市场进入障碍、消费者喜好、运输成本、分销系统、产品变化、欧盟法律可能修改带来的影响。(3)时间市场。时间市场对于相关市场界定的意义在于,市场竞争态势是随着时间发展瞬息万变的,昨日的替代品,今日可能就已不再是替代品。如果混淆了时间的限定,将会导致相关市场认定上的错误。在界定时间市场时通常会考察知识产权的有效期、产品的生产周期以及产品的使用期限三个因素。❶

我国目前对于相关市场的界定主要依据的是2009年颁布的《国务院反垄断委员会关于相关市场界定的指南》(以下简称《相关市场指南》),具体到知识产权领域的相关市场界定依据的是2019年颁布的《关于知识产权领域的反垄断指南》(以下简称《知识产权指南》)。《相关市场指南》对商品市场和地域市场的界定均提出了参考因素和方法。但是从《相关市场指南》对相关市场的界定方法来看,在对相关市场的界定中关于相关商品市场和相关地域市场的划分主要还是适用于传统意义上垄断行为,而对于涉及知识产权的技术许可,《相关市场指南》并未作出具体的解释,只是笼统地规定:对于知识产权的反垄断执法中,还应考虑相关的技术市场,考虑创新等因素,而对于如何考虑技术市场并未做具体的说明。❷《知识产权指南》虽然对知识产权领域技术市场的分析提供了相关考量因素,但对于标准必要专利的特殊性问题没有专门回应,而由于技术标准化下涉及专利相关行业在网络效应、用户锁定等方面相较于传统行业具有特殊

---

❶ [英]史蒂文·D. 安德曼. 知识产权与竞争策略[M]. 梁思思,何侃,译. 北京:电子工业出版社,2012:43.
❷ 《国务院反垄断委员会关于相关市场界定的指南》第3条第5款规定:"在技术贸易、许可协议等涉及知识产权的反垄断执法工作中,可能还需要界定相关技术市场,考虑知识产权、创新等因素的影响。"

性，决定了其在相关市场的界定上，需求交叉弹性较低，相关地域市场弱化以及进入门槛抬高等特点，如果沿用传统行业或一般知识产权领域的相关市场界定规则，势必不利于标准必要专利许可交易中对于潜在竞争者、市场份额以及对竞争产生影响等问题的合理判定，进而无法为反竞争行为的认定提供准确依据。

（二）市场支配力

市场支配力是反垄断法中很多垄断行为构成的前提条件，如搭售、拒绝许可，因为具备市场支配力的企业能够自由地提高或降低价格，自由地实施对于其他经营者的竞争限制，而不用担心消费者或者其他竞争者对其的惩罚。在技术标准化下，由于标准有机会成为某个产业事实上的标准，从而不仅可以让专利权人具有在市场上对制造标准产品的竞争者实施排他权，而且通过标准组织对于标准的推广使用，还可以使专利权人拥有主导市场的力量，获得市场的支配力。目前对于市场支配力的界定，不同国家有着不同的做法。

欧盟委员会在1972年的Continental Can案件中，就对市场支配地位做出了详细的解释："一个企业如果有能力独立进行经济决策，即决策时不必考虑竞争者、卖方和供货方的情况，它就是一个处于市场支配地位的企业。如果一个企业通过与市场份额相关的因素如技术秘密、取得原材料和资金的渠道以及其他重大优势如商标权，能够决定相关市场一个而重大部分的价格，或者能够控制他们生产和销售，这就存在市场支配地位。市场支配地位不是说这个势力必然剥夺市场上全体参与者的经营自由，而是强大到总体上可保证这个企业市场行为的独立性，即便这个势力对市场不同部分有着强度不同的影响。"[1] 在实践中，特定产品或服务商的市场份额通常被欧盟作为判断是否具有市场支配地位的指标之一。如在Hoffmann – La Roche案中，法院就指出："一个非常大的市场份额（超过50%）是存

---

[1] 王晓晔. 反垄断法 [M]. 北京：法律出版社，2011：191.

支配地位十分重要的证据，其他的相关因素还包括与其竞争者特别是市场份额占第二大企业之间在市场份额上的关系，相对于竞争者而言在技术上的领先性、高度完善的销售网络的存在，以及不存在潜在的竞争。"❶ 2009 年欧盟颁布的《关于适用欧共体条约第 82 条查处支配地位企业滥用排挤行为的执法重点指南》又对关于市场支配地位的判例做出了梳理，对市场支配地位的观点和看法做出了澄清，指出判定市场支配地位时，应当考虑以下几个方面的因素：（1）实际竞争对手现有的供货能力对涉案企业所产生的牵制作用；（2）实际竞争对手极有可能将来扩大产能，或者潜在的竞争对手极有可能进入市场，由此对涉案企业产生的牵制作用；（3）因顾客的议价能力而对涉案企业产生的牵制作用。❷

《日本禁止独占法》中的"垄断状态"近似于市场支配力这一概念。根据《日本禁止独占法》对于垄断状态的界定，其对于市场支配力的构成要求为：（1）一年内，一个经营者的市场份额要超过市场的 50%，两个经营者的市场份额要超过 75%；（2）其他经营者在市场中竞争十分艰难；（3）该经营者提供的产品在相当时间内，需求的变动及与其供应所需要费用的变动相比，价格明显上涨或者下降极小，并且该经营者获取了超额利润。❸

目前我国《反垄断法》第 18～19 条❹规定了经营者具有市场支配地位

---

❶ Hoffmann – La Roche & Co. AG v. Commission ［1979］ECR 461.
❷ 李明德. 欧盟知识产权法［M］. 北京：法律出版社，2010：586 – 587.
❸ 戴龙. 滥用市场支配地位的规制研究［M］. 北京：中国人民大学出版社，2012：38.
❹ 《反垄断法》第 18 条规定："认定经营者具有市场支配地位，应当依据下列因素：（一）该经营者在相关市场的市场份额，以及相关市场的竞争状况；（二）该经营者控制销售市场或者原材料采购市场的能力；（三）该经营者的财力和技术条件；（四）其他经营者对该经营者在交易上的依赖程度；（五）其他经营者进入相关市场的难易程度；（六）与认定该经营者市场支配地位有关的其他因素。"第 19 条规定："有下列情形之一的，可以推定经营者具有市场支配地位：（一）一个经营者在相关市场的市场份额达到二分之一的；（二）两个经营者在相关市场的市场份额合计达到三分之二的；（三）三个经营者在相关市场的市场份额合计达到四分之三的。有前款第二项、第三项规定的情形，其中有的经营者市场份额不足十分之一的，不应当推定该经营者具有市场支配地位。被推定具有市场支配地位的经营者，有证据证明不具有市场支配地位的，不应当认定其具有市场支配地位。"

认定的酌定条件和推定条件。从以上各国的市场支配力的认定来看，我国《反垄断法》对于市场支配地位的认定参考了其他国家的立法经验，但是仍存在以下问题。首先，对于市场份额的计算方法没有明确。《反垄断法》在对经营者市场支配地位认定中虽然以不同市场份额的满足作为推定条件，但是并未明确该市场份额的计算方法以及计算时间跨度，这样无疑会让现实中法官对于市场支配地位难以计算。其次，对于市场份额的推定条件的规定缺乏可操作性。我国《反垄断法》第 19 条是通过设置市场份额的方式，对于经营者市场支配地位形成推定，但是其与第 18 条关于市场支配地位的酌定条件之间的适用关系，从条文上并未说明。这样就会导致在对经营者市场支配地位的判断过程中，对选择适用推定条件和酌定条件的混淆。

第二节　标准必要专利拒绝许可的反垄断规制[*]

拒绝许可是专利权专有性的集中彰显，强大的专有性可以为自由市场交易提供坚实的商业基础，促使技术得到最大效率的开发、转让和使用，❶因此，专利权人的拒绝许可在一般情况下是合法的。然而，专利权人的自由也并非绝对而不受任何限制，在特殊情况下，专利权人拒绝许可的自由可能会受到反垄断法的规制。近年来，标准必要专利权人的拒绝许可行为就受到了各国反垄断执法机关以及法院的密切关注，从而成为对拒绝许可进行限制的特殊情况。❷ 标准必要专利权人可以借助标准赋予的市场强制

---

[*] 该节内容部分摘引自：郑伦幸. 对标准必要专利权人拒绝许可行为的反垄断规制 [J]. 知识产权，2016（7）.

❶ [美] Jay Dratler, Jr. 知识产权许可（上）[M]. 王春燕，等译. 北京：清华大学出版社，2003：151.

❷ 单独拒绝许可行为应当受到契约自由原则最大的保障，但是当单独拒绝许可行为存在于以下三种情况下则有可能构成违反反垄断法的行为：（1）当该专利技术成为业界的技术标准时；（2）专利技术为关键设施时；（3）虽然并非前两种情况，但专利权人与被授权人之间存在相对优势的关系，前者的拒绝授权行为构成相对优势地位的滥用。参见：黄铭杰. 竞争法与智慧财产法之教会——相生与相克之间 [M]. 台北：元照出版社，2006：177.

力，获得对于消费者和标准使用人的锁定效力，凭借这一市场优势，其可以通过拒绝许可行为排除市场上的竞争者，从而取得在市场中的独占地位。标准必要专利权人的拒绝许可不仅会有损市场竞争对手的合法利益，同时还会对消费者福祉和公共利益带来损害。近年来，标准必要专利权人拒绝许可问题也逐渐在我国的司法实践中开始暴露，如 2013 年的华为诉 IDC 案、高通案等都涉及标准必要专利权人的拒绝许可，标准必要专利权人拒绝许可问题的集中凸显已引起了我国理论界和实务界的热议和反垄断立法的频繁回应。[1] 然而，由于目前我国对于标准必要专利权人拒绝许可问题的研究和立法均处于起步阶段，理论界和实务界对于规制对象的厘清、规制尺度的把握、规制规则的设计均存在一定程度的模糊和争议之处。因此，有必要在廓清相关基础性理论问题的前提下，立足我国实际，借鉴他国立法经验，构建一套兼具适应性和针对性的反垄断规制方案。

一、行为界定

技术标准化是一个动态过程，主要包括标准制定（生成）、标准实施两个阶段。[2] 标准必要专利权人拒绝许可行为在不同的技术标准化阶段可呈现出不同的形态。

（一）标准制定过程中的标准必要专利权人拒绝许可

由于标准可以为专利权价值的最大化提供广阔的利益空间，因此专利权人通常对标准趋之若鹜，积极地想将自己的专利纳入标准之中。但是当专利权人所拥有的专利技术成为标准的必要技术时，特别是当这一专利技术在市场中具有不可替代的唯一性的时候，此时专利权人就会权衡将自己专利纳入标准带来的收益和预期损失之间的利弊，因为一旦将专利纳入标

---

[1] 在继 2008 年我国《反垄断法》颁布实施后，2015 年 4 月国家工商行政管理总局制定的《关于禁止滥用知识产权排除、限制竞争行为的规定》和 2019 年国务院反垄断委员会发布的《关于知识产权领域的反垄断指南》均将标准必要专利权人拒绝许可的规制作为立法重点和目标。

[2] 李春田. 标准化概论 [M]. 北京：中国人民大学出版社，2010：36.

准,同时意味着垄断权利会受到限制,必须遵守合理公平无歧视原则(FRAND)或者免费原则(RF)进行授权,甚至很多时候面临不得不许可自己竞争对手适用自己技术的困境。因此,很多拥有关键专利技术的公司往往通过"私有协议"的方式而非许可的方式授权给标准化组织运营专利技术。专利权人通过"私有协议"同样能够获得对于市场的控制力和对消费者的锁定力。一般意义而言,由于"私有协议"的封闭性和垄断性,技术标准化组织在标准的制定过程中会尽量对于"私有协议"涉及的专利技术绕道而行,尽量避免此类专利的进入,但是当标准对于专利技术无可回避的时候,如果标准必要专利权人主张权利,拒绝许可其专利技术,此时的拒绝许可就会导致整个标准化进程的搁置,并且妨碍市场竞争,限制了消费者的选择权,从而损害社会公共利益的,专利权人的拒绝许可行为就有可能违反反垄断法。

(二) 标准实施过程中的标准必要专利权人拒绝许可

一旦标准进入实施阶段,成为市场通行规范,就意味着市场上所有该类商品均需符合和达到该标准的技术规范要求才能被市场所接受,而标准商品的生产商要达到标准技术规范的要求,就必须通过标准必要专利权人的许可授权而获得对标准技术的利用,基于此,标准必要专利权人就可以赢得市场力量(Market Power),立于市场支配地位。❶ 为解决标准必要专利权人的许可问题,通常标准制定组织会要求进入标准的专利权人事先做出公平、合理、无歧视的许可(FRAND)承诺或者免费许可(RF)承诺,只有专利权人做出许可承诺,才会将其专利纳入标准之中。如果专利权人在标准的实施阶段违反许可承诺拒绝向标准生产商授权,就会涉嫌对于市场支配地位的滥用,而面临反垄断法的规制。此外,市场中的交易形态是复杂的,除了直接的拒绝许可,在现实中专利权人通常会附带不合理的许可条件如过高许可费或搭售,让标准生产商望而却步,当许可双方对于专

---

❶ Keith Maskus, Stephen A. Merrill. Patent Challenges for Standard – Setting in the Global Economy [M]. Washington, D. C: The National Academy Press, 2013: 87.

利许可授权金额的谈判破裂或没有进展时,专利权人就会提起专利侵权诉讼以压迫对手接受其提出的许可条件。在此情况之下,标准必要专利权人向被许可人索要高额许可费的行为也应被视为一种变相的拒绝许可。标准实施阶段的拒绝许可不仅会延缓和妨碍标准化进程,还会危及基于对于技术标准的信任而事前做出各种投资资金的安全,因此,理应受到反垄断法的规制。❶ 如 Broadcom 案中的原告博通公司是一家为有线和无线宽频通信设备生产半导体的企业,而被告高通公司则是一家开发无线通信科技企业。手机通信技术历经了 1G、2G 和 3G 三个发展阶段,而 WCDMA 是手机 3G 时代通信的重要标准之一。高通公司在美国拥有 3000 多项专利权和专利申请,其中很多专利技术是 WCDMA 技术标准的必要技术。博通公司作为通信领域的半导体生产厂商,其产品要进入到通信市场,就必须获得高通公司的标准必要专利权许可。2005 年 7 月,博通公司对高通公司提起了诉讼,主张高通公司在许可 WCDMA 和 3G 标准技术所要求的技术时,违反当初在 3G 标准制定中,做出的 FRAND 许可承诺,从事了非法和反竞争行为:其一,高通公司威胁手机制造商如果从高通公司的竞争对手处购置芯片就会在许可贸易中受到损失;其二,对于只从高通公司购买芯片的企业,高通公司承诺减少许可费;其三,对于 WCDMA 的必要专利收取不合理的许可费,因为高通公司的专利对于 WCDMA 标准的贡献远不及对 CD-MA2000 的贡献,但是高通公司收取了相同的许可费。博通公司认为高通公司的以上行为明显是对当初向标准化组织作出的 FRAND 许可承诺的违反,因此应当受到反垄断法的规制。❷

二、法理分析

潜在限制 SEP 权利人拒绝许可行为的理论是关键设施理论(Essential

---

❶ 马海生. 专利许可的原则——公平、合理、无歧视许可研究 [M]. 北京:法律出版社, 2010:42-43.

❷ Broadcom Corp. v. Qualcomm. Inc., 501 F. 3d 297, 310 (3d Cir. 2007).

Facilities Doctrine),该理论认为,如果特定市场上的力量支配者通过控制某种关键设施的利用来阻止相邻市场或下游市场上的竞争者和参与市场竞争,那么该行为就应当受到反垄断法的规制。关键设施理论最早产生于美国 1912 年的 US v. Terminal Railroad Association 一案,并在美国和欧盟的司法实践中得到不断发展。

(一)美国对标准必要专利权人拒绝许可行为反垄断规制的理论发展

在美国关于适用关键设施具有标志性的案件是 MCI Communications v. AT&T 案,1969 年以前该案中的被告 AT&T 以及其所属的 26 家室内电话公司以及长途电话部门独占美国电信市场。1969 年 MCI 公司的前身 Microwave Communications 公司加入了长途电话业务的服务,1971 年 6 月美国联邦通信委员会(Federal Communication Commission,FCC)发布了让所有专营长途电信从业者进入市场,开放竞争的命令。当时的 AT&T 公司表示愿意与新的市场进入者协商网络连接的问题,但是直到 1974 年 MCI 与 AT&T 公司仍存在很多的争议,MCI 始终未能顺利地完全利用 AT&T 公司的电信网络设施。随后,MCI 于 1974 年 3 月向美国联邦法院提起了 AT&T 公司违反反垄断法的诉讼,指控 AT&T 公司从事了拒绝提供电信连接网络交易等滥用市场支配地位,企图独占或维持市场独占的非法行为,并依法向法院请求 3 倍的损害赔偿。美国联邦地方法院于 1980 年 6 月判决被告 AT&T 败诉,并赔偿 MCI 公司 1.8 亿美元的损害赔偿。随后,AT&T 公司向美国联邦上诉法院提起上诉。联邦上诉法院在 1983 年的判决中对 AT&T 公司拒绝提供联网交易的行为认定为企图独占或维持独占,并且在认定的过程中还提出了关键设施原则构成的四要件:(1)有独占企业控制关键设施;(2)竞争者没有能力或没有合理方式重新复制关键设施;(3)拒绝竞争者使用关键设施;(4)具有提供该设施的可行性。❶ MCI 案确立了美国法院适用关键设施原则的基本要件。根据该案所建立的判决,关键设施理论的适用必

---

❶ MCI Comm. Corp. v. AT&T, 708 F. 2d 1081 (7th Cir 1983).

须要求拒绝提供服务者是该设施所处市场的支配者,而且其拥有的关键设施一定要是参与下游市场竞争所必须利用的设施,换言之,该设施是市场竞争中提供商品或服务必须要利用的设备或设施,不利用该设施竞争者将难以参与到该市场的竞争中,如果不利用此关键设施只是造成竞争者的不便或者成本增加,就不能成为关键设施。由于关键设施拥有者的拒绝交易不仅是妨碍竞争而且是消除竞争,因此应当受到反垄断法的规制。

美国法院虽然通过判例确立了关键设施理论以及配套规则,但是由于受到财产权神圣和自由市场观念的影响,因此对于该理论的适用一直处于十分谨慎的态度。[1] 如 2000 年的 Xerox 案中,美国联邦巡回法院认为只有存在非法搭售,或者欺诈手段获得知识产权,抑或知识产权人恶意诉讼主张知识产权的情况之下才能适用关键设施理论。美国法院的上述认定无疑压缩了关键设施理论的适用空间,因为以上三种情况的成立都必须建立在能够证明知识产权人主观故意的前提之下,而这对于原告而言往往是难以承受的举证压力。[2] 2004 年的 Trinko 案[3]和 MetroNet 案也同样验证和延续了美国法院的这一态度。

(二) 欧盟对 SEP 权利人拒绝许可行为反垄断规制的理论发展

必要设施原则虽然源于美国的司法实践,但是该理论在欧盟得到了比美国更为广泛的运用,主要原因是:其一,相对于美国,欧盟由不同的成员国组成,并且电力、电信、能源等关键设施由大企业所控制,因此在欧盟更有将关键设施作为理论工具促进统一市场形成的动力;其二,欧盟竞争法的实施主体是欧盟委员会,作为行政机关相对于美国实施反垄断法的法院更为容易介入私人的纠纷之中。[4]

---

[1] Gergana Miteva, Gvantsa Duduchava. Global Antitrust Trends in the Context of Refusal to License Iprs(March 10, 2016)[EB/OL]. [2021-12-15]. http://ssrn.com/abstract=2665559.

[2] CSU, L. L. C. v. Xerox Corporation, 203 F. 3d 1322 (Fed. Cir. 2000).

[3] Verizon Communications Inc. v. Law Office of Curtis v Trinko LLP, 540 US 398.407, 124 SCt 872 (2004).

[4] 戴龙. 滥用市场支配地位的规制研究[M]. 北京: 中国人民大学出版社, 2012: 138.

欧盟首次将关键设施原则运用到知识产权领域的是 Magill 案。该案原告是在爱尔兰和北爱尔兰地区经营广播电视业务的 RTE、ITV 和 BBC 三家电视台，它们分别通过报纸预告电视节目。根据爱尔兰法和英国法，三家电视台分别对其周期性节目预告享有著作权。被告 Magill 是爱尔兰的一家出版社，出版了一个名为《Magill 电视节目指南》的周刊，预告在爱尔兰可以收视的所有电视节目。这三家电视台以 Magill 侵犯了它们的著作权为由向爱尔兰法院提起诉讼，要求法院以保护著作权为由禁止 Magill 的电视指南。而 Magill 则向欧盟委员会进行了申诉。欧盟委员会认为，RTE 和 ITV 的行为属于滥用市场支配地位的行为，违反了《欧共体条约》第 82 条，因此责令 RTE 和 ITV 在合理使用费的基础上非歧视地向包括 Magill 在内的第三方提前提供节目清单，供其使用。Magill 案中，处于支配地位的电视公司并非单纯地拒绝许可其享有著作权的电视节目表，其拒绝许可的行为还在于确保其本身在电视周刊的地位，著作权人行使著作权的行为会阻碍新产品的问世。电视节目单信息的价值性留存的时间非常短暂，著作权人拒绝许可使用造成了新产品永久无法进入市场竞争，因此，法院确认该电视单是一种关键设施，著作权人不得以侵害著作权为由作排除竞争的行为。[1] Magill 案后，知识产权人滥用市场支配地位主要存在于以下两种情况之中：第一，若知识产品对二级市场而言是必要的原材料，原材料供给享有事实上的垄断地位，知识产权人拒绝向二级市场上致力于开发新产品的竞争者出售或许可制造该知识产权产品，该知识产权人就可能属于滥用支配地位；第二，若企业就二级市场上某项必要的原材料拥有知识产权保护，因而取得了事实上的垄断地位与市场支配地位。该企业为了抢占二级市场，拒绝向与该企业一直有商业往来的二级市场上的竞争者出售或许可制造该原材料，可能构成滥用行为。

2004 年，在 IMS Health GmbH & Co. OHG v. NDC Health GmbH 案中，

---

[1] 李明德. 欧盟知识产权法 [M]. 北京：法律出版社，2010：601.

欧盟法院将关键设施理论应用到技术标准环境中。该案中,原告 IMS 公司根据一种砖块结果的数据模式专门提供有关区域医药产品销售情况的数据。这种砖块结构共由 1860 块砖块组成,每个砖块对应一个区域,这些区域根据市场区划、邮编、人口密度、交通枢纽、医药产品的分销和医疗诊所的分布等标准来划分。IMS 定期并且无偿地向各个药店和医疗诊所提供此数据的使用。该案被告 NDC 是另一家制作该数据的公司,当其向客户推销自己制作的 2201 砖块结构的数据时,发现客户们都已习惯接受 1860 砖块结构的数据,2201 砖块结构的数据根本就进入不了市场。NDC 向 IMS 提出请求用 1860 砖块结构来重组并销售它们的数据,但遭到了 IMS 公司的拒绝。NDC 在没有经得 IMS 同意的条件下开始用 1860 砖块结构类似的方法重组其数据。因此,IMS 认为 NDC 的行为侵犯了其知识产权,而 NDC 则向欧盟委员会主张 IMS 拒绝许可的行为违反了《欧共体条约》第 82 条,构成滥用其市场支配地位。经分析,欧盟委员会裁决认为 IMS 的 1860 砖块结构是一种关键设施,因为该结构已经成为包括药品批发商以及制药公司在内的顾客群体所要求的市场标准,所以 IMS 的行为已经构成市场支配地位的滥用。随后,IMS 上诉后,欧盟法院认为拒绝向依赖某知识产品市场上的新企业授予知识产权许可的行为只有在同时满足以下三个条件时,才构成滥用市场支配地位的行为:(1)要求获得许可的企业打算向市场提供原知识产权人没有的新产品或服务,并且该产品存在潜在的市场需求;(2)该拒绝不具有客观的正当理由;(3)该拒绝的目的是知识产权人能够独占使用并排除次级市场上的所有竞争。❶

欧盟 Microsoft v. EU Commission 案,又进一步发展了关键设施理论。在 Microsoft 案中,欧盟委员会首先放宽了必不可少要件(indispensability requirement)的要求,不再绝对要求竞争者对于诉争知识产权找寻不到替代品,而只要求"竞争者找寻知识产权替代产品或服务存在不合理的困

---

❶ Case C-418/01, IMS Health GmbH & Co. OHG v. NDC Health GmbH & Co. KG [2004] ECR I-5039.

难"即可。其次，关于新产品要件方面，区别于 IMS Health 案中法院要求竞争者必须证明知识产权人拒绝许可妨碍了新产品或服务的出现，该案中欧盟委员会只要求竞争者证明其产品或者服务具有区别该知识产品的特征，并且有利于消费者利益即可。最后，该案对于拒绝许可的合法性评估还引入了"激励平衡测试"（incentive balancing test）。欧盟委员会认为只要是对于企业创新激励损害的消极影响小于对于整个市场创新环境营造的积极作用情况之下，就可以适用强制许可。从适用关键设施理论规制专利拒绝许可的趋向来看，欧盟反垄断法会更加严格地限制专利权人单方面拒绝许可竞争对手的行为。[1]

日本在其公正交易委员会于 2007 年发布的《知识产权利用的反垄断法指南》中关于阻止技术使用行为的规范中也涉及了必要设施理论。《知识产权利用的反垄断法指南》明确将必要设施的拒绝许可视为"不能被认定为行使权利的行为"，该《指南》第 4 章第 2 条规定：如果某一项技术是特定产品市场中商业行为的基础技术，并且很多家的企业只有获得该技术的许可才能进入市场开展商业行为的，权利人在没有合法理由的条件之下歧视性地拒绝许可给特定主体的。如果该行为通过恶化相关主体在市场竞争中的竞争地位而有损于公平竞争可能的，则构成对于《不公正的交易方法》第 4 条的违反，是一种不公正交易行为。

三、规则适用

通过以上美国、欧盟以及日本关于拒绝许可反垄断法的司法和立法经验分析可知，对于拒绝许可行为主要适用反垄断法的合理原则进行分析，即拒绝许可行为并不会当然地被视为违法，只有在特别情况之下，根据拒绝许可具体案情，检视相关的要件才可能构成反垄断法的违法。标准必要专利权人拒绝许可就是特殊情况之一。当企业拥有的专利成为技术标准的

---

[1] Case T-201/04, Microsoft Corp v. Commission [2007] ECR-II-3601.

情况下，虽然专利本身或尚有其他替代性专利或竞争专利的存在，从而使得技术独占并不等于市场独占，专利权人在此时拒绝授权行为受到契约自由原则的保护，但是随着越来越多的利用者使用这一专利技术，进而产生网络效应，使得该专利成为业界事实上的技术标准。特别是，因网络效应取得的市场独占地位，并非因其技术特别优秀得到的这一地位，主要是因为有众多的消费者选择利用这一技术，而使得技术价值升高。这一网络效应所得的利益，不应由专利权人一个人独享，而应该由对网络效应有所贡献的所有消费者共享。因此，我们当然地认为因网络效应而取得市场支配地位的企业，所从事的拒绝授权的行为是违法行为，从而以鼓励其主动地从事专利权许可行为，这样不仅可以更大地扩大网络效应的发展，也可以使消费者有更多的交易对象可以选择。❶ 此外，在技术标准化下对拒绝许可行为进行反垄断规制的理论适用上，可以运用关键设施理论。具体来说，适用关键设施理论应从以下三个方面进行分析：（1）被拒绝许可的专利是否是关键设施。在技术标准制定过程中的拒绝许可需要判断被拒绝许可的专利技术是否是制定标准必要专利。所谓必要专利是指经技术标准体系认定是该技术标准体系所必不可少的一项技术，而又因为该技术是一项专利技术而被专利权人所独占。必要专利的必要性主要体现在以下两点：首先，该技术的必不可少性使得没有其他非专利技术可以替代；其次，该专利技术必须与标准针对的产品或方法有直接的联系。❷ 被拒绝的专利只有是必要技术时才意味着拒绝许可行为会导致整个标准制定程序的搁置，否则标准制定组织可以通过替代技术来规避该专利技术。在技术标准实施过程中的拒绝许可需要判断被拒绝许可的专利技术能否成为其他竞争对手进入市场的必要的技术，以至于让下游的竞争者由于不能使用技术从而无法进入市场参与竞争。（2）拒绝许可行为有无排除有效竞争。当被拒绝许

---

❶ 黄铭杰．竞争法与智慧财产法之教会——相生与相克之间［M］．台北：元照出版社，2006：178．

❷ 张平，马骁．标准化与知识产权战略［M］．北京：知识产权出版社，2005：133．

可的专利是标准使用人参与下游市场竞争不可缺少时,反垄断执法机关还需要考察拒绝许可能否产生排除相关市场竞争的效果。排除市场竞争取决于企业在相关下游市场所占的地位。标准必要专利权人在下游市场的市场份额越大,其在下游市场受到竞争对手的影响越小,拒绝许可排除市场竞争的可能性就越大。(3)标准必要专利的拥有者的拒绝行为是否存在正当理由。在标准制定过程中的拒绝许可,如果是因为标准化组织提出的专利许可费太低,从而不能弥补专利权人研发专利技术成本时,对于专利权人的拒绝许可行为就不能追究其反垄断责任。在标准实施过程中的拒绝许可,则一方面需要考察专利权人有无拒绝许可的行为,另一方面更要注意专利权人有无违反公平、合理且非歧视原则许可授权,这种方式也应被认定为一种变相的拒绝许可行为。

第三节 标准必要专利价格联合的反垄断规制

技术标准化过程中蕴含有巨大的利益空间,出于逐利的本能,很多专利权人可能通过协同或共谋,在技术标准制定以及实施过程的专利许可交易中实施价格联合行为,形成价格联合,获取垄断利润。价格联合行为作为一种常见的垄断类型由于对于价格机制以及竞争秩序的严重破坏,因此也受到世界各国反垄断法的严格规制。

一、行为界定

价格联合亦称价格卡特尔,是指两个或者两个以上具有竞争关系的行为人通过协议、决议或者协同行为等方式,为达到限制竞争获得高额利润的目的,共同确定商品或服务价格的行为。专利许可中价格联合的代表性案例是美国的 United States v. New Wrinkle 案。[1] 该案中,政府认为涉案行

---

[1] William C. Holmes. Intellectual Property and Antitrust Law (Volume 2) [M]. Eagan: Thomson/West, 1983: 16–17.

业的专利许可体系涉及价格固定。在该体系中，拥有皱纹清漆专利权的公司由 Kay&Ess 和 Chadeloid Chemical 两家在产业中占主导地位的公司建立。该公司向皱纹清漆工业领域超过 200 家的公司进行许可授权，在这 200 家公司中包括实际上所有的竞争对手。许可协议中包含固定制造商销售价格的条款。这些协议要求被许可方必须遵循 New Wrinkle 确定的最低价格、折扣和销售条件进行销售。如果违反该协议，许可方有终止协议的权利。法院指出，同一专利领域内的占有并不能使专利权人在该专利权的范围之外能够享受《谢尔曼法》的豁免，同一专利领域内的两个或更多的专利权人不可以为控制专利装置的销售价格从而互相收益而通过协议结合他们的有效专利权。通过交叉许可进行的价格联合应当被禁止，因为它超过了专利权的范围。最后，在以本身违法原则判定固定价格协议无效后，美国联邦最高法院作出由于许可协议中固定价格产生的目的和后果，协议明显违反《谢尔曼法》的判决。

在技术标准化活动中，价格联合主要存在于以下两种情形：第一，标准制定过程中的价格联合。技术标准是为达到某种功能的技术方案，随着社会分工的细化，一个技术标准通常会涉及多个专利技术，不同专利技术又往往被不同的企业所拥有，因此技术标准的制定是一个由多个掌握关键技术的企业进行谈判、妥协、协调的过程。这些企业又在同行业之间存在直接的竞争关系，因此一旦这些企业就价格进行联合或协调行动就有可能涉及价格联合而触犯反垄断法。因为通过标准制定阶段的价格联合企业可以实现两个方面的目的：首先，市场技术信息的获取是不对称的，拥有专利技术的企业可以通过价格联合将原本技术标准中并不必要的专利技术纳入其中，增加其他竞争对手进入市场的成本；其次，处于市场优势地位的企业为了防止在技术标准制定活动中两败俱伤，可能结成利益联盟，把各自拥有的专利联合起来抬高向标准化组织的要价实力。第二，标准实施过程中的价格联合。在技术标准的实施过程中，标准必要专利权人凭借对于标准的把持，相当于拥有了对于市场进入的认证权利，因为但凡要生产产品进入市场竞争的厂商,就必须获得标准必要专利权人的专利许可,换言之,标准必要专利权人已经获得了市场支配地位。在此条件之下,标准必要专利权人可能会联合起来向标准使用者索取高于市场竞争水平的价格。

二、法理分析

价格联合是目前各国反垄断立法最普遍指责的一种行为,因为价格联合行为被认为破坏了价格在市场中作用机制的发挥。价格作为价值的货币表现是市场经济中传递市场供求信息的载体以及调节市场收入和资源的工具。从经济学角度来看,价格联合会使价格不能合理地反映市场的需求。因为成本、客户口味和竞争状况每时每刻都在变化,今天看似合理的价格固定在明天可能就不合理,并且很多价格联合行为为了达到消除市场竞争,获取垄断利润的目的,还故意抬高或降低价格,使之偏离市场竞争价格。这样无疑会破坏市场交易的信号,损害市场机制的正常运转。然而,价格联合也不尽然一无是处,例如在许可交易中,如果发明者们联合签订了一个防止被许可人削减价格的合同,那么他们就能够避免自己被逐出市场。如果被许可人以不受任何限制的方式定价并且降低价格进行销售,从短期来看是有利于消费者的,并且,从长期而言,如果允许固定价格,消费者可能会受益更多,因为这会增强许可革新的动机。❶ 因此,美国判例法中在以下两种情况中是有限承认价格联合行为正当性的:(1)保护许可人在厂方设备中的投资免受竞争的损害,从而对价格进行最低价固定;(2)保护许可人免受被许可人在专有领域不当利用的损害,从而需要进行最高售价的固定。❷

---

❶ [美]基斯·N. 希尔顿. 反垄断法:经济学原理和普通法演进[M]. 赵玲,译. 北京:北京大学出版社,2009:92.

❷ 该结论见于美国联邦最高法院 Continental Paper Bag Co. v. Easten Paper Bag, Co. 案,法律是出于鼓励一个产品专利权人许可由其他人生产产品,而不是让专利一直闲置直到投资已经贬值或者专利到期的目的。参见:[美]Jay Dratler, Jr. 知识产权许可(下)[M]. 王春燕,等译. 北京:清华大学出版社,2003:674.

美国的反垄断法以及反垄断法行政执法机构颁布的指南对于价格联合行为一直秉持一种反对的态度。美国《谢尔曼法》第1条就规定："旨在若干州内限制贸易或者商业的任何托拉斯、同谋或者其他类似形式的合同、联合，都是非法。"在联合或同谋行为中，对于竞争者之间水平的固定价格、某分销系统内垂直的固定价格被认为是本质违法行为。限定价格行为是美国司法部反托拉斯局于1970年出台的"九不准"❶之一。美国司法部反托拉斯局在1988年发布的《国际交易的反托拉斯准则》中也同样反对限定价格行为。1995年美国的《知识产权许可的反垄断指南》中指责了垂直和水平协议中的限定价格行为。❷ 美国2007年《反垄断法与知识产权：促进创新和竞争》报告中指出：如果交叉许可和专利联营导致了竞争者之间的价格固定、联合限制产出、限制创新等后果，则交叉许可和专利联营具有反竞争的一面。例如，具有横向竞争关系的专利权人之间通过交叉许可和专利联营达成的协作关系，可能导致原本具有竞争关系的技术之间的价格竞争减弱，并导致下游产品的产量降低。而在要求每个成员向其他成员按最低收费标准许可现有的和未来开发的专利交叉许可和专利联营中，由于每个成员均分享自己的研发成果，为每个成员提供了搭便车的可能性，因此会降低成员的研发动力。❸

欧盟对待价格联合的态度与美国一样。在《欧共体条约》第81条第1款中就将与共同市场不相容的"直接或者间接的限定采购价格、销售价格或者其他贸易条件的行为"视为可能影响成员国之间贸易，其目的或者效

---

❶ "九不准"是指九类限制性的许可贸易行为是本身违法的，包括：（1）搭售；（2）强制性回授；（3）对转售专利产品的限制；（4）独家交易；（5）被许可人对再行颁布许可证的否决权；（6）强制性的一揽子许可；（7）对非专利产品索取专利权使用费；（8）对专利方法的被许可方销售产品的限制；（9）限价。

❷ [美] Jay Dratler, Jr. 知识产权许可（下）[M]. 王春燕，等译. 北京：清华大学出版社，2003：675.

❸ U. S. Dep't of Justice & Fed. Trade Comm'n. Antitrust Enforcement and Intellectual Property Right：Promoting Innovation and Competition (2007) [EB/OL]. [2021-12-15]. http://www.usdoj.gov/atr/public/hearings/ip/222655.pdf.

果是阻止、限制或者扭曲共同市场内竞争的企业之间签订的各项协议、企业协会的决定和协同行为而予以禁止。1996年颁布的《技术许可协议集体适用欧共体条约第85条第3款的第240/96号条例》将限制合同一方确定许可产品价格、价格构成或价格折扣的自由的条款规定为"黑色条款"而不能得到豁免。2004年欧共体发布的《技术转让集中豁免条例》（TT-BER）也将竞争企业作为当事人缔结的协议，直接或间接具有以下目标，不论是单独的还是综合考虑当事人控制下的其他因素，限制一方向第三人销售产品的定价能力纳入核心限制（Hardcore Restrictions）之中，如果包含核心限制条款，协议作为一个整体就已经不在集中豁免的范围之内。而且根据条例的制定目的，这些限制条款也不能与关于协议的其他条款分开处理。但是对于非竞争企业，该规定不损害施加最高销售价格或推荐销售价的可能性。由此可见，欧盟对于价格联合的态度要比美国严格，虽然在2004年有所变化，对于非竞争企业有所放宽，但是放宽的尺度也非常有限。❶

日本也将价格联合视为非法。早在1989年的《关于规范专利和技术诀窍许可协议中不公平贸易惯例的准则》中将国内市场中的限定在销售价格或者限定许可技术的销售价格视为非法行为。该准则还强调在制造许可中限定价格会削弱被许可人的竞争力，削弱专利产品的价格竞争，而且对保证使用费的支付也不是绝对必要的。❷ 2007年由日本公正交易委员会发布的《知识产权利用的反垄断法指南》指出：如果在特定产品市场，相互竞争的企业就生产产品所必需的技术建立专利联营，并从专利联营中获得这些技术的许可，若这些企业共同制定使用技术产品的价格、产量、产品销售客户，在该行为实质性限制了争议产品交易的竞争时，则构成对交易

---

❶ 王先林，等. 知识产权滥用及其法律规制 [M]. 北京：中国法制出版社，2008：123-128.

❷ [美] Jay Dratler, Jr. 知识产权许可（下）[M]. 王春燕，等译. 北京：清华大学出版社，2003：675.

的不合理限制。[1] 从日本对价格联合的规制规则来看，与美国和欧盟相比，虽然其也将价格联合视为非法，但是这仅限于日本国内市场。它允许许可方控制其有权限制出口的国外市场上的价格。

三、规则适用

对于价格联合的判断，目前世界各国通常倾向于从经济学的进路进行分析。具体来说，对于价格联合行为的认定主要从两个方面进行：其一，识别市场的具体条件是否有利于产生共谋。确立有利于共谋的条件作为评判价格联合的依据首先有助于反价格联合的制度资源集中到集中的市场之上，其次有助于评价性质模糊的行为，如市场条件有利于共谋时，证明价格联合的证明力相对要求会较低。其二，判断这些市场中是否确实存在共谋的定价。具体到技术标准化下的专利许可交易而言，评判某一行为是否构成价格联合，需要以下两个条件的成就：

第一，在技术标准活动中，标准化组织成员之间有无共谋的产生。目前支撑有利于共谋产生的条件主要有以下五点：（1）市场上卖方集中。市场上的卖方集中是有利于共谋的因素。集中程度是与其他有倾向性的特征是相互作用的。目前虽然没有一个对于集中程度的准确测度，高于该测度就意味着共谋是有吸引力的选择，但是如果一个产业向集中化的市场出售个性化的产品，并且，如果价格提高到竞争水平之上就很有可能出现新的进入，那么在该产业中，集中化或许是无关紧要的，但是在其他条件有利于共谋的情况下，集中化可能就是导致共谋的决定性因素。（2）竞争价格上，需求缺乏弹性。如果市场价格上需求缺乏弹性，共谋提高价格就特别有吸引力。因为在到达市场需求曲线上有弹性的部分之前，提高价格将增加共谋者的收入而不会减少市场对于它们产品的需求。当然这也并不是否定具有需求弹性的市场就不会出现价格联合，因为只要需求弹性不是无限

---

[1] 知识产权利用的反垄断法指南 [J]．潘志成，王先林，译．经济法论丛，2008（1）：409．

大，竞争者就可以提高价格而不会失去需求市场。技术标准化下，标准必要专利技术通常意味着在技术功能上对于标准制定具有不可替代性，因此该技术具有需求缺乏弹性的特点。（3）标准化产品。产品越是个性化，产品规格在订单之间存在明显的区别，而不是对所有订单都统一，产品的销售者就越难进行有效共谋。因为订单的差异意味着销售者不可能对所有订单达成一致的价格。多层次的卡特尔成员也很难判断一个竞争者的价格是否低于协定水平。对于确定标准化程度的定性指标主要参考某一个产业有无常备物品的存货，因为维持一定的存货，希望顾客在现有物品中找到他们想要的东西是没有意义的。技术标准化正是会导致原料、生产工序以及功能的趋同，使得产品具有同一性，从而达到降低产品制造成本，控制产品质量的目的。（4）价格竞争比其他形式的竞争更为重要。如果产品存在其他很多形式的竞争，如送货速度、质量控制、质量保证、对顾客投诉的回应等，消除价格竞争可能只不过把竞争引向了其他形式代价高昂的竞争。而如果价格竞争只是唯一的竞争方式的话，那么通过降价就成了打击竞争对手，获取高市场份额的有效途径。技术标准化下，由于标准产品外观和功能的趋同，导致产品之间的竞争主要局限于产品的价格竞争。（5）合作活动。竞争企业以不被反垄断法禁止的方式相互合作，在产业之间是各不相同的。在一些产业中，大部分企业已经被纵向一体化，从而互为客户和供应商同时也是竞争者，在此情况下，竞争企业的执行官彼此相识，可能也互相信任，他们有机会讨论定价问题，由此形成私人的关系，产生联络的机会，会降低共谋成本。由于技术的复杂性，技术标准制定通常会组建专门的标准化组织，标准化组织的建立更有利于标准化成员进行相互之间的沟通和协同。❶ 通过以上五个条件的分析，技术标准化下专利许可交易中共谋比较容易产生，因此，在该领域出现价格联合相对其他领域更加可能，从某种意义来说，标准化活动本身就是一种协同行为。

---

❶ [美] 理查德·A. 波斯纳. 反托拉斯法 [M]. 2 版. 北京：中国政法大学出版社，2003：81-93.

第二，在技术标准活动中，标准化组织成员有无共谋定价。对于共谋定价的存在主要可以凭借以下四个方面的证据：（1）固定的相关市场份额。如果一个市场中的主要企业在一个相当长的时间内保持了相对稳定的市场份额，那么这就是它们已经在瓜分市场，从而消除竞争的线索。（2）交换价格的信息。在一个存在很多小经营者的市场，价格信息的互换是有助于实现减少信息不完备所导致的价格分散，从而促进竞争的。但是如果经营者数量并不多，寻求完全知晓竞争者的时机交易价格是可以为共谋创造条件的。（3）价格、产出或者生产能力的变化。卡特尔的形成通常以价格的上涨和产量的减少为标志。因此，如果同时出现价格的上涨和产量的减少，而又无法用成本的增加解释，那么这就可以成为证明价格联合的最好证据。（4）排他行为。排他行为仅仅对于有垄断力的企业才是可行的。如果存在一个以上重要企业的市场中排他行为得以实行，那么这就是该市场中实施卡特尔的证据。❶ 具体到技术标准化下的专利许可交易中，主要还是通过以上四个方面的证据，检视标准化组织成员有无通过协同行为造成许可价格的趋同。

如果技术标准制定或实施过程专利许可交易中的行为通过以上两方面条件的证实为价格联合行为，该行为就可被确定为无效行为，并同时还须向利益受损方赔偿相应的损失。

第四节 标准必要专利权搭售的反垄断规制

专利权人通常不仅对许可他们的专利感兴趣，而且对于产品或者服务相关的市场同样感兴趣，例如使用在专利产品或者售后服务中的构件，这种双重的（Dual）市场活动是一种常见的市场行为，不会当然地被视作违法，但是如果这一双重的市场活动涉及"搭售协议"就有可能会产生法律

---

❶ ［美］理查德·A. 波斯纳. 反托拉斯法［M］. 2版. 孙秋宁，译. 北京：中国政法大学出版社，2003：100－108.

问题，专利权人也许不仅不能使他们的专利生效，同时还会承担相应的反垄断法责任。❶

一、行为界定

所谓搭售是指卖方向买方售卖商品（搭售商品，Tying Product），但是在此之上附加买方必须购买另一个不同的商品（被搭售商品，Tied Product）或者至少同意不会去购买其他供应商的商品。专利许可交易中的搭售是指要求被许可方接受一项本不需要的专利许可证或者购买、使用本需要的产品或者服务，以作为得到专利许可证的条件。❷ 在实践中，搭售往往与捆绑相联系，为此美国 2007 年发布的《反垄断法与知识产权：促进创新和竞争》报告中专门对搭售与捆绑进行了区分，该报告指出搭售是卖方或者出租方通过合同或者技术条件，要求购买或者租赁产品或服务要以同时购买或租赁另外的产品或服务作为条件，而捆绑则是指产品仅以固定的形式进行销售。

在专利许可领域，搭售可以呈现出多种类型。（1）从搭售的形式来看，搭售可以分为内向搭售（Tie In）和外向搭售（Tie Out）：①内向型搭售是指被许可方接受搭售商品的条件是被迫接受被搭售商品。内向搭售又可区分为普通搭售和一揽子许可（Package License）。典型专利许可交易中的搭售是指搭售产品被申请专利，被搭售产品是一种非专利商品，该商品用在搭售商品之上，销售专利商品以购买非专利商品作为条件。一揽子专利许可是指多个专利技术被捆绑在一起，除非被许可人接受一揽子许可，否则专利权人就会拒绝许可某一个特定的专利权。②外向搭售是指被许可方购买货物或取得许可的条件是不去购买其他供应商的商品。内向搭售是

---

❶ William C. Holmes. Intellectual Property and Antitrust Law（Volume 2）[M]. Eagan：Thomson/West, 1983：20 - 21.
❷ [美] Jay Dratler, Jr. 知识产权许可（下）[M]. 王春燕, 等译. 北京：清华大学出版社, 2003：638 - 639.

间接地排斥第三方竞争,而外向搭售是直接排斥第三方的竞争。❶(2)从搭售的对象来看,搭售可以划分为非必要专利搭售、同族专利搭售以及无效专利搭售:①非必要专利搭售。通常意义上标准必要专利权人许可的专利应该是技术标准中的必要专利,但是在实际情况中,标准必要专利权人搭售非必要专利现象并不鲜见,如 MPEG LA 公司负责管理的 H.264 技术标准中,除了包含覆盖 H.264 标准的专利技术外,还涉及 H.264FRExt 标准下的相关专利技术。❷ ②同族专利搭售。所谓同族专利是指就同一个优先权文件,针对同一技术在不同的国家或者地区多次申请,获得多个内容基本相同的专利。被许可方获得标准必要专利权人的许可时,可能会接受一些与产品所在地市场无关的他国专利,同族专利的搭售无疑会大幅度增加标准使用人使用标准的成本。③无效专利搭售。由于标准制定组织并没有关于标准制定过程中对于专利的检索和状态要求,因此很有可能在标准的形成过程中会包容一些没有进行实质审查,而处于临时保护阶段的专利技术,或者已经超过保护期的专利技术。

二、法理分析

将搭售行为认定为反竞争行为的一个重要支撑理论是杠杆理论。杠杆理论认为:一方面,拥有市场支配地位的企业可以利用在搭售商品市场的强制力,通过搭售行为的杠杆作用,限制在被搭售商品市场竞争对手的顾客数量,从而获得一种不正当的竞争优势,削弱被搭售商品市场竞争对手的竞争能力或者形成对于被搭售商品市场的进入障碍;另一方面,由于搭售行为对于被搭售商品市场(互补产品)的影响,会导致其他竞争对手进一步丧失进入搭售商品市场的竞争激励,因此拥有市场支配地位的企业通过在被搭售商品市场的反杠杆作用进一步巩固在搭售商品市场的垄断地位。关于搭售行为的杠杆理论受到了芝加哥学派的广泛质疑,其认为杠杆

---

❶ 郭德忠. 专利许可的反垄断规制 [M]. 北京:知识产权出版社,2007:121.
❷ 韩其峰. 专利池许可的反垄断法规制 [M]. 北京:中国政法大学出版社,2013:142.

理论存在两个方面的缺陷：首先，该理论忽略了被搭售产品的垄断是实行搭售合乎情理的情形。如在 Henry v. A. B. Dick 案中，被告在其生产的油印机上搭售油墨，其原因是力争保证自己生产的油印机上使用自己的油墨，这与垄断油墨市场不可相提并论。因此，只有在当搭售产品的用户同时也是被搭售产品的用户时，才可能存在杠杆理论所谓的将某个市场的垄断力移转到第二市场上。其次，该理论还不能解释为什么企业对一种产品的垄断会同时产生对其互补产品垄断的需要。在很多情况之下，两个产品结合在一起是作为产品或服务使用的需要，换句话说，对于两个产品的垄断相较于一个产品的垄断对于企业来说并不是一个理所当然的结果；并且如果搭售者对被搭售产品的定价过高，就会增加搭售产品的价格，相应地就会减少市场对其的需求。❶ 此外，芝加哥学派的学者甚至认为，搭售是可以促进而不是阻碍竞争的：第一，搭售行为可以降低多次交易的成本。相较于单次交易，搭售行为可以降低多次交易带来的交易成本。例如，汽车通常与备用轮胎一起销售，这样可以免去消费者多次进行交易的搜索、议价等交易成本。第二，搭售行为在特定情况下还可以保证商品的质量和安全。很多商品的搭售是出于对消费者使用商品的质量或安全的保障。例如，打印机在销售中搭售其墨盒主要是商家出于对打印机使用过程中打印质量的保证和控制。❷ 也正是如此，在美国法院对于搭售的反竞争效应认定是经历长时间进化的。正是上述关于搭售行为对竞争影响认识的发展，决定了各国对于搭售行为反垄断规制的变化。

在美国，虽然美国联邦最高法院的判决曾经显示，搭售在满足了特定条件，包括证明被告已经获得被搭售商品市场支配力的情况之下是可以被认为本质违法行为的，但是，自 1940 年开始，当最高法院分别在 Interna-

---

❶ [美] 理查德·A. 波斯纳. 反托拉斯法 [M]. 2 版. 孙秋宁，译. 北京：中国政法大学出版社, 2003: 231-232.

❷ David S. Evans, Michael Salinger. Why Do Film Bundle and Tie? Evidence from Competitive Markets and Implications for Tying Law [J]. YALE J. ON REG., 2005, 22 (1): 83-84.

tional Salt v. United States 案以及 Standard Oil Co. v. United States 案件中作出搭售协议很难证实具有抑制竞争作用的相关判决后，美国法院就不再将搭售行为作为本身违法的行为，而更为倾向用合理原则❶对搭售协议的有无违反反垄断法作出评价并从以下四个方面具体考察搭售行为是否违反反垄断法：（1）搭售的对象是两个相互分离的产品或者服务。搭售对象的分离性主要要求两个产品之间的分离是否具有经济上的合理性。从这个角度来看，独立性的要求并不是最主要的对于搭售构成垄断行为的要求，因为被搭售产品通常都能满足这一独立性的要求。然而，法院主要认为这一要求的价值和意义指的是不仅在物理上是可以分离的，还包括从环境上来看二者是否存在联系，例如每个汽车中都含有电子系统，并不是说功能上相关的产品或者服务就不会有消费者独立的需求，必然会导致非法搭售的产生。（2）售卖一个产品或者服务必须以购买另一个产品或者服务作为条件。该要件通常是所有要件中比较难以证明的。在特定情况下，虽然搭售条件可以通过销售或者许可协议的内容很明显地予以呈现，但是在大部分案件中，搭售要求并不是那么显而易见，必须要通过具体案件的经济现实进行推导而出。比如在 Advance Business Systems & Supply v. SCM 案中，法院是通过被告办公复印机的销售模式来推断出一种默示搭售条件的存在。在该案中，被告要求消费者要么直接购买机器或者必须在规定的收费模式下租赁机器，在被告设置的收费模式之下，租金是由复印机和复印纸的两部分构成。即使消费者从其他途径购买了复印纸，对于复印机的租金也不会降低，由此法院推断出存在明显的对于非专利产品复印纸的搭售条件。因此，法院最终判决被告的收费模式违反《克莱顿法》第 3 条以及《谢尔

---

❶ 合理原则（Rule of Reason）是与本身违法原则（Rule of Per Se Ban）相对，是指如果一个共谋行为虽然一方面限制竞争，但同时也推动竞争的效果，它们就应当使用合理原则。在这种情况下，法院将接受当事人提供的证据，对限制竞争行为的好处和坏处进行衡量。如果一个限制竞争在经济上的好处超过其因限制竞争而产生的负面影响，法院就会认定这个限制竞争是合法的。而对于适用本身违法原则的限制竞争行为，法院是不会考虑当事人提供的证据的。参见：王晓晔. 反垄断法［M］. 北京：法律出版社，2011：103－104.

曼法》第 1 条。❶（3）买方必须在搭售产品市场拥有支配市场力量，以至于能够产生对于被搭售产品市场交易的限制。对于专利权来说，美国联邦最高法院的很多判例曾经直接认为拥有专利权就具备了市场支配力，但是这一看法随着 2006 年最高法院在 Illinois Tool works v. Independent 案中的判决而发生了颠覆性的改变，在此案中，美国联邦最高法院翻转了长期以来遵循的直接由拥有专利权推导出市场支配力的做法。法院在该案认为涉及搭售协议的所有案件中，原告都必须证明被告具有在搭售产品市场的市场支配力。（4）被搭售产品市场受到了实质的影响。对于这一要件，是所有要件中最容易满足的，因为法院评估影响是金钱上的而不是产品市场比例上的。对于实质性的影响，美国法院判例中曾以 50 万美元、20 万美元甚至是 6 万美元的标准作出过判决。❷ 需要注意的是，即使以上条件均得到满足，搭售行为仍不能就被判定为违反反垄断法。法院通常还会显示出对于搭售行为可能促进竞争性证据的兴趣。换句话说，如果上述条件被证实，证明责任就转移到搭售者一方，其必须证明搭售具有促进竞争的作用，比如有利于新市场的进入或者两种产品整合在一起是具有效率的，并且这些有用性的比重是要高于对于竞争限制作用的，搭售仍有被认定合法的可能。例如，在 United States v. Jerrold Electronics 案中，法院认为在有线电视业领域的主要企业在该产业的形成和发展期是可以合法地搭售它们的有线设备的，但是一旦当这个产业发展成熟以后，这一搭售就不能被视为合法的了。❸ 美国法院关于搭售行为的判决也得到了成文法的确认：根据美国《谢尔曼法》第 1 条以及《克莱顿法》第 3 条的规定，一个违法的搭售行为通常需要满足以下四个方面条件：（1）被搭售产品和搭售产品可以分离，即它们是出于不同的市场的；（2）搭售事实的存在，即被许可人必

---

❶ Advance Business Systems & Supply Co v. SCM Corp., 415 F. 2d 55, 62（4th Cir. 1969）.

❷ William C. Holmes. Intellectual Property and Antitrust Law（Volume 2）[M]. Eagan：Thomson/West，1963：20 – 23.

❸ United States v. Jerrold Electronics Corp., 187 F. Supp. 545, 557（E. D. Pa 1960）.

须同时购买某个产品或者接受某个限制性的条件;(3)搭售者在搭售产品市场上具有市场支配力,即有能力限制被搭售品市场上的竞争;(4)这个搭售损害市场竞争的程度是严重的。❶ 美国1995年颁布的《知识产权许可的反垄断指南》在承认搭售能够产生效率以及促进竞争方面作用的基础上,认为反垄断机构应在搭售的反竞争与促进竞争两方面作用上进行合理的权衡,以此判断搭售行为是否构成对反垄断法的违反,并列举出违法搭售的构成要件:(1)卖方在搭售产品市场拥有市场支配力;(2)协议对于被搭售产品的相关市场竞争具有阻碍作用;(3)该协议的效率正当性不能抵消反竞争的作用。此外,对于一揽子许可,《知识产权许可的反垄断指南》指出,其任何促进竞争的有利之处都应当被考虑到,对于搭售行为的规则和原理同样适用于一揽子许可。❷ 2007年颁布的《反垄断法与知识产权:促进创新和竞争》也对1995年的《知识产权许可的反垄断指南》中对于搭售行为的观点进行了重申和坚持。❸

在欧盟,《欧共体条例》第82条第d项将搭售界定为:"合同的订立以合同对方接受一定的附加义务为前提条件,而根据义务性质或通常的商业用途,附加义务与合同的目的没有任何联系的是一种滥用市场支配地位的行为。"❹ 根据欧盟援引该条的判例,搭售行为构成权利的滥用,需要满足以下五个方面的条件:(1)被搭售商品与搭售商品相互独立。欧盟通常是通过消费者对于被搭售商品与搭售商品是否具有独立性的需求来考察两个商品各自的独立性。(2)实施搭售行为的企业具有市场支配地位。对于

---

❶ 王晓晔. 反垄断法 [M]. 北京:法律出版社, 2011:183.

❷ U. S. Dep't of Justice & Fed. Trade Comm'n. Antitrust Guidelines for the Licensing of Intellectual Property (1995) [EB/OL]. [2021-12-15]. http://www.justice.gov/atr/public/guidelines/0558.htm.

❸ U. S. Dep't of Justice & Fed. Trade Comm'n. Antitrust Enforcement and Intellectual Property Right: Promoting Innovation and Competition (2007) [EB/OL]. [2021-12-15]. http://www.usdoj.gov/atr/public/hearings/ip/222655.pdf.

❹ [英] 史蒂文·D. 安德曼. 知识产权与竞争策略 [M]. 梁思思, 何侃, 译. 北京:电子工业出版社, 2012:39.

市场支配地位的判断需要对相关市场的界定作为基础,如上文所述,欧盟对于相关市场是做狭义的解释,即如果证明某个企业就某产品体系中的某个部分取得了市场支配地位,该企业将该产品体系中的另外部分捆绑就可以成为滥用市场支配地位的行为。(3)具有市场支配地位的企业是否实施胁迫。具有市场支配地位的企业所实施的胁迫可以是通过协议实施,也可以是通过金钱来实施,如向购买者索要相当高的利益。(4)对被搭售商品的市场竞争存在影响。搭售行为对于市场竞争的影响不需要证明存在排除竞争的事实,只要证明搭售的商品市场上的竞争有可能排除就足够了。(5)搭售不具有正当理由。在欧盟,如果以上五项要件被证实,证明责任就会转移到被告一方,即被告需要证明搭售具有客观上的正当理由,如搭售行为是为了确保搭售商品使用的安全和质量的目的,或者捆绑销售只是为了收取搭售商品许可费的一种形式,目的是评估某产品或方法的使用范围。❶ 2004 年颁布的《关于欧共体条约第 81 条适用技术转让协议的指南》中指出,搭售如果是为了确保生产的质量时,搭售行为就会产生效率,在此情况下搭售行为就是合法的。如果搭售方在市场中占有的市场份额❷超过了市场门槛,则必须对搭售行为所产生阻碍竞争的结果进行权衡。

在日本,1999 年制定的《专利和技术秘密许可协议中的反垄断法指导方针》中规定:在专利许可协议中,如果被许可人被要求在许可人或者其指定的地方购买原材料等,在此要求中如果存在对于被许可人选择的强制,或者排挤其他原材料的生产者参与市场竞争的,可能构成不正当交易行为。2016 年由日本公正交易委员会修订的《知识产权利用的反垄断法指南》第 5 条第 4 项指出:如许可方要求被许可方承担被许可方所需技术以

---

❶ [英]史蒂文·D. 安德曼. 知识产权与竞争策略 [M]. 梁思思,何侃,译. 北京:电子工业出版社,2012:69 - 72.

❷《关于欧共体条约第 81 条适用技术转让协议的指南》中所指的市场份额等同于 2004 年《技术转让集体豁免条例》中的市场份额的规定,即如果搭售协议各方是竞争关系时,协议各方的共同市场份额在受到许可协议影响的相关技术市场或产品市场上不超过 20% 时,该搭售协议将使用责任集体豁免。如果搭售协议各方是非竞争关系,这一市场份额不超过 30%。参见:吴广海. 专利权行使的反垄断法规制 [M]. 北京:知识产权出版社,2012:221.

外的其他技术，同时接受捆绑许可的义务的行为，如果该限制是保证被许可方所使用的技术的效果所需要的或具有其他合理理由，则在一定程度范围内可以被认为是合理的。但是，若此类限制并非实现技术的效用所需要的，或者超出所需要的范围设定被许可方接受技术许可的义务时，此类行为则可能限制被许可方对技术的选择自由，排除竞争性技术，因此当此类限制行为阻碍公平竞争时，构成不公平交易方式。❶ 由此可见，日本对于搭售行为也是区分两种情况处理，对于被搭售技术是搭售技术为达到使用效果的必要技术或者其他正当目的的，是可以被认定为合法的。反之，如果被搭售技术与搭售技术并无多大关联，或者对于如果在搭售行为中存在强制或者胁迫的因素超过了技术必要的程度，许可方的搭售行为就有可能因构成不正当竞争行为而受到规制。

三、规则适用

通过上述美国、欧盟以及日本对于搭售行为进行反垄断规制的方式以及发展来看，搭售行为本身对于市场竞争的作用是具有两面性的，因此我们在对于技术标准化下的专利许可交易中存在的搭售行为进行反垄断分析时，不能将搭售行为视为本质违法行为，而应运用类似于美国反垄断法中的合理原则对专利许可交易中的搭售行为有无对竞争产生损害，进行个案评估。具体到对于技术标准化下专利许可交易中搭售行为的评估，应着重从以下三个方面进行考察：（1）许可协议中的搭售技术与被搭售技术之间是否存在独立性。搭售技术与被搭售技术之间的独立性是能否构成搭售的首要条件，技术标准化下搭售技术与被搭售技术的独立性可以通过消费者对于被搭售技术的独立需求或者被搭售技术是否存在其他供应商进行评判。例如，在2007年欧盟初审法院判决的微软案中，争议的核心就在于微软的Windows系统和WMP媒体播放器是否是两个完全不同的产品。欧盟委

---

❶ 日本关于知识产权利用的反垄断法指南（经2016年修订）[J]. 孙海萍，译. 竞争法律与政策评论，2016（1）：375.

员会认为，Windows 系统与 WMP 媒体播放器存在不同的媒体播放器软件供应商，也存在单独的客户需求，因此两个产品是相互独立的产品。[1]（2）实施搭售行为的主体是否具有市场支配地位。根据美国相关判例可知，对于专利权不能直接推导出具备市场的支配力。然而，在技术标准化下，由于标准必要专利权人凭借标准的强制力可以获得对于消费者和竞争对手的控制力，因此技术市场的支配力相对于其他专利权人来说相对更为容易获取，而如果专利权人具有了市场支配地位，其搭售行为对于标准使用人来说就具有了一定程度的强制性，因为如果不接受专利权人的搭售条件，其就难以进入市场参与竞争，因此如果实施搭售行为的主体具备市场支配地位，就与被判定非法搭售更近了一步。（3）搭售行为是否具有正当性。如果被搭售技术与搭售技术之间是相互支撑的关系，即被搭售技术是搭售技术实现功能质量或者安全等方面必然需要的，那么该搭售行为就不应被视为非法。但需要注意的是，对于搭售行为正当性的举证应当严格把握，否则，该要件就会成为拥有市场支配地位企业实施搭售的借口。

---

[1] 李明德. 欧盟知识产权法 [M]. 北京：法律出版社，2010：613.

第七章　我国标准必要专利权滥用的制度应对之策

标准必要专利权滥用规制制度的实质是化解标准和专利融合的冲突，对标准化中标准必要专利权人、标准使用人以及消费者利益进行平衡之术。在技术标准化环境下，构建我国的标准必要专利权滥用规制制度应当遵循以下三个方面的原则：（1）国际视野，立足国情。目前国外现存的标准必要专利权滥用规制制度可以为我国标准必要专利权滥用规制制度的完善提供非常有益的经验借鉴和参考，但是我们不能照搬照抄国外的制度，而是应当在立足我国现有国情的基础上，进行利弊得失的分析，将国外标准必要专利权滥用规制制度的经验融入我国的制度现实之中，以提高制度适用的有效性。（2）私权神圣，利益平衡。专利权作为一种私权受到私法的保护，不因进入标准而导致权利的失效或减损，承认专利权的私权效力也是目前各国标准组织以及国家立法的惯常做法，但是由于标准具有的公共产品属性，如果不对标准必要专利权人作任何限制，就有可能造成对公共利益的损害，因此，标准必要专利权滥用规制制度在承认标准必要专利权的私权效力同时，还应当平衡标准专利权人与标准使用人以及消费者的利益。（3）效率优先，兼顾公平。标准必要专利权滥用规制制度的构建应当具有可操作性，产生的预期社会成本要低于预期的社会收益，一方面能够使标准有助于吸纳国内外先进技术，保证标准的科学性；另一方面还应当保障标准能够得以实施和推广，使标准的红利能够充分向社会公众释放。

第一节　标准必要专利权滥用政策调控杠杆的完善

为了应对标准与专利权发生交会而对专利许可交易产生的影响，基于在解除技术锁定、平衡利益关系方面的作用，各国的标准化组织都纷纷通过制定专利许可政策的方式化解标准与专利权的冲突。专利许可政策已然成为标准制定组织平衡各方面利益关系惯常采用的手段和方法。因此，专利许可政策也应然成为技术标准化下我国专利许可制度中重要的组成部分。目前我国的专利许可政策应借鉴国外经验，并结合我国国情，作以下三个方面的改进。

一、为专利许可政策的私人创制留足空间

当前，在国际竞争趋势逐渐由政府竞争转向企业竞争的背景之下，国际竞争规则的制定有着限缩政府干预，扩大企业之间私人创制的潮流。因为企业或者民间产业组织体相对于政府而言在规则制定中更具有专业化和技术方面的优势，其制定的规则也能更加契合现实不同问题的特点，有利于现实问题的解决。在标准制定活动中，为应对和解决技术标准化下专利许可交易中出现的新问题，企业或者民间产业组织也应发挥专利许可政策创制的主体性作用，这一作用已经在各国标准化组织的知识产权政策制定中有所体现。虽然在某些情况下，标准制定组织的知识产权政策可能会有联合行为的疑虑，但是法律不应当禁止这些标准制定组织的私人规则的创制，因为大部分的标准化组织都是促进竞争的。为鼓励标准化组织在规则创制中的作用，美国甚至有法案提议修改《美国国家合作研究法》，明确规定标准制定组织的行为合法。根据该法案的内容，无论基于合理原则或是安全条款，原则上标准制定组织都应该扮演公正中立的角色，即使其订立关于合理许可费的参考价格也不应该对其进行苛责。

相较于美国、欧盟的市场主导模式，我国的标准化是一种政府主导的

模式，在这一模式之下，政府在标准制修订以及实施过程中都起主导作用，政府不仅是国家标准、行业标准的管理者，还是重要的参与者和组织者，企业以及民间产业组织在技术标准下知识产权规则创制的空间受到极大的限制。针对目前我国的标准化模式现状，笔者认为我国政府应当从标准领域的自身创新逐渐转向与企业创新的良性互动，最终使政府主导的标准化模式向企业、市场主导的标准化模式转变，以此构建我国合理良性发展的国家标准创新体系。在此思路的要求之下，应当让政府保留关涉社会大众公共利益如健康、质量密切相关强制性标准的标准化工作，其他标准化活动则应鼓励更多的企业或民间产业组织参与和加入，这样一方面可以使制定出来的标准更具有市场推广的价值，避免目前政府标准化活动广泛存在的"重制定，轻推广"的现象；另一方面可以为企业或者产业组织的私人规则创制提供足够的空间，制定的专利许可政策与专利许可相关立法相互配合也能更加符合解决实践中专利许可问题的要求。

二、专利信息披露政策的完善

（1）规定披露政策的目标。如上文所述，专利信息披露政策的目标在弥补政策疏漏，保证政策内容的同一性方面具有非常重要的作用，因此，在我国的专利信息披露政策中也应建立专利信息披露政策的目标。具而言之，披露目标的内容可以围绕披露政策在为标准制定和实施提供依据，为专利许可承诺提供铺垫以及为专利劫持现象提供手段方面的作用进行阐述。披露政策的目标可以在具体披露政策中予以阐述，也可以在知识产权政策的总则部分予以说明。如 ETSI 于 2013 年 9 月 19 日修订版的《知识产权政策》的开篇就阐明了其制定《知识产权政策》的目标，即标准化组织的成员充分占有和获得其拥有的任何知识产权收益，包括拒绝授予许可的权利。ETSI 的目标是基于实现 ETSI 最佳技术目标而制定标准和技术方案，为了实现这一目标，ETSI 将着力平衡在通信领域社会公众对于标准的使用需求与知识产权人权利的利益关系，减少成员及其他组织由于知识产权障碍而不能应用 ETSI 标准的风险，因此，对于现存必要专利技术的了解和知悉应当在标准制定过程中越早越好，特别是在许可并不以公平、合理、非歧视的条件之下。❶

（2）阐明披露的内容。针对目前我国专利信息披露政策内容规定不明确的问题，应当在专利信息披露政策中阐明披露的内容。具体来说，阐明披露的内容应当注意以下几个方面的问题：第一，应当将专利权与专利申请共同纳入专利信息披露的范围。在我国对于发明专利采取的是"早期公开、延迟批准"的原则，在这一原则的要求之下，专利申请通常会耗费相当长的时间才会获得授权。因此在标准制定过程中可能会有专利仍处在公告阶段，但没有予以批准的情况出现，如果没有要求对专利申请进行披露，很有可能在标准的实施阶段，该专利申请获得授权，就会对标准的实施产生阻碍。第二，由于很多标准的制定着眼于全球的推广实施，这样就会涉及其他国家的专利权，因此披露的专利权除了当然包括我国的专利权以及专利申请之外，还应包括其他国家的专利权以及专利申请。第三，披露专利权类型方面，原则上那些涉及标准技术方案的专利权都应进行披露，不论其涉及的是全部或部分的标准技术方案，专利权人对于涵盖标准专利的判断时间问题，目前存在一定的争议，有人认为仅能通过其披露当时的主观认定来决定，也另有人认为应该以侵害发生时的眼光进行确定，由于专利权人在披露专利时无法预测未来技术的发展，因此只能通过披露当时的主观认定来决定。

（3）明确披露的时间。我国目前标准制定组织制定的专利信息披露政策对于披露时间规定大多是"尽早披露"，但是对于"尽早"并无明确规定。目前各国标准化组织制定的专利信息披露政策大部分都会要求其成员标准制定之前披露专利权和专利申请，因为只有专利权和专利申请在标准制定之前披露，才能为标准制定组织权衡标准实施的可行性和科学性提供

---

❶ ETSI IPR Policy [EB/OL]. [2021-12-15]. http://www.etsi.com/WebSite/AboutETSI/IPRsInETSI/IPRsinETSI.aspx.

参考。但是专利信息在标准制定之前的披露同时还会存在一定的问题。因为专利信息是动态的,标准制定之前披露的专利信息完全可能会在标准实施过程中发生变化。专利披露信息的过时或者不准确会带来非常高的专利许可交易成本,因为标准使用人需要获取这一准确信息需要通过多次与许可方、标准化组织沟通和联系,这是一笔不少的交易成本。从标准化组织专利信息披露政策的发展取向来看,作为一种替代性的选择,可以采用一种鼓励早期公开并且附加信息更新义务的做法。通过这一方式,一方面早期信息公开可以为标准制定提供一定的信息支撑,另一方面也可以通过更新的信息为潜在的标准使用者提供实施标准的参考和依据。但需要注意的是,在对于标准化组织成员早期披露以及信息更新要求之下,标准化组织还必须权衡利益的产出与专利权人负担之间的平衡关系,因为如果对于披露的要求过甚,无疑会打击专利权人参与标准化活动的积极性。

(4) 弱化披露的义务。目前国外标准化组织制定的专利信息披露政策大多以鼓励为主,采用的是鼓励性的专利信息披露政策。由于鼓励性的专利信息披露政策对于专利劫持的防止并不能起到很好的作用,因此国外一些标准化组织在其新标准专利披露政策的设定上进行了大胆尝试,如在VITA《新专利政策》中就加入了违反专利信息披露政策承担相应责任的规定,从而强化了专利信息披露政策的执行力。[1] 我国标准化组织制定的专利信息披露政策也追随了这一潮流,对于参与标准制修订的成员采取的是强制性披露义务的规定,但是针对我国标准化的发展现状,笔者认为不宜对专利权人采取过于刚性的披露义务,原因主要有以下两点:第一,目前涉及通信、生物、计算机等行业的核心专利主要还是由国外企业所控制,如果将披露义务规定得过于刚性,无疑不利于吸纳拥有先进专利技术的国外企业进入到我国的技术标准之中,从而使我国制定的技术标准难以在国际标准的竞争中获得胜利;第二,鼓励性的披露义务并非意味着专利权可

---

[1] 张平,赵启彬. 冲突与共赢:技术标准中的私权保护 [M]. 北京:北京大学出版社,2011:34.

以不受任何约束，标准使用人仍可以通过合同法、专利法、垄断法等专利许可立法向法院或者反垄断行政主管部门来寻求保护自身的利益。因此，我们更应该侧重于专利许可立法的完善以此作为鼓励性披露义务的支撑和保障。

三、FRAND 许可原则的完善[*]

（1）界定 FRAND 许可原则的含义。目前国内外各大标准化组织对 FRAND 许可原则界定的缺失是 FRAND 许可原则作用发挥受到限制，进而受到人们诟病最为主要的原因。虽然各大标准化组织对 FRAND 许可原则含义不作界定存在如上文所述的客观原因，但是笔者认为，尝试对 FRAND 许可原则的含义进行界定还是弊大于利。具体而言，参鉴目前国外关于 FRAND 许可原则司法判例，我国的专利许可政策中对于 FRAND 许可原则的含义应做如下界定：首先，FRAND 许可原则中的公平与合理主要要求在相同条件和环境之下，专利权人在许可交易中应向被许可人提供合理许可费率的专利许可。对于合理许可费率的厘定是一个非常复杂的问题。因为这一问题涉及如何计算以及评判许可费的合理程度。尽管不确定，笔者认为公平与合理应包含以下两个含义：第一，合理首先意味着专利许可交易中不能存在许可人对于被许可人非正当的优势；第二，合理意味着许可费只能与专利价值相当。换言之，在 FRAND 原则之下，许可人只能获得专利附加到标准产品之上所增加价值。其次，非歧视主要是指许可人必须同等对待所有潜在的被许可人。然而，这一要求的满足只有在许可人提供相同内容的 FRAND 许可给每一个许可申请人情况下才存在可能，但是由于每一个提交给专利权人的申请都存在迥异的背景和需求，要做到这一要求在现实交易中是不可能的。因此，结合"非歧视"这一概念在现实交易中实现的可能性，宜将非歧视的含义界定为：在相同条件之下，付出相同对

---

* 该内容部分摘引自：郑伦幸. 专利 FRAND 许可原则的理论分析与政策完善 [M] //苏平. 知识产权论丛（第 2 卷）. 北京：法律出版社，2016.

价的专利被许可人应获得专利权人相同的许可条款。换言之,"非歧视"并非意味着许可交易中的许可条款相同或等同,应该允许对不同类型、不同条件的被许可人提供不同的许可条件。

(2) 阐明 FRAND 许可原则的目标。FRAND 许可原则目标的阐明可以为现实中 FRAND 内涵进行一定的说明。美国国家学术委员会(National Academy of Sciences, NAS)在受到美国专利商标局(Patent Trademark Office, PTO)的邀请之下,对国际环境下标准制定过程中的作用进行了研究,并发布了《全球经济背景下标准制定所面临的专利挑战——信息和通信技术的教训》研究报告,其中,NAS 对 FRAND 许可原则提出了阐明 FRAND 许可原则目标的政策建议。NAS 认为标准化组织应当通过特定原则的制定阐明 FRAND 许可原则的目标,这些目标的内容可以包括对于专利许可费请求的指导性意见,如当专利是标准必要专利,并且标准产品包含多个标准必要专利时,应当按照标准产品的价值以及标准必要专利在标准产品中的价值构成划分比例,进行许可费的分配。❶

(3) 明确 FRAND 许可原则的适用对象。应在 FRAND 许可政策中将标准产品或服务的使用人以及消费者列为其成员作出 FRAND 许可承诺的第三方受益人。虽然在实践中,并不是所有的法院都能够确保该条款的可执行性,让所有第三人都能获得该条款的利益,但是当标准化组织成员作出该承诺可以让法院推断出其真实的意图,并且,一旦发生争议会使争议中双方的权利和义务相对清晰。与此同时,该条款还可以给予潜在的标准使用人以一定的信心,有利于标准的推广和实施。

---

❶ Keith Maskus, Stephen A. Merrill. Patent Challenges for Standard – Setting in the Global Economy: Lessons from Information and Communications Technology [EB/OL]. [2021 – 12 – 15]. http://www.nap.edu/catalog/18510/patent – challenges – for – standard – setting – in – the – global – economy – lessons.

第二节　标准必要专利权滥用私法限制制度的完善

我国的合同法与专利法作为私法，在规范技术标准化下专利许可交易行为中都能扮演不同的角色，只有充分发挥私法限制的应有作用，才能为构筑完整、高效的标准必要专利权滥用规制的立法体系，发挥整体性的功效奠定坚实基础。

一、我国《民法典》相关制度的完善

（1）显失公平原则的完善。如上文所述，显示公平原则在解决标准必要专利权滥用问题方面是具有适用空间的，并且目前我国《民法典》已有显失公平原则的规定，但是从我国目前《民法典》对于显失公平的规定来看，主要还是偏重于客观条件，即合同交易双方存在权利与义务分配的利益失衡。然而，无论是大陆法系的德国法还是英美法系的美国法都将客观和主观条件的成就作为显失公平构成的必要条件。偏重于客观条件的显失公平不仅与目前世界其他国家的立法趋势相悖，还不利于技术标准化专利许可交易的安全和秩序的稳定，因此，我国应当建立主观和客观条件并重的显失公平认定规则。具体而言，主观与客观条件并重的显失公平构成应当包含以下三个方面要件。①合同双方权利和义务严重不对等。合同双方权利和义务的严重不对等可以体现在合同内容的权利义务约定或者合同履行结果两个方面：在合同内容的约定方面，如果一方拥有明显优越的权利，而另一方负担过重的义务，或者合同中一方不负担基本的义务，或享有最基本的权利的情形就是一种权利义务约定的显失公平，而合同履行结果的显失公平则主要表现为合同的履行导致了双方经济利益悬殊的结果。②获利方存在故意。显失公平中获利方的故意主要是指其必须明知或应知自己在经济、社会等方面的优势或者对方没有经验、缺乏判断力的事实，接受条件会造成不利的，仍有意识地加以利用。③受损方不存在真实的意

思表示。显失公平的受损方在交易中基于获利方的优势或自己的经验、判断力的缺乏作出了违背真实意愿的表示。该要件主要排除受损方自愿接受对自己不利的合同后，又以显失公平主张撤销合同的情况出现。

（2）确立禁止反悔原则❶。鉴于禁止反悔原则在解决技术标准化下专利许可问题中的独特优势和作用以及我国在相关立法中的尝试，又基于我国成文法的立法传统，笔者认为应当将禁止反悔原则作为具体规范纳入《民法典》之中，以便于法官在司法实践中的法律援引和适用。而具体到禁止反悔原则的构建，应注意以下几个方面的问题。①启动方式。禁止反悔原则的适用应遵循被动启动的方式，在专利侵权案件中，应当由被诉侵权人以抗辩的形式提出，法院不应主动适用。②构成要件。禁止反悔的构成应当同时具备以下三个条件：第一，存在允诺。允诺可为作为、不作为或陈述（或者其组合）等形式，并因此使得另一方安心行事。对于专利案件，主要是指专利权人通过其误导性行为或延迟的不作为行为，使被指控的侵权人合理地推断出专利权人将不准备对被指控的侵权人提出主张实现其专利权。第二，因允诺产生信赖。信赖是禁止反悔原则最重要的构成要件。被告信赖的产生必须要基于原告的允诺，非经原告作为、不作为或陈述等行为不能构成合理信赖。此外，被告信赖的产生必须是合理的。被告的信赖必须依据原告允诺而作合理的事实推定。第三，因信赖导致损害。信赖而导致的损害必须是真实的，这一损害可以是证据上的或者经济上的。③法律后果。区别于合同法其他的救济措施，禁止反悔原则适用的法律后果人权利的不可实施，可以使得被诉侵权人免遭禁止令或损害赔偿的处罚。但需要注意的是，权利人权利的不可实施仅限于涉案范围，在案件之外权利人仍享有完整的权利。

（3）默示许可的完善。根据美国关于默示许可的司法判例，默示许可的适用情形多涉及专利许可交易，如非主要构件的销售、在专利方法中使

---

❶ 我国立法中已有禁止反悔原则，为保证法律概念的一致性，同样在此宜将禁止反言原则（Estoppel）译为禁止反悔原则。

用购买的商品、授权改进、事后取得专利等，并且默示许可在解决技术标准化下专利许可纠纷中具有适用范围广、与 FRAND 许可原则功能匹配度高等优势，因此，我国也可尝试将默示许可制度纳入解决技术标准化下专利许可交易问题的制度体系之中。虽然从目前我国的立法现状来看，如上文所述，默示许可的适用是存在制度空间的，但是由于立法上对于默示许可的适用没有具体的规则或指导意见，实践中法官对于默示许可的适用存在无法可依的困难。解决技术标准化下默示许可对于专利许可的适用，应解决以下几个方面的问题。①默示许可的条件。默示许可的成立有赖于形式条件和实质条件的成就：在许可的形式条件方面，虽然默示许可并不要求行为人通过明示的方式表达其意思表示，但是单纯的默示一般不能构成默示许可，而是应该通过行为人从事某种行为作出合理的推断；在许可的实质条件方面，必须存在产生默示许可的信赖基础。这一信赖基础的产生是以理性人标准作为依据的，即基于行为人的行为，可以依据商业惯例或常识作出默示许可意思表示的合理推断。②默示许可的类型。从标准有效实施和推广的角度考虑，技术标准化下的默示许可类型，应明确规定为普通的专利许可比较合适，因为如果某一个标准的使用者获得独占性的许可，其他标准使用人对于必要专利将不能加以利用。③默示许可的范围。技术标准化下默示许可的范围不宜作范围上过多的限制，对于整个必要专利技术，标准使用人可以从事制造、销售、许诺销售、使用等行为。④默示许可的期限。基于标准实施的需要，应将技术标准化下的专利默示许可期限规定为在专利权存续的整个有效期内，标准使用者都可以予以利用。⑤默示许可的对价。默示许可并非意味着免费许可，技术标准使用者仍应当就必要专利的使用向专利权人支付合理的报酬。此外，鉴于目前我国对于默示许可无论从理论研究还是司法实践上来说都处于起步阶段，因此，不宜直接将默示许可上升为立法规定，而是可以首先在最高人民法院的司法解释中明确认可默示许可在技术标准领域专利许可中适用的合法性，并且对默示许可的类型、期限、范围、对价等具体问题作出相应的指导意见。待相关条件成熟后,再将默示许可的规则上升为立法规定。❶ 这样一方面可以回应当前技术标准化下专利许可交易中对于默示许可制度的需求,另一方面也保证了立法应当具有的严肃性和稳定性。

二、我国《专利法》相关制度的完善

（1）停止侵害救济的限制。在技术标准化环境下,停止侵害救济是标准必要专利权人实施专利劫持行为的重要手段,如果不对停止侵害救济适用进行限制,不仅可能导致专利许可交易双方利益分配的不公,还会阻碍标准的正常推广与实施,甚至有可能还会损及消费者利益。基于此,国外在一些司法判例中就该问题已经作出了回应,对符合条件的停止侵害救济（永久禁令）进行了限制。在我国,关于专利权停止侵害救济的限制的规定在国务院于 2008 年 2 月发布的《专利法》的第三次修改草案（以下简称《草案》）中曾有过体现。《草案》曾在第 75 条中试图增加"专利权人请求人民法院或者管理专利工作的部门责令停止侵犯其专利权的行为,如果侵权人停止实施相关专利会损害社会公共利益的,人民法院或者管理专利工作的部门可以不责令侵权人停止实施行为,侵权人可以继续实施相关专利,但应当支付合理费用"的内容。《草案》对于第 75 条的修改意味着专利权在获得停止侵害救济时会受到公共利益的限制。然而,在最后 2008 年 12 月公布的《专利法》第三次修订案中又将此条增加的内容予以了删除,说明当时在业内对停止侵害救济进行限制并未达成共识。但是技术标准化环境下,对于停止侵权救济的限制,一则有着现实的需要,二则符合国际立法趋势,因此,我国有必要借鉴国外立法例的经验,结合我国立法现状,对专利权停止侵害救济进行合理的限制,而由于停止侵害救济进行限制是对专利权人权利的一种极大的限制,适用停止侵害救济的限制,需要以下四个方面条件的成就:①损失的不可弥补,即停止侵害救济的给予

---

❶ 袁真富. 基于侵权抗辩之专利默示许可探究 [J]. 法学, 2010 (12): 119.

是否会造成原告不可弥补的损失；②损害赔偿救济的可替代性，即原告是否可以通过损害赔偿的救济弥补其因侵权行为造成的损失，如果标准必要专利的拥有人无法通过其他途径获得救济，那么就可以适用停止侵害救济；③公共利益，即给予停止侵害救济是否会造成公共利益的损害；④利益平衡，即权衡原被告困难后，天平是否倾向于原告。如果被许可人拒绝参与或拒绝遵守基于 FRAND 许可原则作出的裁决结果的，可以适用停止侵害救济，而如果停止侵害救济与 FRAND 许可原则冲突，则不应适用停止侵害救济。此外，需要注意的是，由于我国是成文法国家，法律以及司法解释不可能事无巨细地对相关问题作出解释，因此，对停止侵害救济进行限制而设置"四要素测试法"除了在相关立法和司法解释中对此问题进行宣示和明晰之外，主要还有赖于司法实践中法官对于四要素问题分析能力的跟进和配套，否则即使有精良的立法，也在实践中难以贯彻和落实。

（2）建立专利权滥用限制制度。技术标准中蕴含的利益空间为专利权的滥用提供了充足的利益驱动，因此，有必要通过专利权滥用限制制度对技术标准下的专利许可交易中存在的专利权滥用行为进行限制，在我国构建专利权滥用规制制度还存在如下几个方面的意义。首先，从现实意义来说，目前我国大部分企业还处于产业链的低端，核心专利技术大多为西方的跨国公司所掌控，在国际技术标准化过程中，我国企业屡屡受到专利权滥用行为的打击。专利权滥用制度无疑可以作为我国企业反制专利权滥用人的有力武器。其次，从理论意义来说，如上文所述，权利滥用行为并不等同于垄断行为，建立专利权滥用规制制度是对权利滥用行为周延保护的需要，也可形成与《反垄断法》对于垄断行为规制的呼应。最后，从比较法视角来看，在专利法中构建专利权滥用规制制度也是目前各国各地区（美国、欧盟、日本）的通行做法。如上文所述，目前我国于 2020 年修正的《专利法》第 20 条中虽对专利权滥用作出了原则性规定，但没有明确专利权滥用的类型以及相应的法律责任，针对该问题，需要对我国现有《专利法》作如下调整：第一，在《专利法》第七章中增加专利权滥用限制制度，规定："专利申请权人、专利权人及其独占被许可人，有下列非法垄断技术、恶意支配市场、阻碍科技创新，妨害竞争秩序情形之一的，构成权利滥用：（一）不合理搭售和限购；（二）在专利联营许可中包含非必要专利；（三）在专利联营许可中拒绝合理许可请求；（四）在专利联营许可中实施强迫性一揽子许可；……其他权利滥用行为。如有前款权利滥用行为，专利权人不得强制执行专利权，除非清除滥用行为。如果损害他人合法权益的，利益受损人可以向人民法院起诉，也可以请求管理专利工作部门进行调解，调解不成的，可以向人民法院提起诉讼。"第二，还应在《专利法实施细则》中对以上提出的专利权滥用行为类型进行具体的界定：①不合理搭售和限购是指专利权人或其独占被许可人要求专利技术或产品接受方接受并非实施该专利技术或产品必不可少的附带条件，包括购买非必需的技术、原材料、产品、设备、服务等，或者不合理地限制专利技术或产品接受方购买原材料、零部件、产品等渠道或来源；②专利联营许可中包含的非必要专利是指在专利联营许可中包含的那些具有可替代性或者与产品无关的专利技术；③专利联营许可中的拒绝许可是指在同等请求许可条件下，专利权人不能对不同的许可请求人采取差别待遇；④实施强迫性一揽子许可是指专利权人对专利联营许可的所有专利规定统一的、不可拆分、不变价格或者在专利联营许可中不顾专利使用费在产品成本中所占的比例是否合理而限定价格，并且强迫被许可方接受。❶

（3）专利强制许可制度的完善。技术标准化下，标准必要专利权人可以凭借标准的强制力获得对消费者的锁定，从而获得市场的支配地位。如果专利权人依据市场支配地位通过在许可协议中规定搭售、价格联合、拒绝许可等行为限制他人的竞争，那么其将会受到《反垄断法》的规制，反垄断执法机构可能会让专利权人承担强制许可的法律责任。由此可见，专利法中的专利强制许可与《反垄断法》中的限制竞争行为是存在直接联系

---

❶ 陶鑫良，等. 专利权滥用的法律规制 [M] // 《专利法》及《专利法实施细则》第三次修改专题研究报告（中卷）. 北京：知识产权出版社，2006：1234-1240.

的,《专利法》中的专利强制许可制度是《反垄断法》对于限制竞争行为进行规制的配套手段和措施。专利强制许可制度所具有的这一作用已经得到 TRIPS 协议的确认,如 TRIPS 协议第 31 条(c)提到,对于半导体技术的强制许可,只能用于公共的非商业性目的,如强制许可是为了补救司法或行政程序确定为限制竞争的行为。虽然目前我国《专利法》所建构的专利强制许可制度规定了垄断行为可以成为强制许可适用的法定情形,但是对于垄断行为适用强制许可中的具体问题在立法中并没有得到明确,具体来说,主要有如下几个方面:①《反垄断法》中对于专利强制许可规则对接和呼应的缺失。如上文所述,专利强制许可制度是作为补救反垄断法规制限制竞争行为的不足而存在的,然而,在我国 2008 年实施的《反垄断法》中对于各种限制竞争行为的规制中并无专利强制许可的规定,这样无疑不利于两部法律适用的衔接,因此,建议在我国的《反垄断法》中对于各种限制竞争行为法律责任部分增加专利强制许可的规定。②专利强制许可适用的条件。根据《专利法》第 53 条第 2 项的规定,专利权人行使专利权的行为被依法认定为垄断行为并不是给予强制许可的充分条件,该行为还必须同时满足消除或者减少对竞争产生的不利影响才有必要给予强制许可,并且还需要具备实施条件的单位或者个人的申请。但是根据《反垄断法》规定,被认定为触犯《反垄断法》的垄断行为必然具有限制或者排除竞争的效果,因此只要行使专利权的行为已经被依法认定为垄断行为,就可以给予强制许可。此外,一旦专利权行使行为被依法认定为垄断行为,再让强制申请人向国务院有关机关进行申请,势必会增加其成本,并且也实无必要,因此,如果滥用专利权行为被依法认定为垄断行为,就可以直接获得强制许可。❶③专利强制许可费的厘算。目前我国《专利法》第 62 条规定,实施专利强制许可的单位或者个人应当给予专利权人合理的使用费。但是对于合理使用费的厘算是专利强制许可中争议的焦点问题。

---

❶ 尹新天. 中国专利法详解(缩编版)[M]. 北京:知识产权出版社,2012:394-395.

对此问题我国应当借鉴国外专利强制许可费的计算方法,对专利强制许可费的厘算确定相对明确的标准。如德国法规定,专利强制许可费一般以实施专利强制许可生产产品所获利润的2%~20%作为补偿费,加拿大专利法也将补偿费确定为实施专利强制许可生产产品利润的4%,同时要求专利权人必须就产品利润承担举证责任,因为只有专利权人才了解实际的产品净利润。❶ ④专利强制许可的转让。目前我国《专利法》第61条明确规定,取得专利强制许可的单位或个人无权对其取得的专利强制许可进行转让。但是根据TRIPS协议第31条规定,非自愿许可使用的应是不可转让的,但是除非连同那部分享有这种使用的企业或信誉一起转让。由此可见,TRIPS协议在规定包括专利强制许可的非自愿许可不得转让的同时,还规定了转让的例外。基于此,我国《专利法》对于专利强制许可的标准是要高于TRIPS协议的一般要求的,应当予以修改,同样应当规定专利强制许可的转让例外。❷

第三节 标准必要专利权滥用之反垄断规制制度的完善[*]

为解决《反垄断法》第55条的具体适用问题,作为我国反垄断执行机关"三驾马车"之一的原国家工商总局于2015年4月7日出台了《关于禁止滥用知识产权排除、限制竞争行为的规定》(以下简称《规定》),国务院反垄断委员会还于2019年1月4日发布了《关于知识产权领域的反垄断》(以下简称《指南》),《规定》与《指南》的出台一定程度细化了

---

❶ 郑瑞琨,李珂,楚恒. 我国专利实施强制许可制度若干问题评析 [J]. 电子知识产权, 2010 (2): 49.

❷ 单晓光, 等. 专利强制许可制度 [M] // 《专利法》及《专利法实施细则》第三次修改专题研究报告 (下卷). 北京: 知识产权出版社, 2006: 1353.

* 该节内容部分摘引自: 郑伦幸. 对标准必要专利权人拒绝许可行为的反垄断规制 [J]. 知识产权, 2016 (7).

《反垄断法》第 55 条的规定，为标准必要专利权滥用的反垄断规制提供了更具体的指引，然而，由于在反垄断执法的职权分工上，原国家工商总局仅负责涉及非价格的垄断协议、滥用市场支配地位以及滥用行政权力排除限制竞争的反垄断执法，因此《规定》作为部门规章的适用范围和规范效力存在局限性。❶ 此外，《指南》的内容并非仅关注标准必要专利的排除和限制竞争行为，对于标准必要专利权人实施垄断行为的"个殊性"问题关注度不够。因此，为了给实践中标准必要权滥用所可能涉及的垄断行为认定和规制提供更为明确、有效的指引，我国应立足国情，并借鉴美国、欧盟等立法经验，针对标准必要专利权滥用所涉垄断行为的个性问题，进一步地细化和完善现有《指南》的相关规定。

一、基本思路

反垄断法的政策目标是多元的，立法者要做的并不是解释不同政策目标之间的对立，而是在不同时期，通过政策成本和政策收益之间的权衡，因时而变，因势利导，协调不同价值之间的冲突，最终释放最大化的政策红利。❷ 从美国、欧盟、日本等反垄断立法发展脉络来看，各国和地区在不同时期都会选择对本国和地区发展有利的反垄断态度。❸ 由于目前我国还处在技术输入国的阶段，大量企业在专利技术的交易中扮演的是标准使用人的角色，在与标准必要专利权人的交易中处于弱势和被动地位，极易受到跨国企业掠夺性行为的侵害，如果没有市场之外力量的介入，很多企业就会丧失市场上的独立地位，甚至生存的空间。因此，当前，相对于其他政策目标，保护我国中小企业免遭跨国公司滥用市场优势地位的侵害是我国反垄断

---

❶ 《关于禁止滥用知识产权排除、限制竞争行为的规定》第 3 条明确规定："本规定所称滥用知识产权排除、限制竞争行为，是指经营者违反《反垄断法》的规定行使知识产权，实施垄断协议、滥用市场支配地位等垄断行为（价格垄断行为除外）。"

❷ 刘宁元. 反垄断法政策目标的多元化 [J]. 法学, 2009 (10)：70.

❸ 郑鹏程, 肖小梅. 论我国反垄断法规制知识产权许可限制的基本立场——兼评《关于知识产权领域反垄断执法的指南》[J]. 河南社会科学, 2013 (3)：44.

政策的一大重点任务。正是在这一政策目标的指引之下，具体到标准必要专利权滥用的反垄断规制，我国应当借鉴欧盟经验，放宽对于关键设施理论的适用门槛，严格对于具有市场支配地位的标准必要专利权人滥用权利行为的规制，加强对于标准使用人利益以及消费者利益的保护。

二、具体内容

标准必要专利权滥用中可能出现的垄断行为主要集中在搭售、拒绝许可以及价格联合三种类型之上，未来在对我国《指南》进行完善，对以上三种类型具体行为进行规范时，应当注意以下几个方面的问题。

第一，相关市场。对标准必要专利相关市场的界定，要重点明晰与关注标准必要专利交易市场的"个殊性"特点，具体表现如下。（1）相关产品市场的专属性问题。由于标准具有一定的市场强制性，这一强制性或来自官方的自上而下的推动力（法定标准）或来自市场自下而上的自发力（事实标准），一旦一项专利技术成为标准的必要专利技术，就意味着市场的产品制造商想要让产品符合标准的要求就必须要获得专利技术的授权，换言之，标准与专利的结合会显著增强和放大专利原有的垄断性，使得标准必要专利对于标准产品的制造商来说具有唯一性和不可替代性。标准必要专利相关产品市场的专属性可从需求替代和供给替代两个方面进行证实：从需求替代来说，由于没有其他的技术可以替代标准必要专利，标准必要专利的权利人对于专利许可费用价格的提升，并不会或很少会影响产品制造商的需求；从供给替代来说，由于专利权具有专有性的特点，在法律意义上并不存在拥有与标准必要专利相同专利的权利人，以对标准必要专利进行供给替代，也正是因为标准必要专利非常低的需求交叉弹性，从而决定了很多标准必要专利可以单独构成一个独立的相关技术市场。（2）相关地域市场的相对性问题。虽然对于技术而言，运输基本不需要成本，其地域范围往往由技术许可的范围而决定，但是由于专利权具有严格的领土性,其效力仅限于本国境内,❶因此专利技术的地域市场范围一般为专利权被授予国家或地区,也正是如此,在一国范围内,一项专利技术的地域市场是往往不被考虑的,只是在国与国之间的国际贸易中专利技术的相关地域市场才有考量的意义。具体到标准必要专利而言,为了使标准在国际市场得以有效地推行和实施,虽然标准必要专利权人极有可能就相同的技术方案在多个国家申请专利权,但是由于专利权的权利来源法律不同决定了权利本身的基础和行使范围会存在差异,不同国家授予的专利技术不具有等同的竞争条件,不同国家专利权之间并不能形成实质的竞争替代关系,因此某个标准必要专利的相关地域市场通常为专利授权的国家或者地区,而对于标准必要专利权人将不同国家的标准必要专利进行组合打包许可的情况,其专利许可的相关地域市场则为权利人持有的各项标准必要专利的国家或地区的集合。❷

第二,标准必要专利的搭售。搭售对于竞争来说存在正反两方面的作用:积极方面来说,搭售可以减少多次交易的成本,增进效率,从而有利于竞争和消费者,但从消极意义来说,强迫性的搭售是经营者不正当将市场强制力介入被搭售商品市场,可能削弱被搭售商品市场竞争对手的竞争能力,构成对被搭售商品市场的进入障碍。基于此,不应当将搭售视为本身违法行为,而应当适用类似于美国的合理原则对搭售进行个案分析。具体来说,对于搭售的反垄断分析应涵盖以下三个方面的要件:其一,许可协议中的搭售技术与被搭售技术之间是否存在独立性。独立性要求主要考察搭售技术与被搭售技术之间的分离是否具有经济合理性。如果二者存在独立性则能成为构成垄断行为的证据。其二,实施搭售行为的主体是否具有市场支配地位。只有搭售行为的主体具有市场支配力才能使搭售存在一

---

❶ 吴汉东.知识产权基本问题研究(总论)[M].2版.北京:中国人民大学出版社,2009:21.

❷ 该内容部分摘引自:郑伦幸.对标准必要专利权人拒绝许可行为的反垄断规制[J].南京理工大学学报(社会科学版),2015(3).

定的强制性，否则，如果搭售只是一种市场的自由选择就不存在非法的问题。其三，搭售行为是否具有正当性。搭售行为的正当性主要可以从技术效果的实现、产品质量的保证几个方面进行考察，如果具有正当性，搭售行为就是合法的。

第三，标准必要专利的拒绝许可。专利许可交易中的拒绝许可同样具有正反两方面的作用，专利权人通过拒绝许可可以让资源得以最大效率地开发和利用，但是当拒绝许可的客体是关键设施的时候，由于对关键设施的利用是进入市场竞争的"准入证"，则会因为抑制竞争，而可能受到反垄断法的规制。因此，对于拒绝许可的反垄断分析同样应当适用合理原则。一般来说，评判某个拒绝许可行为是否构成垄断行为，主要考察以下三个方面的条件：其一，被拒绝许可的专利是否构成关键设施。如在技术标准化中实施专利拒绝许可，主要看拒绝许可的专利技术是否是标准必要技术或者是否是进入市场参与竞争的必要技术。其二，拒绝许可行为有无排除有效竞争。考察拒绝许可是否排除有效竞争主要看实施拒绝许可的专利权人在下游市场的地位，如果其在下游市场的地位越重要，那么实施拒绝许可具有排除有效竞争的可能性就越大。其三，标准必要专利权人的拒绝行为是否存在正当的理由。在专利许可交易中，拒绝许可的正当理由主要指的是专利许可申请人的出价过低不能弥补专利权人研发技术的成本投入。

第四，标准必要专利的价格联合。价格联合由于被认为破坏了价格在市场中作用的发挥，因此，被世界各国反垄断法认为是严重的损害市场竞争的行为，因此一旦被认定为价格联合，通常适用本身违法原则进行处理。我国的《指南》也应遵循本身违法原则对价格联合行为进行分析，价格联合的构成主要考察以下两个条件：其一，共谋的产生。市场卖方集中，竞争价格的需求弹性缺乏，标准化产品以及价格竞争的重要性都能成为支撑共谋产生的证据。其二，共谋定价的存在。共谋定价可以通过固定的相关市场份额，交换价格信息，价格、产出或者生产能力的变化以及排他行为的存在予以证明。

参考文献

一、中文类

（一）著作类

[1] ［美］埃里克·弗鲁博顿，［德］鲁道夫·芮切特. 新制度经济学——一个交易费用分析范式［M］. 姜建强，罗长远，译. 上海：上海三联书店，上海人民出版社，2006.

[2] 安佰生. WTO与国家标准化战略［M］. 北京：中国商务出版社，2005.

[3] ［澳］彼得·德霍斯. 知识财产法哲学［M］. 周林，译. 北京：商务印书馆，2008.

[4] ［澳］布拉德·谢尔曼，［英］莱昂内尔·本特利. 现代知识产权法的演进：英国的历程1760~1911［M］. 金海军，译. 北京：北京大学出版社，2006.

[5] 陈小君. 合同法学［M］. 北京：中国政法大学出版社，2002.

[6] 曹新明. 促进我国知识产权产业化制度研究［M］. 北京：知识产权出版社，2012.

[7] ［美］道格拉斯·C.诺斯. 经济史上的结构和变革［M］. 厉以平，译. 北京：商务印书馆，1992.

[8] ［美］道格拉斯·G.拜尔，罗伯特·H.格特纳，兰德尔·C.皮克. 法律的博弈分析［M］. 严旭阳，译. 北京：法律出版社，1999.

[9] 戴龙. 滥用市场支配地位的规制研究［M］. 北京：中国人民大学出版社，2012.

[10] 董美根. 知识产权许可研究［M］. 北京：法律出版社，2013.

[11] [美] E. 艾伦·范斯沃恩. 美国合同法 [M]. 3 版. 葛云松,丁春艳,译. 北京:中国政法大学出版社,2004.

[12] [美] E. 博登海默. 法理学:法律哲学与法律方法 [M]. 邓正来,译. 北京:中国政法大学出版社,1999.

[13] 范长军. 德国专利法研究 [M]. 北京:科学出版社,2011.

[14] [英] 弗里德里希·奥古斯特·哈耶克. 通往奴役之路 [M]. 王明毅,冯兴元,等译. 北京:中国社会科学出版社,1997.

[15] 冯晓青. 知识产权法哲学 [M]. 北京:中国人民公安大学出版社,2003.

[16] 郭德忠. 专利许可的反垄断规制 [M]. 北京:知识产权出版社,2007.

[17] 辜海笑. 美国反托拉斯理论与政策 [M]. 北京:中国经济出版社,2005.

[18] [美] 基斯·N. 希尔顿. 反垄断法:经济学原理和普通法演进 [M]. 赵玲,译,北京:北京大学出版社,2009.

[19] [德] 格尔哈德·帕普克. 知识、自由与秩序——哈耶克思想论集 [M]. 黄冰源,赵莹,冯兴元,等译. 北京:中国社会科学出版社,2000.

[20] 国际经济贸易仲裁委员会. 国际技术贸易合同书示范文本及相关法律法规 [M]. 北京:法律出版社,2002.

[21] 国家科学技术部. 国际技术转让指南 [M]. 北京:中国政法大学出版社,2000.

[22] 高俊光. 面向技术创新的技术标准形成机理 [M]. 北京:经济科学出版社,2010.

[23] 高山行. 专利权的经济学分析 [M]. 西安:西安交通大学出版社,2001.

[24] 国家知识产权局条法司. 《专利法实施细则》修改专题研究报告 [M]. 北京:知识产权出版社,2008.

[25] 国家知识产权局条法司. 《专利法》及《专利法实施细则》第三次修改专题研究报告 [M]. 北京:知识产权出版社,2006.

[26] [德] 汉斯·高德,克里斯·阿贝尔特. 欧洲专利公约手册 [M]. 王志伟,译. 北京:知识产权出版社,2008.

[27] 胡长清. 中国民法总论 [M]. 北京:中国政法大学出版社,1997.

[28] 胡开忠. 知识产权法比较研究 [M]. 北京:中国人民公安大学出版社,2004.

[29] 胡甲庆. 反垄断法的经济逻辑 [M]. 厦门:厦门大学出版社,2007.

[30] 韩其峰. 专利池许可的反垄断法规制 [M]. 北京：中国政法大学出版社，2013.

[31] 黄铭杰. 竞争法与智慧财产法之教会——相生与相克之间 [M]. 台北：元照出版社，2006.

[32] [英] 哈耶克. 法律、立法与自由（第 1 卷）[M]. 邓正来，译，北京：中国大百科全书出版社，2000.

[33] [美] Jay Dratler, Jr. 知识产权许可 [M]. 王春艳，等译. 北京：清华大学出版社，2003.

[34] [美] J. M. 穆勒. 专利法 [M]. 3 版. 沈超，李华，吴晓辉，等译. 北京：知识产权出版社，2013.

[35] [日] 加藤雅信. 所有权的诞生 [M]. 郑芙蓉，译. 北京：法律出版社，2011.

[36] [德] 卡尔·拉伦茨. 德国民法通论 [M]. 北京：法律出版社，2003.

[37] [美] 理查德·A. 波斯纳. 反托拉斯法 [M]. 2 版. 孙秋宁，译. 北京：中国政法大学出版社，2003.

[38] 李琛. 论知识产权法的体系化 [M]. 北京：北京大学出版社，2005.

[39] 李春田. 标准化概论 [M]. 北京：中国人民大学出版社，2011.

[40] 梁慧星. 为权利而斗争 [M]. 北京：中国法制出版社，2002.

[41] 梁慧星. 民法总论 [M]. 北京：法律出版社，2001.

[42] 李明德. 美国知识产权法 [M]. 2 版. 北京：法律出版社，2014.

[43] 李明德，闫文军，黄晖，等. 欧盟知识产权法 [M]. 北京：法律出版社，2010.

[44] 李杨，等. 知识产权基础理论和前沿问题 [M]. 北京：法律出版社，2004.

[45] [德] 莱因荷德·齐佩利乌斯. 法哲学 [M]. 金振豹，译. 北京：北京大学出版社，2013.

[46] 李钟斌. 反垄断法的合理原则研究 [M]. 厦门：厦门大学出版社，2005.

[47] 龙卫球. 民法总论 [M]. 北京：中国法制出版社，2002.

[48] 刘茂林. 知识产权法的经济学分析 [M]. 北京：法律出版社，1996.

[49] [美] 罗伯特·D. 考特，托马斯·S. 尤伦. 法和经济学 [M]. 施少华，姜建强，等译. 上海：上海财经大学出版社，2002.

[50] [美] Martin J. Adelman, Randall R. Rader, Gordon Klancnik. 美国专利法 [M]. 郑胜利，刘江彬，编译. 北京：知识产权出版社，2010.

[51] 毛丰付．标准竞争与竞争政策——以 ICT 产业为例［M］．上海：上海三联书店，2007．

[52] 马海生．专利许可的原则——公平、合理、无歧视许可研究［M］．北京：法律出版社，2010．

[53] ［美］曼昆．经济学原理（微观经济学分册）［M］．5 版．梁小民，梁砾，译．北京：北京大学出版社，2009．

[54] 欧洲专利局．未来知识产权制度的愿景［M］．北京：知识产权出版社，2009．

[55] ［美］欧内斯特·盖尔霍恩，威廉姆·科瓦契奇，斯蒂芬·卡尔金斯．反垄断法与经济学［M］．5 版．任勇，邓志松，尹建平，译．北京：法律出版社，2009．

[56] ［澳］彭道敦，李雪莆．普通法视角下的知识产权［M］．谢琳，译．北京：法律出版社，2010．

[57] 乔克裕，黎晓平．法律价值论［M］．北京：中国政法大学出版社，1991．

[58] ［英］史蒂文·D. 安德曼．知识产权与竞争策略［M］．梁思思，何侃，译．北京：电子工业出版社，2012．

[59] 盛洪．现代制度经济学［M］．北京：中国发展出版社，2009．

[60] ［美］苏珊娜·斯科奇姆．创新与激励［M］．刘勇，译．上海：格致出版社，上海人民出版社，2010．

[61] 史尚宽．民法总论［M］．北京：中国政法大学出版社，2000．

[62] ［日］田村善之．日本知识产权法［M］．周超，李雨峰，李希同，译．北京：知识产权出版社，2011．

[63] ［日］田村善之．日本现代知识产权法理论［M］．李扬，等译．北京：法律出版社，2010．

[64] 佟柔．中国民法学·民法总则［M］．北京：中国人民公安大学出版社，1990．

[65] 陶鑫良，袁真富．知识产权法总论［M］．北京：知识产权出版社，2005．

[66] 吴汉东，等．知识产权基本问题研究［M］．北京：中国人民大学出版社，2005．

[67] 吴汉东．知识产权基本问题研究（总论）［M］．2 版．北京：中国人民大学出版社，2009．

[68] 吴宏伟．竞争法有关问题研究［M］．北京：中国人民大学出版社，2000．

[69] 吴太轩．技术标准化的反垄断法规制［M］．北京：法律出版社，2011．

[70] 吴小丁. 反垄断与经济发展 [M]. 北京：商务印书馆，2006.

[71] 王晋刚，张铁军. 专利化生存——专利刀锋与中国企业的生存困境 [M]. 北京：知识产权出版社，2005.

[72] 王金玉，白殿一. 新世纪技术标准国际竞争策略 [M]. 北京：中国计量出版社，2005.

[73] 王磊. 市场支配地位的认定与反垄断规制 [M]. 北京：中国工商出版社，2006.

[74] [美] 威廉·M. 兰德斯，理查德·A. 波斯纳. 知识产权法的经济结构 [M]. 金海军，译. 北京：北京大学出版社，2005.

[75] 王利明，崔建远. 合同法新论总则 [M]. 北京：中国政法大学出版社，2000.

[76] 王利明. 合同法研究（第1卷）[M]. 北京：中国人民大学出版社，2002.

[77] [日] 我妻荣. 债权在近代法中的优越地位 [M]. 王书江，张雷，译. 北京：中国大百科全书出版社，1999.

[78] 王先林. 知识产权与反垄断法——知识产权滥用的反垄断问题研究 [M]. 北京：法律出版社，2008.

[79] 王晓晔. 中华人民共和国反垄断法详解 [M]. 北京：知识产权出版社，2008.

[80] 王晓晔. 反垄断法与市场经济 [M]. 北京：法律出版社，1998.

[81] 王晓晔. 反垄断法 [M]. 北京：法律出版社，2011.

[82] 王泽鉴. 民法总则 [M]. 北京：中国政法大学出版社，2001.

[83] 徐棣枫. 专利权扩张与限制 [M]. 北京：知识产权出版社，2007.

[84] 徐国栋. 民法基本原则解释——以诚实信用原则的法理分析为中心 [M]. 北京：中国政法大学出版社，2004.

[85] 徐红菊. 专利许可法律问题研究 [M]. 北京：法律出版社，2007.

[86] 徐健，苏琰. 专利池的运营和法律规制 [M]. 北京：知识产权出版社，2013.

[87] 谢铭洋. 智慧财产权之基础理论 [M]. 台北：翰芦图书出版有限公司，2006.

[88] [美] 亚当·杰夫，乔希·勒纳. 创新及其不满：专利体系对创新与进步的危害及对策 [M]. 罗建平，兰花，译. 北京：中国人民大学出版社，2007.

[89] 尹新天. 中国专利法详解 [M]. 北京：知识产权出版社，2011.

[90] 杨崇森. 专利法理论与应用 [M]. 台北：三民书局，2008.

[91] [美] 约翰·罗尔斯. 正义论 [M]. 何怀宏，何包钢，廖申白，译. 北京：中国

社会科学出版社，1988.

[92] 尹田. 法国现代合同法 [M]. 北京：法律出版社，1995.

[93] 游钰. 卡特尔规制制度研究 [M]. 北京：法律出版社，2006.

[94] 曾陈明汝. 两岸暨欧美专利法 [M]. 北京：中国人民大学出版社，2007.

[95] 张红凤. 西方规制经济学的变迁 [M]. 北京：经济科学出版社，2005.

[96] 张平，马骁. 标准化与知识产权战略 [M]. 北京：法律出版社，2005.

[97] 张平. 冲突域共赢：技术标准中的私权保护 [M]. 北京：北京大学出版社，2011.

[98] 曾世雄. 民法总则之现在与未来 [M]. 北京：中国政法大学出版社，2001.

[99] 张文显. 二十世纪西方法哲学思潮研究 [M]. 北京：法律出版社，1998.

[100] 张维迎. 企业的企业家——契约理论 [M]. 上海：上海三联书店，上海人民出版社，2001.

[101] 张维迎. 博弈论与信息经济学 [M]. 上海：上海三联书店，上海人民出版社，2002.

[102] 詹映. 专利池管理与诉讼 [M]. 北京：知识产权出版社，2013.

[103] 郑玉波. 民法总则 [M]. 北京：中国政法大学出版社，2003.

[104] 郑玉波. 民法债编总论 [M]. 北京：中国政法大学出版社，2004.

[105] 赵元果. 中国专利法的孕育与诞生 [M]. 北京：知识产权出版社，2003.

[106] 张志欣，杨彬. 现代管理标准化 [M]. 北京：中国经济出版社，1996.

（二）论文类

[1] 安佰生. 标准化条件下知识产权保护问题 [J]. 国际贸易，2005（12）.

[2] 陈柳钦. 贸易技术壁垒与我国出口贸易的发展 [J]. 北方经济，2002（11）.

[3] 曹新明. 关于权利弱化与利益分享理论之研究——一种新的知识产权理论范式 [J]. 中南财经政法大学研究生学报，2007（1）.

[4] 程艳. eBay案后美国永久性禁令颁发标准之转变 [J]. 现代经济，2008（2）.

[5] 丁道勤，杨晓娇. 标准化中的专利劫持问题研究 [J]. 法律科学，2011（4）.

[6] 丁蔚. 专利侵权诉讼与标准中知识产权的管理 [J]. 电子知识产权，2007（2）.

[7] 冯晓青. 知识产权利益平衡原理纲 [J]. 河南省政法管理干部学院学报，2004（5）.

[8] 韩赤风. 对 DVD 事件中知识产权滥用的法律思考 [J]. 法商研究, 2005 (3).

[9] 韩赤风. 许可协议中的知识产权滥用及其规制——由 DVD 事件引发的法律思考 [J]. 世界科技研究与发展, 2006 (1).

[10] 何怀文. 合理无歧视许可要求的客观衡量标准探析——从解读欧盟委员会对微软的裁决出发 [J]. 电子知识产权, 2008 (8).

[11] 黄铁军. 以 AVS 为例谈专利私权和标准公权的平衡 [J]. 技术与标准化, 2005 (7).

[12] 江帆. 竞争法对知识产权的保护与限制 [J]. 现代法学, 2007 (2).

[13] 蒋坡. 论技术标准与专利技术之融合与冲突 [J]. 政治与法律, 2008 (8).

[14] 李春田. 标准化是一把双刃剑 [J]. 中国标准化, 2001 (12).

[15] 刘好. 技术标准对国民经济的作用 [J]. 经济论坛, 2005 (11).

[16] 罗静. 技术标准制定过程中的信息披露行为及法律规制——以竞争法为视角 [J]. 财经理论与实践, 2008 (9).

[17] 吕明瑜. 技术标准垄断的法律控制 [J]. 法学家, 2009 (1).

[18] 吕仁玲. 反垄断法上超高定价行为的经济学思考与法律分析 [J]. 商场现代化, 2009 (6).

[19] 吕铁. 论技术标准化与产业标准化战略 [J]. 中国工业经济, 2005 (7).

[20] 梁志文. 标准化组织知识产权政策实证研究 [J]. 理论与改革, 2003 (6).

[21] 马忠法. 技术标准与技术许可之关系探究 [J]. 电子知识产权, 2007 (10).

[22] 彭真明, 葛同山. 论合同显失公平原则 [J]. 法学评论, 1999 (1).

[23] 乔生. 中国限制外国企业对知识产权滥用的立法思考 [J]. 法律科学, 2004 (1).

[24] 乔生, 陶绪翔. 我国限制知识产权滥用的法律思考 [J]. 现代法学, 2005 (1).

[25] 苏号朋. 论契约自由兴起的历史背景及其价值 [J]. 法律科学, 1999 (5).

[26] 邵建东. 论可撤销之法律行为——中德民法比较研究 [J]. 法律科学, 1994 (5).

[27] 史少华. 披露与许可——困扰标准化工作的两大难题 [J]. 标准与知识产权, 2007 (1-2).

[28] 文礼朋, 郭熙保. 专利保护与技术创新关系的再思考 [J]. 经济社会体制比较,

2007 (6).

[29] 王平. 从历史发展看标准和标准化组织的性质和地位 [J]. 中国标准化, 2005 (6).

[30] 王先林. 滥用市场支配地位与知识产权 [J]. 电子知识产权, 2007 (7).

[31] 王先林. 在华跨国公司知识产权滥用的反垄断法分析 [J]. 知识产权, 2005 (6).

[32] 王先林. 从微软垄断案看知识产权滥用的反垄断控制 [J]. 法学家, 2001 (3).

[33] 王晓晔. 知识产权强制许可中的反垄断法 [J]. 现代法学, 2007 (4).

[34] 王新华. 论知识产权的反垄断立法 [J]. 政治与法律, 2005 (3).

[35] 王秀梅. WTO 框架下的技术标准与知识产权问题 [J]. 郑州航空工业管理学院学报, 2007 (1).

[36] 王旸. 论反垄断法一般理论及基本制度 [J]. 中国法学, 1997 (2).

[37] 许春明, 单晓光. 专利权滥用抗辩原则 [J]. 知识产权, 2006 (3).

[38] 杨辉. 技术标准的内涵与发展趋势 [J]. 工程建设标准化, 2007 (1).

[39] 杨华权. 滥用技术标准的对策——从思科诉华为侵犯知识产权案说起 [J]. 企业标准化, 2003 (3).

[40] 姚颉靖, 彭辉. 标准化与知识产权技术性贸易壁垒的新趋势 [J]. 安徽大学法律评论, 2006 (2).

[41] 袁真富. 基于侵权抗辩之专利默示许可探究 [J]. 法学, 2010 (12).

[42] 张玲, 王洋. 专利权滥用的反垄断法规制 [J]. 南开学报（哲学社会科学版）, 2007 (4).

[43] 张乃根. 专利许可、标准化与反垄断的三角关系 [J]. WTO 经济导刊, 2007 (7).

[44] 张平. 专利联营之反垄断规制分析 [J]. 现代法学, 2007 (5).

[45] 张平, 马骁. 技术标准与专利许可策略 [J]. 交通标准化, 2005 (5).

[46] 赵启彬. 与技术标准有关的专利许可声明对专利受让人约束力问题研究——从美国联邦贸易委员会 N‐Data 案裁定出发 [J]. 电子知识产权, 2010 (5).

[47] 郑瑞琨, 李珂, 楚恒. 我国专利实施强制许可制度若干问题评析 [J]. 电子知识产权, 2010 (2).

［48］张文斌．论普通法上的禁止反言原则［J］．荆州师范学院学报，2001（4）．

［49］赵晓光．反垄断法与知识产权保护［J］．世界贸易组织动态与研究，2008（2）．

［50］朱雪忠，朱晓薇．专利与技术标准的冲突与对策［J］．科研管理，2003（1）．

二、外文类

［1］Dan L. Burk，Mark A. Lemley. The Patent Crisis and How the Courts Can Solve It［M］. Chicago：University of Chicago Press，2009.

［2］Donald S. Chisum. Chisum on Patents（Volume 6）［M］. San Francisco：Matthew Bender，1998.

［3］Keith Maskus，Stephen A. Merrill. Patent Challenges for Standard – Setting in the Global Economy［M］. Washington，D. C：the National Academies Press，2013.

［4］Lon L. Fuller，Melvin Aron Eisenberg. Basic Contract Law：American Casebook Series［M］. St. Paul：West Academic Publishing，2013.

［5］Mark A. Lemley，Herbert Hovenkamp，Mark D. Janis. IP and Antitrust：An Analysis of Antitrust Principles Applied to Intellectual Property［M］. New York：Aspen Publisher Press，2002.

［6］Martin J. Adelman，Randall R. Rader，John R. Thomas. Cases and Materials on Patent Law［M］. New York：A Thomason Reuters Business，2001.

［7］Michael A. Gollin. Driving Innovation：Intellectual Property Strategies for a Dynamic World［M］. Cambridge：Cambridge University Press，2008.

［8］Robert P. Merges，Peter S. Menell，Mark A. Lemley. Intellectual Property in the New Technological Age［M］. New York：Aspen Publishers，2002.

［9］Robert P. Merges，Jane C. Ginsburg. Foundations of Intellectual Property［M］. Goleta：Foundation Press，2004.

［10］William C. Holmes. Intellectual Property and Antitrust Law（Volume 2）［M］. Eagan：Thomson/West，1994.

［11］Francois Leveque. Standards and Standard – setting Processes in the Field of the Environment［M］. Cheltenham：Edward Elgar Publishing，1995.

［12］John W. Schlicher. Licensing Intellectual Property：Legal，Business，and Market Dynamics [M]. New York: John Wiley & Sons, Inc, 1996.

[13] Adam Speegle. Antitrust Rulemaking as a Solution to Abuse of the Standard – Setting Process [J]. Michigan Law Review, 2012 (5).

[14] Alan Dvlin. A Neo – Chicago Perspective on the Law of Product Tying [J]. American Business Law Journal, 2007 (44).

[15] Anne Leyne – Farrar, Gerard Lobet, A. Jorge Padilla. Preventing Patent Hold Up: An Economic Assessment of EX ANTE Licensing Negotiations in Standard Setting [J]. AIPLA Q. J., 2009 (37).

[16] Benjamin Klein. Vertical Integration as Organizational Ownership: The Fisher Body – General Motors Revisited [J]. J. L. ECON & ORG., 1988 (4).

[17] Christopher S. Gibson. Globalization and the Technology Standards Game: Balancing Concerns of Protectionism and Intellectual Property in International Standards [J]. Berkeley Tech. L. J., 2007 (22).

[18] Damien Geradin, Anne Layne – Farrar, A. Jorge Padilla. The Complements Problem within Standard Setting: Assessing the Evidence on Royalty Stacking [J]. B. U. J. Sci. & Tech. L., 2008 (14).

[19] David Alban. Rambus v. Infineon: Patent Disclosures in Standard – setting Organizations [J]. Berkeley Tech. L. J., 2004 (19).

[20] David M. Schneck. Setting the Standard: Problems Presented to Patent Holders Participating in the Creation of Industry Uniformity Standards [J]. Hastings Comm. & Ent L. J., 1998 (20).

[21] Daniel P. Homiller. Patent Misuse in Patent Pool Licensing: From National Harrow to "the Nine No – Nos" to Not Likely [J]. Duke Law & Technology Review, 2006 (7).

[22] David S. Evans, Michael Salinger. Why do Firms Bundles and Tie? Evidence from Competitive Markets and implications for Tying Law [J]. Yale J. On Reg., 2005 (22).

[23] Dennis W. Carlton. A General Analysis of Exclusionary Conduct and Refusal to Deal: Why Aspen and Kodak are Misguided [J]. Antitrust L. J., 2001 (68).

[24] Doug Lichtman. Understanding the RAND Commitment [J]. Hous. L. Rev., 2010

(47).

[25] Roy J. Epstein, Alan J. Marcus. Economic Analysis of the Reasonable Royalty: Simplification and Extension of the Georgia – Pacific Factors [J]. Journal of Patent and Trademark Office Society, 2003 (85).

[26] George L. Priest. Cartels and Patent License Arrangements [J]. J. L & Econ, 1977 (20).

[27] George S. Cary, Paul S. Hayes, Larry C. Work – Dembowski. Antitrust Implications of Abuse of Standard – Setting [J]. Geo. Mason L. Rev., 2008 (15).

[28] Gerla. H. S. Federal Antitrust Law and Trade and Professional Association Standards and Certification [J]. U. Dayton L. Rev., 1994 (19).

[29] Herbert Hovenkamp. Standards Ownership and Competition Policy [J]. B. C. L. Rev., 2007 (48).

[30] James C. De vellis. Patenting Industry Standards: Balancing the Rights of Patent Holders with the Need for Industry – Wide Standards [J]. AIPLA Q. J., 2003 (31).

[31] Janice M. Mueller. Patenting Industry Standards [J]. J. Marshall L. Rev., 2001 (34).

[32] Jay P. Kesan, Carol M. Hayes. FRAND's Forever: Standards, Patent Transfers, and Licensing Commitments [J]. Ind. L. J., 2014 (89).

[33] John Fazzio. Pharmaceutical Patent Settlements: Fault Lines at the Intersection of Intellectual Property and Antitrust Law Require a Return to the Rule of Reason [J]. J. Tech. L. & Policy., 2006 (11).

[34] John R. Allison, Mark A. Lemley. Empirical Evidence on the Validity of Litigated Patents [J]. AIPLA Q. J., 1998 (26).

[35] Joseph A. Yosick. Compulsory Patent Licensing for Efficient Use of Inventions [J]. U. Ill. L. Rev., 2001 (5).

[36] Joseph Scott Miller. Standard Setting, Patent, and Access Lock – In: RAND Licensing and the Theory of the Firm [J]. Ind. L. Rev., 2007 (40).

[37] Knut Blind, Tim Pohlmann. Trends in the Interplay of IPR and Standards, FRAND Commitments and SEP Litigation [J]. les Nouvelles, 2013 (48).

[38] Leroy Whitaker. Compulsory Licensing – Another Mail in the Coffin [J]. Am. Pat. L. Ass' N Q. J., 1974 (2).

[39] Mark A. Lemley, Carl Shapiro. Patent Holdup and Royalty Stacking [J]. Tex. L. Rev., 2007 (85).

[40] Mark A. Lemley. Beyond Preemption: The Law and Policy of Intellectual Property Licensing [J]. Cal. L. Rev., 1999 (87).

[41] Marshall Leaffer. Patent Misuse and Innovation [J]. J. High Tech, L., 2010 (10).

[42] Mark A. Lemley. Intellectual Property Rights and Standard – Setting Organizations [J]. Cal. L. Rev., 2002 (90).

[43] Mark R. Patterson. Inventions, Industry Standards, and Intellectual Property [J]. Berkeley Tech. L. J, 2002 (17).

[44] Michael A. Heller. The Tragedy of the Anticommons: Property in the Transition from Marx to Markets [J]. Harv. L. Rev., 1998 (111).

[45] Michael G. Cowie, Joseph P. Lavelle. Patents Covering Industry Standards: The Risks to Enforceability Due to Conduct before Standard – Setting Organizations [J]. AIPLA Q. J., 2002 (30).

[46] Michael J. Schallop. The IPR Paradox: Leveraging Intellectual Property Right to Encourage Interoperability in the Network Computing Age [J]. AIPLA Q. J., 2000 (28).

[47] Michael L. Katz, Carl Shapiro. Systems Competition and Network Effects [J]. J. Econ Persp, 1994 (8).

[48] Nellie A. Fisher. The Licensee's Choice: Mechanics of Successfully Challenging a Patent Under License [J]. Tex. Intell. Prop. L. J., 1997 (6).

[49] Patrick D. Curran. Standard – Setting Organizations: Patents, Price Fixing, and Per Se Legality [J]. U. Chi. L. Rev., 2003 (70).

[50] Ramon A. Klitzke. Refusal to License: Monopolization Problems for Patent Owners [J]. Or. L. Rev., 1986 (65).

[51] Richard A. Posner. Transaction Costs and Antitrust Concerns in the Licensing of Intellectual Property [J]. The John Marshall Law School Review of Intellectual Property Law, 2004 (4).

[52] Richard Calkins. Patent Law: The Impact of the 1988 Patent Misuse Reform Act and Noerr-Pennington Doctrine on Misuse Defenses and Antitrust Counterclaims [J]. Drake L. Rev., 1988 (38).

[53] Robert A. Skitol. Concerted Buying Power: Its Potential for Addressing the Patent Hold-up Problem in Standard Setting [J]. Antitrust L. J., 2005 (72).

[54] Robert D. Keeler. Why Can't Be (F) RANDS?: the Effect of Reasonable and Non-Discriminatory Commitments on Standard-Essential Patent Licensing [J]. Cardozo Arts & Ent. L. J., 2013 (32).

[55] Robert Cooter. Normative Failure Theory of Law [J]. Cornell L. Rev., 1997 (82).

[56] Robert M. Webb. There is a Better Way: It's Time to Overhaul the Model for Participation in Private Standard-setting [J]. J. Intell. Prop. L., 2004 (12).

[57] Robert Pitofsky. Antitrust and Intellectual Property: Unresolved Issues at the Heart of the New Economy [J]. Berkeley Tech. L. J., 2001 (16).

[58] Robert P. Merges. Intellectual Property Rights and Bargaining Breakdown: The Case of Blocking Patents [J]. TENN. L. REV., 1994 (62).

[59] Sean. P. Gates. Standards Innovations and Antiturst, Integration Innovation Concerns into the Analysis of Collaborative Standard Setting [J]. Emory L. J., 1998 (2).

[60] Thomas F. Cotter. Patent Holdup, Patent Remedies, and Antitrust Responses [J]. J. Corp. L., 2009 (34).

[61] Thomas F. Cotter. Four Questionable Rationales for the Patent Misuse Doctrine [J]. Minn. J. L. Sci. & Tech., 2011 (12).

[62] Thomas V. Heyman. Patent Licensing and the Antitrust Laws: A Reappraisal at the Close of the Decade [J]. Antitrust Bull, 1969 (14).

[63] William F. Baxter. Legal Restrictions on Exploitation of the Patent Monopoly: An Economic Analysis [J]. Yale L. J., 1966 (76).

[64] Carl Shapiro. Navigating the Patent Thicket: Cross Licenses, Patent Pools, and Standard Setting [EB/OL]. [2021-12-15]. http://faculty.haas.berkeley.edu/shapiro/thicket.pdf.

[65] Douglas Lichtman, Randal C. Picker. Policy in Local Telecommunications: Iowa Utili-

ties and Verizon [EB/OL]. [2021-12-15]. http://www.law.uchicago.edu/faculty/lichtman/resources/verizon300.pdf.

[66] Tim Simcoe. Intellectual Property and Compatibility Standards [EB/OL]. [2021-12-15]. http://www.firstmonday.org/issues/issue12_6/sincoe/index.html.

后　　记

　　本书是我 2016 年获得的教育部人文社科研究青年基金项目"标准必要专利权滥用的法律规制研究"的最终成果。在书稿即将付梓之际，最需要感谢的是研究生阶段遇到的两位恩师。2006 年 9 月步入中南财经政法大学的大门，冥冥之中与知识产权结缘，有幸拜投到了吴汉东老师门下。吴老师的平易近人、言传身教，让我感受到了法学大师的为人为学风采。硕士两年吴老师的传道、授业、解惑，为我进入知识产权殿堂提供了非常好的指引。

　　硕士毕业后，机缘巧合地来到了素有"六朝古都""十朝都会"之称的南京。南京是一座历史积淀十分厚重的城市。穿越着五六百年历史的明城墙，亲历着民国时期的建筑和树木，吐纳着紫金山的气息，聆听着国家公祭日的警报，会让人恍惚时空的交替，感叹人生的短暂，不得不思索短暂一生存在的意义和价值。而偏偏那时，毕业时的抱负和理想正遭遇着现实的侵袭和打击，彷徨、辗转的内心只能每次从书卷中找到平静，也正是这无数次的内心"救赎"，让我燃起了重投中南大的想法。在职复习考博是一段非常艰辛的"修行"。"修行"中既要克服本职工作中的各种"艰难"，又要矫正自身固有的各种"惰性"。正是经历了无数个挑灯夜读日子后，所幸功夫不负有心人，第一次参加博士入学考试，就以笔试第一名的成绩入围，承蒙不弃，幸运地成为曹新明教授的学生。

　　在职博士期间，虽然完成博士课程后的在校时日不多，但是每次向先生汇报读书心得、学习进展，甚至是生活工作中的点滴得失，先生总是循循善诱，诲人不倦。每一次与先生的谈话都能让我醍醐灌顶、如沐春风。先生为人为学的风范定会成为我今后意欲成就的楷模。先生的教诲之恩，学生将永远不能忘怀，并会以此作为未来不竭前行的动力和鞭策。

  本书的成稿，还要感谢工作所在的南京理工大学徐峰书记、钱建平书记、朱英明教授、季芳桐教授、施君书记、戚湧院长、董新凯教授、吴广海教授、梅术文教授、徐升权副教授，以及挂职所在的江苏省知识产权局原局长朱宇、牛勇处长、张卫东处长、李勇处长、丁岚处长、王亚利主任、刘宏伟副处长、钟礼涛主任等，给予我的关心、帮助和支持。感谢刘江编辑领衔的团队，有了他们兢兢业业的工作，本书才能顺利出版，向他们深表谢意！还要特别感谢的是我的父母，能够走到现在，离不开二老对我从小到大的谆谆教导和呕心培育，儿子对于二老的点滴付出和养育恩情将永远铭记于心。感谢我的妻子聂鑫，无论顺境还是逆境，一直相伴左右，给予最大的鼓励和支持。感谢岳父母聂建国先生、朱云娥女士无怨无悔，无私地提供所有尽可能的帮助，为我创造了宽松的环境。最后还要感谢的是我的女儿郑瑾瑜，平时由于工作学习的牵绊，较少时间陪伴，为父多有亏欠，祝愿宝宝快乐成长。亲人、师长、朋友的恩情厚重，谨以此书为献，愿他们身体健康、永远快乐！

  "道阻且长，行则将至，行而不辍，则未来可期。"既然选择了远方，我必乘风破浪，风雨兼程！

郑伦幸

2022 年 1 月 3 日于南京孝陵卫